国家出版基金项目
NATIONAL PUBLICATION FOUNDATION

世界银行

政府(公共)部门治理与问责系列丛书

参与式预算

沙安文 主编
庞鑫 译
姜永华 校译

中国财经出版传媒集团
中国财政经济出版社

图书在版编目（CIP）数据

参与式预算/（美）沙安文主编；庞鑫译 .—北京：中国财政经济出版社，2016. 3

（政府（公共）部门治理与问责系列丛书）

国家出版基金资助项目

ISBN 978 - 7 - 5095 - 6514 - 8

Ⅰ. ①参… Ⅱ. ①沙… ②庞… Ⅲ. ①财政预算 - 研究 Ⅳ. ①F810. 3

中国版本图书馆 CIP 数据核字（2015）第 285170 号

著作权合同登记号：图字 01 - 2009 - 5605

责任编辑：吕小军　　　　责任校对：胡永立

封面设计：思梵星尚

中国财政经济出版社出版

URL：http：//www. cfeph. cn

E - mail：cfeph @ cfeph. cn

社址：北京市海淀区阜成路甲 28 号　邮政编码：100142

营销中心电话：010 - 88191537　北京财经书店电话：64033436　84041336

北京财经印刷厂印刷　各地新华书店经销

787 × 1092 毫米　16 开　17. 75 印张　280 000 字

2018 年 12月第 1 版　2018 年 12月北京第 1 次印刷

定价：62. 00 元

ISBN 978 - 7 - 5095 - 6514 - 8

（图书出现印装问题，本社负责调换）

本社质量投诉电话：010 - 88190744

打击盗版举报热线：010 - 88191661　QQ：2242791300

《政府（公共）部门治理与问责系列丛书》中文版出版说明

由我主编的世界银行政府（公共）部门治理系列丛书中文版由现已过世的姜永华博士牵头负责，其翻译出版得到了中国国家出版基金的大力支持。我曾任世界银行学院公共部门治理项目的主任一职，目前为布鲁金斯学会高级研究员，并担任西南财经大学成都温江校区公共经济研究中心主任。系列书借鉴了近几十年来 OECD 国家和中国的经验，为公共部门治理改革提供了重要的经验教训。

运转良好的公共部门对于减贫至关重要。其必须提供满足公民所需要的优质公共服务，促进以民营市场为导向的经济增长，同时审慎地管理财政资源，并且所有行动对公民负责。该系列书的重要性，在于提供了如何实现这些目标的概念性指导和经验教训。系列书同样有助于世界各国学习彼此理念和实践经验，促进 FAIR（公平、负责、廉洁和回应）公共治理的实现。系列书提炼了现有公共治理的卓见，并提出了提高公共部门效率、公平性和有效性的分析工具。系列书中内容包含了大量顶级公共政策专家和从业实践者的巨大贡献。

以下简要介绍系列中各书的基本内容：

财政联邦主义

本书基于目前公认的理论框架和最佳实践，系统全面地介绍了财政联邦主义的原理和实践。参考世界各地的联邦制国家和单一制分权国家遵循的实际做法，在统一的框架内探讨了关于职责分配、政府间财政安排、财政竞争和转移支付等传统议题。还包括对诸如基层政府治理、自然资源问题的影响等特殊问题，以及对诸如治理、腐败以及全球化和信息革命对民族国家影响等新问题的一体化考虑。应对这些问题的方式是非技术性的，适合包括学者、教师、学生、政策智囊和从业实践者在内的各类读者。

宏观联邦主义和地方财政

近年来，联邦制作为一种政府形式被提出来，它可以提供保障，防止集权剥削和分权机会主义行为威胁，同时使政府决策更贴近人民。但近几十年来联邦制受到了更多来自国内外因素的压力。全球化和信息革命的两大突出影响正在使国家内部以及国家之外的权力分配发生深刻变化。这两种力量将世界从集权治理结构转向全球化和本土化结构，有时也被称作“全球本土化”治理，这种趋势势不可挡。本书通过下述几个方面回顾了国家和全球治理的范式转变：(a) 考察了全球化和信息革命对民族国家内外部多级政府治理结构的影响；(b) 审视了财政安排对动态效率和经济增长的影响；(c) 提供了基层政府组织和财政应对不断变化的世界的比较视角分析。

财政管理

本书提供了解决财政审慎、财政压力、官僚低效、公民赋权和公共廉洁等问题的分析工具。这些工具旨在使政策制定者与实践者能够对政府财政管理和可问责治理的体制安排进行以下诊断测试：

财政谨慎测试：体制安排是否适合确保政府的财政管理决策限于保障项目的可负担性和可持续性？

财政压力测试：政府是否维持净值为正？

公民问责测试：政府如何知道它是在提供公民所要求的？当它不符合这些要求时会发生什么？

公共廉洁测试：行政部门如何对以权谋私的权力滥用行为问责？

预算与预算编制

预算编制和预算程序能够履行如下重要政府职能：确定公共资源分配的优先顺序；规划实现政策目标；对财政投入进行控制使其遵守规则；以审慎、高效和廉洁为原则管理运行；保障纳税人的权利。根据经济学和政治学文献，预算编制的有效性有助于改善一国财政和经济状况。但是在发展中国家，特别是非洲的发展中国家，预算程序和预算编制尚不完善，难以充分履行上述职能，只是被作为一种法律控制的手段。预算制度的改革对提高政府服务绩效、加强议会和公民对政府运作的监督至关重要。

本书提供了改革预算和预算编制的综合指南。本书分为两部分。第一部分提供了预算和预算编制的入门介绍。它涵盖了预算流程、方法以及相关工具和实践，详细阐述了传统与现代的预算和会计理念。此外，还讨论了将综合财务信息管理系统和评估方法引入公共支出管理和财政问责的实施问题。本书的第二部分概述了在非洲和战后国家对公共支出管理进行优先排序和排序时涉及的问题。此外，还对肯尼亚和南非的预算编制进行了案例研究。

参与式预算

预算实践者和学者提出的参与式预算作为实现包容性和问责治理的重要工具，已在全球众多发展中国家中以各种形式实施。通过参与式预算，公民有机会获得有关政府运作的第一手信息，从而影响政府政策并要求政府负责。然而，参与式流程也存在被利益集团捕获的风险。被捕获的过程可能会继续促进政府决策中的精英主义倾向。

本书概述了参与式预算的基本原理，分析了世界各国参与式预算编制做法的优点和缺点，旨在指导政策制定者和实践者为实现包容性治理而改进这些做法。本书包括五个区域调查，还提出了关于知识共享的议程，并从改革公共部门治理的跨国经验中学习，旨在帮助发展中国家的政策制定者和实践者作出更有针对性的政策选择。

绩效问责与反腐败

基于绩效的问责制具有吸引力，因为它有可能提高政府服务提供绩效，确保公共运营的廉洁性。但是实施这种问责制对任何公共部门组织都是一项重大挑战；绝大多数此类改革都因设计和实施困难而失败。本书就如何将基于绩效的问责制制度化提供了建议，特别是在缺乏良好问责制度的国家。本书还阐述了如何通过加强问责制度来反腐败。

本书分为两部分。第一部分涉及公共管理改革，以确保政府运作的廉洁性和提高效率。本部分概述了公共管理改革的议程，并讨论了电子政务和互联网解决方案在提高绩效方面的作用。本书的第二部分就加强代议机构，如议会机关和委员会的作用提供了建议，以此来监督政府规划和计划。它还提供了如何通过审计及相关机构来发现欺诈和腐败行为的指导。本书还突出强调了导致腐败产生的原因，以及运用内外部问责机构和机制的反腐败情况。本书还就如何针对个别国家特定情况制定反腐方案，以及如何对改革措施进行排序以确保可持续性提供了建议。

总之，我衷心希望这一系列书能有助于政府官员、发展实践者、发展经济学学生及那些有志于改善全球公共治理的人。

沙安文

2018 年 5 月

目　录

前言 …… 1

序言 …… 1

致谢 …… 1

编写人员简介 …… 1

缩略语和缩写 …… 1

综述 …… 1

第一部分：参与式预算介绍 …… 2

第二部分：地区调查 …… 5

参考文献 …… 11

第一部分　参与式预算介绍

第一章　参与式预算指南 …… 15

参与式预算的历史 …… 17

参与式预算如何发挥作用？在哪里能够发挥作用？ …… 18

参与式预算方案的形式 …… 30

接受参与式预算的行动者及动机 …… 33

行政改革 …… 37

参与式预算的局限 …… 39

参与式预算如何实施，在哪里实施？ …… 41

政策意义 …… 43
本章注释 …… 47
本章参考文献 …… 47

第二章 公民参与预算：在发展中国家的前景 …… 50
为什么参与如此重要？ …… 50
发展中国家的需要 …… 53
在发展中国家促进广泛而有意义的公民参与 …… 57
结论 …… 78
本章注释 …… 78
本章参考文献 …… 78

第二部分 区域调查

第三章 拉丁美洲参与式预算的经验 …… 89
参与式预算的发展历史 …… 90
关于参与式预算规范的分析方法 …… 92
国别案例研究 …… 99
结论 …… 114
本章注释 …… 117
本章参考文献 …… 120

第四章 中欧及东欧的参与式预算 …… 130
中欧和东欧的历史背景 …… 131
参与式预算的案例研究 …… 138
结论和经验 …… 147
附件：案例研究国家的参与式预算进程的成就、挑战和经验 …… 152
本章注释 …… 156
本章参考文献 …… 157

第五章 亚洲的参与式预算 …… 160
公民参与为什么有利于发展? …… 161
亚洲的历史背景 …… 162
参与式预算行动计划的类型 …… 167
亚洲的经验 …… 183
小结 …… 190
本章注释 …… 191
本章参考文献 …… 192

第六章 撒哈拉以南非洲参与式预算的经验 …… 194
公民参与的法律框架、机制和参与式预算的影响 …… 195
挑战和经验 …… 218
结论 …… 223
本章注释 …… 224
本章参考文献 …… 224

第七章 中东和北非的参与式预算 …… 226
参与式预算的潜在作用 …… 226
民主政治与伊斯兰教义及价值观 …… 239
本章注释 …… 241
本章参考文献 …… 242

附录 有效公民参与入门 …… 245
公民参与与政府效率 …… 245
公民参与的种类 …… 247
公民参与公共决策的前提条件和有利因素 …… 249
参考文献 …… 256

前　言

200 多年来，西方民主制度中政府结构的制衡体系是政府有效治理的核心，赋予了公民应享有的权利。激励公务员和决策者的动机——公共部门因为其工作所受的表彰与惩罚，都是从国家责任的框架出发。完善的公共部门治理和健全的政府支出有利于经济发展和社会公平，特别是有利于穷人和弱势群体，如老年人和妇女。

然而，很多发展中国家的政府治理体系仍然经常运作不力，存在着寻租和渎职行为、资源分配不当、税收体制效率低下，以及一些关键的公共服务设施质量不高等问题。政府治理不善导致的直接后果是穷人和一些弱势群体（如妇女儿童、少数民族等）无法享受到公共服务。在解决这些普遍关注的问题时，从普通的发展援助团体到世界银行都在不懈努力，希望从世界各地的实践中汲取经验，更清楚地认识哪些措施可以改进公共部门治理，哪些措施不可以，特别是在反腐倡廉和为贫困人口提供服务方面。

公共部门治理与问责系列丛书从实践出发，为促进公共服务的公平和有效提供，以及强化政府治理中的问责制度，提供了方法和经验，丰富了我们这方面的知识。这套丛书所主张的框架是要创造一个激励环境，并在政府职能部门内外形成一种完善公共治理的压力。这个框架列举了赋予公民对政府治理结果问责的机制，并为如何取得结果导向和审慎的财政管理提供了较为实用的指导。本书列举了对付腐败和渎职的方法，为拓展公共服务领域的几个适用框架提供了理论和实践指导。本书还提出保护穷人、妇女、少数民族和其他弱势群体利益的措施，加强发言权和退出权的制度安排，评价政府公共项目的方法，建立有回应和可问责的政府治理框架，以及财政联邦制和地方政府治理等问题。

本套丛书将有助于政府官员、发展经济的实践者、学习发展经济的学生以及对发展中国家公共治理感兴趣的人士进行这方面的研究。

Frannie A. Léautier

副院长

世界银行学院

序　言

作为包容和可问责的政府治理的重要工具，参与式预算已经被预算实践者与学者们提出，并已在世界上许多发展中国家以多种形式实施。通过参与式预算，公民有机会获得政府运作的第一手资料，从而影响政府政策并对政府行为问责。然而，参与过程也有被利益集团利用的风险。被利用风险增进了政府决策过程中的精英主义倾向。

本书概述了参与式预算的基本原则，分析了世界各国参与式预算实践的优缺点，并指导政策制定者和实践者为实现包容的政府治理应该如何改进参与式预算实践。本书包括 5 个地区的调查和 7 个国家的案例研究，案例研究见书后所附光碟[①]。

《参与式预算》一书推进了世界银行学院关于公共部门治理改革的知识分享和跨国经验学习的日程。它的目的是帮助发展中国家的政策制定者和实践者作出更加有根据的选择。

Roumeen Islam

减贫和经济管理部主任

世界银行学院

① 本书中文译本未收录光碟。

致 谢

本书汇集了世界银行学院为学习项目而开发的参与式预算学习模块，编者在过去的三年中负责管理这些学习项目。这些学习模块主要由荷兰政府的荷兰银行合作项目资助。由本书编者负责的世界银行与瑞典政府的公共支出管理与财政问责合作项目，同样给予了资金支持本书的出版。

本书受益于来自非洲、亚洲、中亚和中东的高级官员在世界银行学院的学习培训项目。编者感谢撰写每一章的顶尖学者以及发表评论的著名评论家。Sandra Gain、Mike Lombardo、Chunli Shen 和 Theresa Thompson 在本书编写和准备的不同阶段都给予了帮助，并提供了每一章的总结和有益的建议。Kaitlin Tierney 也对本书的编写给予了很大的行政支持。

我非常感激 Stephen McGroarty，他确保了书稿的快速出版。Barbara Karni 的出色编辑和输入提高了这本书的质量。Janet Sasser 对本书的出版——包括编辑、排版、校对、索引和封面设计进行了有效管理。最后，感谢 Stuart Tucker 对本书的优质印刷。

编写人员简介

Alex B. Brillantes, JR. 是菲律宾大学国家公共管理和治理学院公共管理系的系主任、教授；菲律宾公共管理协会秘书长和东部地区公共管理组织副秘书长。他的著作有《地方治理创新和卓越》（2004 年）、《菲律宾总统》（1992 年）和《独裁统治与战争法》（1988 年）以及发表了许多关于地方政府、发展管理和公民社会的学术文章。

Alta FÖLSCHER 是英国牛津莫科洛有限公司的首席顾问。她曾致力于发展制度、CSOs（CSO）、财政部、政府治理立法、预算和财政管理以及亲贫的公共政策等问题的研究。

Benjamin Goldfrank 是新墨西哥大学政治学助理教授。他的教学和研究专注于拉丁美洲政治、地方政府、民主化进程和社会运动。他是《城市的左边：拉丁美洲的参与式地方政府》（2004 年）的合著者以及一些著作中个别章节和学术文章的作者。

Mahfuz Kabir 是位于达卡的孟加拉国国际事务和战略研究学院的一名研究员。他在学术著作和期刊上发表了大量的关于公民参与和参与式预算的文章。

Elena Krylova 是国际开发合作公司——总部位于瑞士的致力于东欧和前苏联政府治理问题研究的发展咨询公司的总经理。她是公民参与政府治理、民主分权、公共部门透明度和可问责性以及参与式发展管理方面问题的专家。

她还担任若干国际开发机构的顾问，包括欧盟委员会、一个世界行动组织（NGO）、欧洲安全与合作组织、瑞士发展与合作机构、瑞士红十字会、联合国开发计划署和世界银行。

Donald P. Moynihan 是位于麦迪逊的威斯康星州大学拉福莱特公共事务学院助理教授。他的研究和教学领域包括绩效管理、国土安全、公民参与、公共预算以及公共管理改革选择与实施。他是众多学术文章以及即将出版的《重新思考绩效管理》一书的作者。

Samuel Paul 是位于印度班加罗尔的公共事务中心的创始人和董事会主席。他主张将公民发展报告卡片作为公共问责工具。作为位于阿默达巴德的印度管理学院的前任院长和经济学教授，他担任了印度政府、联合国和世界银行的顾问。他与人合著出版了《谁将从印度公共服务中获益？——5 项基本公共服务的平民审计》（2006 年）。

Atiur Rahman 是达卡大学发展研究部教授，孟加拉国智囊团 Unnayan Shamannay 的名誉主席，以及孟加拉国最大的跨国金融机构网络组织——信用发展论坛（Credit Development Forum）的主席。他撰写和合著了许多学术文章和专著，包括《预算与穷人》（2002 年）、《人民的预算：使用参与式工具的解释运用》（2002 年）和《农民和阶级：孟加拉国阶级分化研究》（1986 年）。

Mohammad A. Razzaque 是达卡大学经济学系助理教授，目前在伦敦担任英国联邦秘书处经济事务部经济顾问。他参与了各种多边组织和政府组织的研究项目，包括亚洲发展银行、欧盟委员会、国际发展研究中心、国际劳工组织、联合国开发计划署、联合国贸易与发展大会、世界发展经济学研究院以及孟加拉国政府和日本政府。

Anwar Shah 是世界银行学院首席经济学家和公共部门治理项目的领导者。他也是加拿大艾伯塔省埃德蒙顿公共经济学研究院的研究员，以及德国慕尼黑国际公共财政学院董事会成员。

Adrienne Shall 是一位专注于公共部门预算和财政管理研究的经济学家。她的咨询公司与南非的中央、省和地方政府以及国家议会、省立法机关和公民社会团体建立了广泛的合作。她曾担任世界银行学院顾问，致力于莱索托、马拉维、尼日利亚、斯威士兰和赞比亚的干预项目。

Charas Suwanmala 是曼谷朱拉隆功大学政治学教授。他已深入研究泰国分权化进程 20 多年。他曾担任联合国开发计划署、世界银行和其他国际机构的顾问。他最近在泰国创建了一个关于地方政府自主性知识和学习的网络。

Brian Wampler 是爱达荷州博伊西州立大学政治学助理教授。他已发表了众多参与式政治方面的学术文章，其中一些已经被译成中文、葡萄牙文和西班牙文。他正在撰写一本专著题为《代议、合作与争论：八个巴西城市的参与式民主》。

缩略语和缩写

CBO	以社区为基础的组织
CCAGG	阿布拉省的公民关注“良好治理”行动（菲律宾）
CSO	公民社会组织
DISHA	社会和人类发展计划（印度）
ESCWA	联合国西亚经济与社会委员会
FSLN	桑地诺民族解放阵线（尼加拉瓜）
HIPC	重债穷国（首创）
IDASA	南非民主研究院
KDP	可卡玛坦发展项目（印度尼西亚）
LASDAP	地方政府服务提供行动计划（肯尼亚）
MKSS	工人和农民权利组织（印度）
NGO	非政府组织
PAC	公共事务中心（印度）
PROOF	公共财政运行记录行动（印度）
PRSP	减贫战略报告书
TAO	坦邦（小区）管理组织（泰国）
UNDP	联合国开发计划署
UNICEF	联合国儿童基金会
USAID	美国国际发展部

综　述

Anwar Shah

参与式预算代表了直接民主的预算方法。它为广大公民了解政府运作以及思考、辩论和影响公共资源的分配提供机会。它是一种教育公民、吸引公民参与和赋予公民权力，以及增强良好政府治理需求的工具。参与式预算带来的预算透明度和可问责性的提高，可以帮助减少政府无效率的行为以及限制裙带主义、庇荫和腐败等现象的发生。

参与式预算也通过为边缘化和被排斥的群体提供话语权以影响关系其切身利益的公共决策，加强了包容性的政府治理。如果实施正确，可以使政府能更好地回应公民的需求和偏好，对分配资源和提供服务的绩效更加负责任。用这种方法，参与式预算的确可以提高政府绩效和民主参与的质量。

因为参与式过程很可能被利益集团所利用，参与式预算具有明显的风险性。这个过程可以掩盖公共政策制定的非民主性、排他性或精英化属性，制造广泛参与和包容的政府治理的表象，同时使用公共资金为有权势的精英阶层谋取利益。参与式过程可能隐藏和强化现有的不公平。参与式预算可能被滥用，促进非法和错误地行使权力。它同样可能被用来剥夺边缘化和被排斥群体的公共事务发言权。它也可能通过“政策制定和控制的暴政”（tyranny of decision making and control）践踏现有合法的政策制定过程。例如限制当选地方议会在预算决策中的作用；例如，“集团动态暴政”（tyranny of group dynamics）允许被操纵的傀儡维持和保护统治精英们的利益。“方法暴政”（Tyranny of method）可用于排除更多民主发言和退出的包容方法，如家长对学校的选择权，因为，无论是公立学校还是非公立学校都是基于招生人数获得公共资金（Cooke 和 Kothari，2001）。为了防止这些滥用，参与式过程必须充分考虑当地政治环境以及正式与非正式权力间的关系，以便该过程产生中间选民所期望的结果。

本书通过对全球参与式预算实践的考察，审视了参与式预算的潜力与危险。本书共分为两个部分。第一部分说明了参与式预算构成的基本要素。第二部分考察了世界各地参与式预算的经验。

第一部分：参与式预算介绍

这两章介绍了参与式预算的概念和过程，评估了其在发展中国家执行的可行性。在第一章中，Brian Wampler 为参与式预算实践提供了指导。他强调，结合以下四个因素可以使参与式预算程序更有可能获得采用：市长强烈支持、愿意且能够带来持续政策辩论的公民社会、避免立法者攻击的支持参与式预算的政治环境以及资助民选项目的财政资源。

虽然在代议制参与式预算项目中各市和各州的游戏规则均不相同，但 Wampler 还是总结了参与式预算程序的指导原则：

■ 将城市划分为几个城区，以便召集会议和分配资源。

■ 终年都有政府主办的会议举行，涵盖预算和决策周期的不同方面：包括信息分配、政策建议、建议讨论、政策选择、代表选举和监督检查。

■ 由政府创建“生活质量指数”，作为资源配置的基础。贫困率较高、人口密度较大、基础设施或政府服务较少的地区获得比富裕地区更高比例的资源。每个城市制定自己的公式，以确保资源配置的公平。

▪ 关于资源和政策的公共审议和协商在参与者内部以及参与者与政府之间展开。

▪ 进行“确定项目优先次序的巴士大篷车之旅”（“Bus caravan of priorities”），选出的代表们乘坐巴士大篷车在最后投票前访问所有待批准项目。通过访问，代表们可以评估提议项目的社会需要。

▪ 当选代表对所有最终项目进行投票。投票可以通过无记名形式或通过公开举手表决进行，投票结果作为公共记录的一部分。

▪ 选举市政理事会。所有地区推选两名代表进入该委员会，负责监督参与式预算并作出最终预算决议。理事会定期接受市政府对理事会程序的监督。

▪ 参与式预算代表对年度预算最终批准后，市长将年度预算送到市立法机构等待批准。立法部门可以否决特定项目。

▪ 年终报告公布公共工程和项目的详细实施情况。

▪ 建立地区或社区委员会监督公共项目的实施。

Wampler 认为，政治和社会活动家有不同的动机促进和参与参与式预算。地方政府实行参与式预算程序，是为获得政治支持奠定基础，实现稀缺资源的更公平分配，促进公众学习以及促进政务公开。公民参与预算程序，是为了增加参与公共决策活动的机会、获得有用信息和提高参与式预算制度下公共服务的质量。公民社会组织（CSOs）参与预算，是为了建立更广泛的支持者网络和提高影响公共政策的能力。

几个因素限制了参与式预算程序对社会公平、公众学习和行政改革的影响。这些因素包括：对特殊公共工程的重点关注、参与者对市长办公室的依赖、长期规划在参与式预算中的角色、对地方事务和地方公共政策的重视程度，以及由于市长办公室扮演的中央角色而带来的参与式预算程序被操纵的风险。用 Wampler 的话说，参与式预算程序“向政治包容和更大的社会公平迈出了重要的一步，但绝不是能包治百病的灵丹妙药（Magic bullet）”。

在第二章中，Donald Moynihan 重点考察了发展中国家公民参与预算过程的前景。公民参与涉及公民或公民代表（而不是当选官员）与政府互动和在政府治理政策制定或实施阶段为政府提供反馈。四个相关论据支持公民参与的兴起：后现代论说理论、官僚主义幻灭、寻找民主理想以及发展中国家背景下对公民参与的特别需要。从这些论据中，Moynihan 为公民参与论坛总结出两条基本原则：公民参与应具有广泛代表性，应该包含影响公共决策的有益的话语权。在回顾公民参与减贫战略过程的基础上，他认为发展中国家的公民参与大都不符合这两条原则。

在第二章中回顾的案例用多种方式论证了公民参与可以决定资源分配、预算执行和绩效评估的性质。其中的一个经验是，CSOs 在发展中国家背景下的重要性。在大多数情况下，非政府组织（NGO）或非政府组织团体（NGOs）承担了对预算进行分析的责任。这些 NGOs 试图代表穷人并将其意见转达给政府。他们不提供直接的公民参与，但没有他们的参与，任何类型的公民参与的效果都会打折扣。即使在公民参与最为直接的巴西阿雷格里港市（Porto Alegre），也有积极的 CSO 协助公民参与过程。能否组织公民参与或简单分析公共预算取决于 NGOs 的良好运作及其动员能力。

另一个主要经验是政府对公民参与重要性所持的态度。如果公民参与的目标是影响公共部门决策，那么，支持公民参与的理由必须从政府的角度出发，以使得政府支持公民参与并愿意听取公众反馈。从行政角度理解当政府反对公民参与时如何促进公民参与的问题。第二章讨论的案例表明，即使公民没有直接参与政府决策，某些形式的参与也能影响政府行为。这很大程度上取决于 NGOs 向媒体、公众和当选官员交流他们对于支出选择、预算执行和公共服务绩效的分析能力，而媒体、公众和当选官员可以利用这些信息来影响公共决策。

第二部分：地区调查

第三章至第七章调查了5个发展中国家或地区的参与式预算实践。在第三章中，Benjamin Goldfrank 发现，从1990年到2005年的较短时期内，参与式预算就扩展到十几个城市，其中大多数位于巴西，仅在拉丁美洲就有成百上千的地区（取决于参与式预算定义的严格程度）受到影响。通过对玻利维亚、巴西、危地马拉、尼加拉瓜和秘鲁等国经验的比较以及14个非巴西城市的案例研究分析，他检验了参与式预算设计和结果取决于设计者的意图和当地先天条件的假设。他认为，参与式预算方案从来都不是中性的政治行为，而是一种“竞争机制的构建”。

从拉丁美洲的案例研究中我们可以得到一些启示。首先，在鼓励公民参与、提高财政透明度、实现有效的地方政府治理方面，国家立法强制实行参与式预算并没有获得广泛的成功。究其原因，一部分是由于国家法律设计者有其他的目标需要实现；另一部分是由于地方阻挠，包括不情愿的市长、反对党、市政府较弱的行政和财政能力以及分散、冲突不断的公民社团。

其次，尽管存在这些问题，但无论是贫困的小山村还是多种族的大城市，参与式预算已经在一些显著不同的地区获得了成功，虽然完全识别充分和必要条件还需要进一步研究，但是参与式预算的成功似乎与以下若干因素有关：

- 市长是当地土生土长，来自左倾党派，或左右倾向兼具。
- 来自当地政治精英的反对力量较弱或不存在。
- 项目资金、技术援助或两者均由国家或国际援助组织提供。
- 城市具有足够的收入，可以大量投资于公共工程或项目。
- 当地公民社团、传统组织或两者均具有参与和合作传统，并且未受到游击战争和裙带政治的破坏。

最后，即使参与式预算在某些方面获得一定成功，仅靠它的实行也不会显著减少贫困（尤其是在收入方面）。参与式预算最原始的基本原理——公开透明和直接参与，需要适用于所有公共支出项目，这在不久的将来会实现。

第三章强调了关于拉丁美洲参与式预算未来走向的四个要点：

第一，没有标准方法能精确地衡量参与式预算的结果，不同案例中的结果大不相同。参与式预算并不总能强化市场作用或隔离市场化改革。

第二，围绕参与式预算的理论竞争继续开展，并且很有可能持续存在。开发机构正在倡导参与式预算，阿尔巴尼亚和津巴布韦的地方政府也正在采用参与式预算。参与式预算的采用在最近上升的拉丁美洲左翼国家中不断涌现。

第三，在界定、推广和执行参与式预算的斗争中，正式办法越来越流行。由巴西阿雷格里港市掀起的开放的、非正式和审议的设计似乎已经过时了，取而代之的是倚重于现存 CSOs 的更规范、正式和包容的设计，如在玻利维亚、尼加拉瓜和秘鲁执行的参与式预算设计。

第四，为了提高未来地方级别参与式预算的成功几率，其原有原则应适用于更高层级的国家及国际政府治理。即使在少量通过参与式预算成功地改善当地服务质量的城市，低收入和失业问题依然很严重。在拥有大量资金的前提下，运用参与式预算的公开透明、参与和决策再分配等原则可能对鼓励当地的参与式预算努力有两个积极影响。一是它可以产生更普遍和更平等的社会政策，增强地方社会资本和使得赤贫国家的公民可以考虑他们下一顿饭之外的问题。二是它可以使市长和公民确信，参与式预算确实能实现这些原则，而不仅仅是政治动机的遁词，也许值得一试。

在第四章中，Alta Fölscher 论述了中欧和东欧国家的部分县、市、区的公民参与资源分配决策的案例。她考查了阿尔巴尼亚、亚美尼亚、保加利亚、摩尔多瓦、波兰、罗马尼亚、俄罗斯联邦和乌克兰等国的经验，这些国家尽管都有共产主义历史，公民参与的力度却非同寻常。

在法律授权的框架内，这些地区在地方级别政府（县）制定了参与式预算技术方案。该地区的许多国家已经通过额外立法，通常在一个相当高的级别，为公民直接参与公共资源分配政策制定规则。然而，立法虽然必要，却不足以提高参与程度。由于种种原因，该地区的公民参与情况仍然不尽如人意。

■ 历史上，该地区的公民远离影响他们的决策。他们不信任集体行动，习惯了被动接受公共服务。

■ 对于选举、独立、自主的地方政府而言，政党与 CSOs 等集体形式的政治与社会组织，形式相对较新。

■ 政府间财政制度仍然处于发展阶段；地方政府的角色定位模糊和职责划分不清。

■ 地方政府支出责任与其收入能力不匹配，上级政府的转移支付缺乏透明度和稳定性。

■ 地方政府没有足够权力作出决定，往往仍处于发展实际能力以有效利用资源和解决当地问题的阶段。

■ 公民对地方服务不满意，但他们并不相信自己能影响地方服务提供，他们也不相信地方政府有能力处理他们面对的问题。

除了少数例外，这些地区参与式预算机制的发起人均是开发机构或国际 NGOs。即使发起措施来自地方行动，国际组织也是先于地方行动资助关键的组织和联系全球 CSOs 网络。虽然这并不减损发起措施的价值，但还是可能涉及发展的可持续性。

地方政府自主权、地方可用资源情况、公民组织和利益集团以及发达的政党制度通常被认为是成功的参与式预算的先决条件。在中欧和东欧，这些机制被认为是克服政府治理弱点的切入点：参与式预算方案恰好帮助建立通常被视为其发挥功能前提条件的各类制度和安排。在世界其他地区，公民成功参与地方资源决策已在政府治理良性循环的地区酝酿或产生：良好的政府治理需要充分的地方能力，这些能力支持公民参与并且被公民参与所支持。

根据第四章中的案例，得出实行参与式预算所获潜在价值的若干结论：

■ 参与式预算增加公民参与机会。但是，关于公民参与预算是否足够保证持久的兴趣和公民参与预算的基础是否足够宽泛的问题仍然广泛存在。

■ 参与式预算可以突破公民和政府之间的障碍，促进相互理解和沟通。

■ 参与式预算强化了地方 CSOs 的能力。CSOs 可以长期提高地方政府治理水平。然而，能够参与地方政府决策以及与地方政府有合作关系的组织本身就可以成为地方政府的左膀右臂。

■ 参与式预算能使基础设施及公共服务更好地满足社区的需要。

■ 参与式预算可能为地方发展带来额外的收入。

案例研究表明，某些条件可以有效地促进公民参与。在实施参与式预算方案之前，可能需要建立这些条件。他还确定了可以改善结果的某些因素：

■ 更好的信息条件产生更好的结果。

■ 单一的公民参与机制不如组合的机制有效。

■ 提高和培养利益相关者意识是必要的。

■ 激励结构是有意义的。

■ 明确的公民参与和决策规定是必要的。

■ 合作能促进更有效的安排。

■ 地方政府可以“干中学”。

■ 地方政府领导所有权是至关重要的。

■ CSOs 和地方政府官员需要特殊的技巧。

■ 加强公共关系的活动和媒体参与是必要的。

■ 地方 NGOs 的联合可以强化创新。

■ 外部催化剂在提倡和鼓励当地公民参与的实践中发挥重要作用。

Alta Fölscher 在第五章中调查了亚洲经验，她研究了孟加拉国、印度、印度尼西亚、菲律宾和泰国的参与式预算制度。这些案例研究提供的证据表明，公民参与制度可以促进经济发展，同时提升公民和国家关系的质量，特别是地方政府对公民偏好的回应性增强、政府官员和当选代表的问责性提高、更好地实现民主以及公民对政府更多的信任。

作者从亚洲经验得出很多有用的结论，结论包括可以在其他地区成功复制的必要和支持性因素。参与式方案是否能取得成功取决于制度的发展环境因素以及制度本身的设计和实施。提倡公民参与的公务员愿意倾听公民的意见（受到当地由公共政策问题驱动的政治环境的支持），设计完善的制度允许公民社会直接接触和参与制定公共政策，这种制度方案对政策制定、问责性、民主实践和对政府信任影响最大。项目的实施细节仍然是决定其是否成功的重要因素。

参与式预算方案面临的最大危险是，当政治环境不以政策为基础，地方政府官员和公务员没有真正的兴趣根据公民偏好调整政策和支出时，它们仍然让公民进入国家行动空间。在这种情况下，公民参与可能适得其反。虽然，通过提供外部资金和绕开国家机构可以控制这种风险，但是这样做可能产生的短期利益是以参与式预算方案的可持续发展为代价的。只有当地方政府有足够的参与兴趣和能力，创造出国家公务员实质参与的环境，公民长期参与才能有效。

即使在公民的意见可能不会有立竿见影效果的环境中，公民自身的参与在提高公开透明度和国家公务员的问责性方面的确可以产生成功的结果。本章中的 3 个案例研究表明，充分准备和进行联合的公民如何可以进入国家行动空间和要求其意见受到重视。这种公民参与可以把参与式预算环境从国家公务员不愿意让公民参与转化为他们别无选择地让公民参与。这种成功在很大程度上取决于能否选择适当的切入点，以及设计和实施公民参与程度最大化的项目。

在第六章中，Adrienne Shall 回顾了肯尼亚、莫桑比克、南非、坦桑尼亚、乌干达、赞比亚和津巴布韦等国家地方政府参与式预算的经验，在这些国家，地方政府自己管理自己的财政收支。尽管公民参与并未在所有这些国家中获得立法支持，但所有国家都承认，公民参与是一个提高社区公共服务水平的重要工具。通过给予地方政府规划和预算过程更多的包容，这些国家得以建立和实施各种制度，包括监督委员会结构、参与式规划过程、公众集会、预算会议、协商会议、预算斗争、每月通讯、参与式贫困评估项目和各种形式的媒体干预。

在每个国家中，预算编制过程均包括让公民参与确定需求和优先考虑问题的阶段。在某些情况下，公民参与仅发生在预算过程之初。在其他情况下，一旦预算草案最后定稿，则为公民提供了又一次对资源分配提出意见的机会。在某些情况下，公民意见的作用是有限的，资源分配在很大程度上仍然是由当地政府官员和议会议员们决定。另外，公民提出意见的范围通常仅限于资本预算，而这只是总预算中很小的一部分。在某些情况下，公民在预算过程中没有被给予足够多的时间进行分析和讨论他们的意见。

尽管存在这些障碍，大多数国家仍然相信公民参与增加了实施过程有公民参与的地方项目的数量和范围，这些项目往往对居民社区有直接的影响。公民参与也同样改善了公民和地方政府之间的关系，让公民感觉到地方政府已变得更加透明和值得信任。

在实施参与式预算时，地方政府面临众多挑战。这些挑战包括：能力的缺乏、对所有参与者的角色和职责了解有限、公民参与的范围有限、立法约束、监督和评估制度缺乏、透明度和信任不足、沟通障碍、资源不足以及政治和社会差异。

为了克服这些挑战，一些地方政府已经总结出一些宝贵的经验：

- 立法授权和具有强大政治意愿的领导人的承诺是很关键的。
- 对议员、官员和公民进行广泛而持续的能力建设是必要的。
- 这个过程必须在预算报告提交之前开始，以对优先考虑的事务和资源分配展开严肃的讨论和评估。
- 需要确定所有关键的利益相关者，从而确保广泛代表社会中的各个阶层。
- 选举和任命的地方官员共同的承诺是必要的。

在第七章中，Alta Fölscher 考查了中东和北非的参与式预算。她指出，这些地区许多促进公民参与的因素缺失。这些因素包括政治制度和政府治理制度的开放和民主深度；基本自由保障法律框架的存在；

政府内外参与能力的大小；有影响和自由的媒体机构的存在；以及国家提供有效预算信息的意愿和能力。这个地区的政治竞争程度很低。政治权力基于传统网络；选举往往受到统治精英的控制；思想言论、结社权利和媒体的自由都没有保证。尽管该地区的许多国家已经承诺要分权和授予地方政府更多权力，但真正的决策权力包括资源分配权并未下放。考虑到当地的政治和社会文化制度及其脆弱的分权构架和实践，公民参与预算的努力不可能成功，除非地方领导对参与式预算感兴趣，或受到外部发展合作基金的支持，抑或两者兼备。

参与式预算方案的一个希望在于，有了精心的设计和目标，他们可以在政治和政府治理环境中进行积极主动的改变，尤其是让公民获得授权和有兴趣积极参与国家和竞争性政府。这个想法来自该地区的一些成功例子。然而，即使成功地引入参与式预算，能否克服系统性障碍和支持该地区向更好的政府治理转变，这个问题仍然存在。Fölscher 认为，只要该地区背后的社会、文化和宗教规范与代议制、会议磋商和民主概念不相容，就存在这种可能。这说明，参与式预算方案的设计必须考虑当地的政治、文化和社会环境。

在附录中，Fölscher 提供了参与式预算的基本概念和方法概览。

参考文献

Cooke、Bill and Uma Kothari. 2001 Participation：The New Tyranny? London：Zed Books Ltd.

第一部分

参与式预算介绍

第一章

参与式预算指南

Brian Wampler

参与式预算是公民对公共资源的分配进行审议和协商的决策过程。参与式预算方案是在政府、公民、非政府组织（NGOs）和公民社会组织（CSOs）的请求下实施的，使得公民对财政资源的支出方式和去向能够发挥直接的决定作用的制度。这些方案使得公民有机会能够参与，受到教育和获得赋权，这样公民社会也就更加充满生机。参与式预算也有助于提高预算透明度，从而能提高政府效率和减少腐败现象的发生。由于参与的公民大多数是低收入和低学历人群，所以历来受到排斥，但是参与式预算为他们提供了机会可以作出影响政府行为的选择。简单地说，参与式预算方案为穷人和历来被排斥的公民提供了进入重要决策场所参与决策的机会。

参与式预算的意义在于它能够解决两种不同但又相互关联的需求：改善国家绩效和提高民主质量。它改善国家绩效是通过一系列制度规则以约束和检查市政府的权力，同时为公民参与公共政策辩论创造更多的机会。它提高民主质量是通过鼓励公民直接参与开放和公开的辩论，从而帮助提高公民对公共事务的认识。

改善国家绩效和提高民主质量是预期的目标，但是这些目标未必都能通过参与式预算方案得以实现。参与式预算方案的成效从高度成功到非常失败，不尽相同。

1990 年在巴西的 12 个城市首先实施了参与式预算。到了 2005 年，参与式预算扩大到了全世界的 300 个城市（Cabannes n. d. 、Wampler，2004a；Wampler 和 Avritzer，2005）。

参与式预算方案的成效差别很大，这意味着当地的社会、政治和经济环境，制约了参与式预算对绩效问责的效果、决策权力的分权程度以及赋予权力的影响。参与式预算把晦涩的预算程序向普通公民开放，有助于建立一个更广泛的公共论坛，以便公民和政府讨论支出、税收政策和如何实施。参与式预算是既着重于资源分配的政策过程，又强化问责、将决策权力交还和赋权给公民的一种民主制度。

参与式预算方案通过把预算过程透明化和公开化，从而正视社会上和政治上传承的裙带主义、社会排斥和腐败现象。当低收入群体和历来被排斥的政治参与者有机会制定政策时，社会和政治排斥就受到了挑战。通过把决策场所从政治家和专家的个人办公室转移到公共论坛、公共集会，有助于提高预算透明度。

参与式预算方案也可以充当“公民学校”，因为参与预算使得公民对其作为公民的权利和义务，以及政府的责任有了更好地理解。公民学习了进行公民之间的，以及公民与政府之间的谈判技巧，就可以就稀缺资源的分配和公共政策的优先次序作出自己的选择。

即便参与式预算方案在政策结果上收效欠佳，公民参与者仍然增强了对政府责任和公民权利的认识，从而提高了与政府官员进行谈判和对政府官员提出要求的能力。但是如果参与式预算方案收效欠佳，那么参与者就会对这个表现不佳的机构失去希望，从而增加了对民主、分权和参与等概念的讥讽态度。

参与式预算方案没有既定的模式。虽然有类似的原则和制度机制，但是参与式预算方案的设计需要适应每个城市或国家特殊的政治、社会和经济环境。在指出差别的同时，本章综合介绍了最有代表性的案例。

本章的假设是，迄今为止开发的工具和制度手段都或多或少地能够复制到其他地区。世界各地的城市、自治市、州和区政府都应该能够借鉴本章描述的经验，以便开发工具把预算编制、政策制定和公民参与衔接起来。NGOs 和当地的政治家受到本章这些参与式预算案例的启发，可以借鉴这些案例的经验，以推动正式的参与式预算方案或者非正式的监督方案。

参与式预算的历史

参与式预算方案是巴西为了扩展和深化实际存在的民主，而进行的大量努力的一部分（Abers，2000；Avritzer，2002；Baiocchi，2001；Wampler 和 Avritzer，2004）。从 1985 年的民主重建以来，巴西政坛传统的庇荫行为、社会排斥和腐败现象仍然严重。巴西许多地方政府、NGOs、社会团体和政党都倾向于接受参与式预算相关的理念、价值观和规则，以改善政策效果和深化巴西民主雏形。参与式预算能够复制到其他地方，特别是能够复制到发展中国家的原因之一，就是裙带主义和社会排斥在许多发展中国家都是司空见惯的。

参与式预算始于 1989 年巴西最南部的南里奥格兰德州的首府阿雷格里港市（Porto Alegre）。阿雷格里港市有超过 100 万的居民，按巴西的标准，是一个富裕的城市。1988 年，工人党（成立于 1964 ~ 1985 年期间军事独裁统治末期的一个激进的政党）在市长选举中获胜。工人党的竞选口号就是基于民主参与和“颠覆政府支出的优先次序”——也就是说，逆转数十年来对中上层阶级社区的公共资源支出倾斜。参与式预算的目标是帮助贫困的公民和社区获得更大的公共支出份额。

工人党在赢得阿雷格里港市的市长职权之后，面临的是濒临破产的城市和组织紊乱的官僚机构。在任期的前两年间，新政府尝试了不同的机制以解决财政困难，促进公民在政府工作中发挥直接作用，逆转以前政府的社会支出的优先次序。参与式预算就是在这个尝试过程中诞生的。在参与式预算的前两年，即1989年和1990年，参与式预算过程的参与人数少于1000人；到了1992年，参与人数跃升至近8000人。在1992年，工人党再次当选市长之后，参与式预算方案的地位就基本稳固了，参与公民人数每年都超过2万人。随着公民意识到参与式预算是一个重要的决策场所，参与人数也就越来越多了。

参与式预算如何发挥作用？在哪里能够发挥作用？

建立参与式预算方案需要的基本条件是什么？政府、NGOs、CSOs和公民为什么会选择采用参与式预算？哪些基本的财政问题必须考虑？

参与式预算的有利条件

四个因素的合并可以使参与式预算更有可能被采用：市长强烈支持、愿意且能够带来持续政策辩论的CSOs、避免受到立法者攻击的支持参与式预算的政治环境以及资助民选项目的财政资源。

虽然国家和省级政府有一些参与式预算方案，但是通常是县市级政府实施参与式预算方案。

愿意实施参与式预算的政府通常都有改革主义色彩——政治领导层中往往包括愿意尝试新制度格局的政治企业家，或者包括愿意借鉴其他地方成功经验的政治改革家。获得政府支持是至关重要的，因为必须由政府官员作出代表政府当局的决定。政府官员作出决定后，就必须建立必要的财政、信息和后勤保障，以满足参与式预算发挥作用的需要。

政府如果有着来自社会团体、工会和NGOs的强大支持作为基础，就更有可能引入参与式预算制度，因为这样有助于政府深入了解他们已经知悉的全体选民。参与式预算方案在公民社会根基深厚的地方取得了最大的成功。原先存在的社会团体、社区组织和其他志愿者团体的网络为尝试新的方案提供了重要的支持。这些方案不仅依靠公民积极参与选择新政策，而且依靠公民积极参与使得政府的改革努力合法化。较高的公民参与率有助于政府政策方案的合法化。

虽然，参与式预算是在市长的命令下实施的，但是市立法议会也可能参与到这个过程中。因为参与式预算可以削弱传统的庇荫网络，所以，许多议员都会抵制这个方案的全面实施。如果市长领导的行政部门比立法部门更强势，那么立法议员们在他们的利益受到威胁的时候，就会试图充当这个方案进程的破坏者。如果市长和立法部门之间矛盾重重，那么市长就需要把政治精力消耗在与立法议员们的合作上，从而可能无法有效执行参与式预算制度。

虽然，许多参与式预算方案涉及城市的总体财政状况，但方案重点关注的仍然是自主支出。具备自主资金是重要的，因为这样就增加了公民直接选择政策结果的可能性。政府在财政上的灵活性越大，公民就越有可能影响新公共政策的选择。政府必须具备可用的资源，才可能实施参与者选择的政策。

如果市政府在财政拮据的情况下决定实施参与式预算方案，那么方案的重点就不是对具体的公共政策的选择，而是对债务、税收和充分利用有限资源更广泛的讨论。市政府首先必须付出大量的时间和精力对参与者解释全市严峻的财政状况，然后参与者才能投票决定政府一般性政策的优先次序。那么，参与者就不是选择具体的公共政策，而是更广泛地指出政府应该如何利用有限的资源。

游戏规则

代表参与式预算方案的游戏规则是什么？公民参与政策和预算编制场合的具体方式是什么？

大多数参与式预算方案的游戏规则虽然都相似，但又不完全相同。这些规则通常是由当选的政府参照民意设计的。参与者通常必须认可这些规则及任何后续的修改。

这些规则虽然在不同的城市和不同的国家都各不相同，但是参与式预算方案的指导原则是可以确定的。为了简单起见，本章的讨论重点是市级政府。参与式预算的基本原则包括：

■ 将城市划分成几个城区，以便召集会议和分配资源。

■ 终年都有政府主办的会议举行，涵盖预算和决策周期的不同方面：包括信息分配、政策建议、建议讨论、政策选择、代表选举和监督检查。

■ 由政府创建“生活质量指数”，作为资源配置的基础。贫困率较高、人口密度较大、基础设施或政府服务较少的地区获得比富裕地区更高比例的资源。每个城市制定自己的公式，以确保资源配置的公平。

■ 关于资源和政策的公共审议和协商在参与者内部以及参与者与政府之间展开。

■ 进行“确定项目优先次序的巴士大篷车之旅”（“Bus caravan of priorities”），选出的代表们乘坐巴士大篷车在最后投票前访问所有待批准项目。通过访问，代表们可以评估提议项目的社会需要。

■ 当选代表对所有最终项目进行投票。投票可以通过无记名形式或通过公开举手表决进行，投票结果作为公共记录的一部分。

■ 选举市政理事会。所有地区推选两名代表进入该委员会，负责监督参与式预算并提出最终预算建议。理事会定期接受市政府对理事会程序的监督。

■ 参与式预算代表对年度预算最终批准后，市长将年度预算呈送市立法机构等待批准。立法部门可以否决特定项目。

■ 年终报告公布公共工程和项目的详细实施情况。

■ 建立地区或社区委员会监督公共项目的实施。

在参与式预算中设计这些规则是为了收到具体的效果，例如接纳公民议政，实现社会正义和使公民变得更加积极。但是，正如政治学和公共管理文献中记载的（见表 1 - 1），新的机构和政策经常会产生意料之外的结果，与制度设计初衷背道而驰。

表 1 – 1　　参与式预算的预期结果和非预期结果

规则	预期结果	非预期潜在结果
建立地区边界	提高效率、问责和分权；地区内资源竞争	区级会议限制了城市范围 CSOs 网络的形成。地区内的小团体无法动员足够的人数确保项目的实施
召开系列年会	提高公民的参与度，从而更广泛地接纳公民议政，赋予公民更多权力	公民的动员只是为争取资源；参与变得心不在焉，因为公民参会的唯一目的就是为了对具体的政策提案投票
创建生活质量指数	增加低收入地区的资源配置；由于地区内部的公民竞争，公民的参与度提高	贫困社区分布不均匀，小规模的边缘化群体可能无法受益；组织有序的群体以牺牲组织不善和小规模的群体利益为代价获益，所以这些不大可能获益的公民变得没兴趣参与预算
进行“确定项目优先次序的巴士大篷车之旅”	加强团结，提高对提案项目的认识	代表们缺乏评估社会需求的基本技能，可能被有激情的呼吁左右
当选的代表们对最终的项目提案进行投票表决	最终的项目提案的数量较少，所以便于当选的代表直接参与决策	这个过程由社区领袖，而不是普通公民主导
选举产生市政理事会	少数理事与政府官员和立法议员直接谈判，从而减少无效率，提高辩论质量，作出困难的决策	少数社区领袖可能利用接近政府官员的条件，谋求私利，成为对社区选民不负责的新型政客
政府为参与者提供详细的财政信息	公民受到了财政信息方面的教育	参与者依靠政府提供信息
设立社区委员会以便监督参与式预算的实施	透明度和可问责性增强	参与者依靠政府提供信息

资料来源：作者。

参与式预算定义了政府和公民之间的责任分工（见图1－1），并且列出了参与式预算过程每个阶段需要完成的任务。

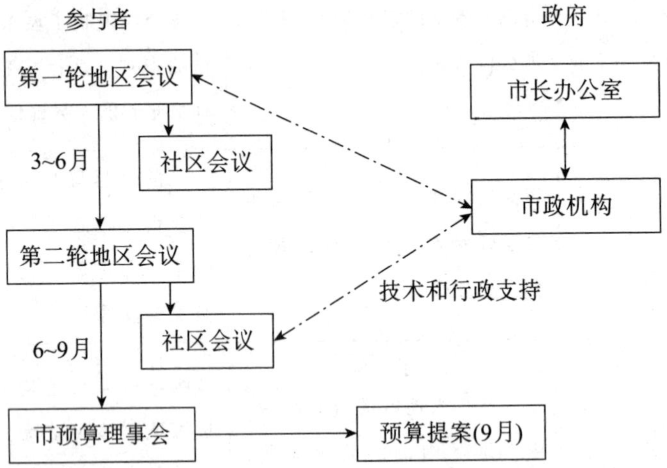

图1－1 年度参与式预算时间周期

资料来源：Wampler 2000。

选择提案项目

参与式预算的第一轮，通常从3月进行到6月，涉及内容包括信息发布、政策的初步讨论和确定当选代表的人数（见表1－2）。因为，进入地区会议的代表人数是由每个社区的居民参与程度决定的，所以，社区会议有很强的鼓动性。因为，对提案的最终投票是在地区会议进行的，所以，一个社区当选的代表（公民代表）人数越多，这个社区的提案就越有可能获得较多的投票。

表1－2 政府和参与者在参与式预算第一轮（3~6月）中的作用

政府的作用	参与者的作用
地区会议（Rigional）	
地区和社区划分	公民参与动员
制定生活质量指数	举办能力建设会议
发布财政信息	分析财政信息
提交需要投票表决的提案	对可用的资源进行初步讨论

续表

政府的作用	参与者的作用
社区会议（Neighborhood）	
提供详细的技术信息	讨论市政的优先次序
为参与者提供行政支持（提供电话和复印机）	讨论具体的公共工程
确定会议的时间和地点	预选公共工程

资料来源：作者。

地区会议和社区会议通常都是持续两个小时。会议的第一部分是参会者们相互通告即将到来的事件和值得关注的问题。会议的第二部分是政府官员正式介绍参与式预算的相关信息。会议的最后一部分是问答，政府官员负责澄清参会者关心的问题。每个参会者的发言或者提问的时间通常不得超过 3 分钟。3 分钟的时间限制有助于会议的顺利进行。参会者们分析他们地区的可用资源水平，并且相互探讨提案项目的同时，对项目及其优先次序进行非正式的审议。公民代表参加会议是无偿的，有些城市则为参会者支付参加会议的交通费。

参与式预算第二轮是确定政府在下一个财政年度（甚至是两个财政年度）要实施的政策和项目（见表 1－3）。到了这个阶段，参会者应该已经获得足够的信息，在地区会议上能够推动他们社区的重点项目，也能够作政策选择了。在地区会议上，最终决定具体的公共工程项目或者确定项目总体的社会优先次序。

表 1－3　　政府和参与者在参与式预算第二轮（7～11 月）中的作用

政府的作用	参与者的作用
地区会议（Rigional）	
1. 估算初步提案项目的启动成本	1. 辩论政策或公共工程提案
2. 发布信息，安排每个城区的“确定项目优先次序的巴士大篷车之旅”	2. 实地考察提案的公共工程项目
3. 监督投票	3. 投票表决实施的政策或公共工程
4. 监督市政预算理事会	4. 每个地区推选两名代表进入市政预算理事会

续表

政府的作用	参与者的作用
社区会议（Neighborhood）	
1. 技术人员与监督委员会密切合作	3. 继续动员公民推动特定的项目和政策
2. 起草技术方案	4. 选举产生监督委员会；批准技术方案

资料来源：作者。

资源分配基于两个标准。第一个标准是生活质量指数。每个地区根据自身的总体需要获得一个具体的预算份额。基础设施较发达的富裕地区获得的预算份额小于基础设施欠发达的贫困地区。目标是为了保证有限的可用资源尽可能用到最贫困的社区和最弱势的群体。民主制中受益的通常是组织有序的群体，中等收入和高等收入群体最有优势。参与式预算是为了消除社会排斥，让资源的竞争发生在收入不相上下的个人和团体之间。

地区内部的动员和审议过程体现了资源配置的第二个标准。在城区内部，组织有序的团体对可用的资源进行竞争、动员、协商和审议。因为，不可能所有的提案都获得资助，所以，团体之间往往结盟以便推动特定的提案项目实施。“确定项目优先次序的巴士大篷车之旅”是这个过程中的一个重要组成部分，因为参会者必须对提案项目进行实地考察，才能亲自评估社会的需求程度。

实施项目

虽然关注的重点是政策选择，但是参与式预算的一个重要方面是实施选择出来的项目。实施是一个持续的过程。有些项目在下一年度就开始实施；较大的项目可能需要好几年才能完成。

成功参与式预算方案涉及的重要改革之一，是通过正规的官方程序实施参与式预算项目。通过遵守行政程序，避免了政客对官方程序的直接干预。在这个实施过程中，尽管参与者通过加入监督委员会，以确保政策是按照预先确定的标准实施（见表1－4），但是参与者的作用还是减少了。

表 1－4　　　　政府和参与者在项目实施中的作用

政府的作用	参与者的作用
制定技术方案、合同等	批准技术方案
整合行政机构	监督项目实施的顺序
技术人员与监督委员会密切合作	监督项目实施（实地）
监督市政预算理事会	代表们每周都要参加市政预算理事会会议

资料来源：作者。

例如，在贝洛奥里藏特市（Belo Horizonte），地区委员会必须批准所有的技术方案。这些委员会还监督公共工程是否按照批准的技术方案实施。社区委员会实地监督项目的建设，以保证公共工程是按照预先确定的标准实施的。这是一个重要的环节，有助于减少公然腐败的可能性。比较有说服力的是，在监督委员会有名无实的累西腓市（Recife），其参与式预算也不怎么成功。因为，累西腓市市政府不重视监督委员会，所以，就没有形成独立和有效的监督委员会，从而就限制了公民监督工程质量的能力。

辩论状况

研究参与式预算方案的学者主要着重分析了两个广泛的领域：参与式预算方案的促成因素以及参与式预算带来的成效。对促成因素的辩论注重于创新时期（1989～1996 年）和普及时期（1997～2004 年）。

对创新时期的研究主要是在巴西的阿雷格里港市。Abers（1998，2000）论述了阿雷格里港市的政府官员和公民社会领袖之间的协同作用，有助于创建符合双方利益的参与式预算制度（另见 Baierle，1998；Torres 和 Grazia，2003）。Baiocchi（2003a，2003b）更突出了左翼工人党对方案的“发起”作用，但同时也承认了 CSOs 的重要作用。第三种分析认为，20 世纪 80 年代，更广泛的 CSOs 的形成促进了 CSOs 战略和战术的创新（Wampler 和 Avritzer，2004）。通过形成“参与公众”，公民学会了审议和推动新的制度设计方案。当 CSOs 与当选政府结盟时，这些新方案最有可能获得实施（Baierle，1998；Wampler 和

Avritzer，2004）。学者们的分歧主要在于，究竟是 CSOs 还是政府的作用和重要性更强。

虽然对于创新时期（1989 ~ 1996 年）采用参与式预算方案的原因有广泛的共识，但是对于普及时期（1997 ~ 2004 年）原因的辩论还处在初级阶段，这是因为普及时期的数据较少，并且也是最近才需要对普及时期进行这种分析的。2003 年 Torres 和 Grazia 收集了以巴西作为案例的普及时期数据，并首先做了研究尝试。他们的数据表明，在普及时期实施参与式预算的城市案例的基本社会和政治特点，已经不同于 1990 年最初的 12 个城市案例 。巴西目前 40% 的参与式预算案例都是由中间派和保守派政党实施的，而在 1990 年只有不到 10% 的案例是由中间派和保守派政党实施的。现在巴西所有的 5 个大区都实施了参与式预算，不过实施范围仍然还是集中在巴西南部和东南部区域。虽然 1990 年最初实行参与式预算的城市案例都有着高于平均值的人类发展指数（HDI）。但是到 2004 年，实行参与式预算的城市案例的 HDI 数值都接近于大多数巴西大城市的 HDI 数值了。

第二个主要分析领域是确定参与式预算的成效，也就是分析公民参与率、公民和政府的态度和行为、政策结果和社会正义。在贝洛奥里藏特市、伊帕廷加市、阿雷格里港市、累西腓市和圣保罗市，尽管预算会议的公民参与者只占总人口的 1% ~ 4% （www.ibge.gov.br），不过参与率正在逐年上升。随着时间的推移，参与式预算制度正在吸引越来越多的公民参与到正式的决策场合之中（见表 1 – 5）。

表 1 – 5　巴西部分城市参与预算过程的人数（1990 ~ 2003 年）

年份	贝洛奥里藏特	伊帕廷加	累西腓	阿雷格里港	圣保罗
1990	n. a.	630	n. a.	976	n. a.
1991	n. a.	470	n. a.	3694	n. a.
1992	n. a.	483	n. a.	7610	n. a.
1993	n. a.	563	n. a.	10735	n. a.
1994	15216	572	n. a.	9638	n. a.

续表

年份	贝洛奥里藏特	伊帕廷加	累西腓	阿雷格里港	圣保罗
1995	26823	681	n. a.	11821	n. a.
1996	36508	604	30000	10148	n. a.
1997	31795	683	n. a.	11908	n. a.
1998	19418	1533	30000	13687	n. a.
1999	21175	2136	n. a.	14776	n. a.
2000	31369	2018	30000	14408	n. a.
2001	n. a.	5015	42800	16612	34000
2002	28124	981	67100	28549	55000
2003	n. a.	2374	69500	26807	80000

资料来源：Wampler 2007b；Wampler 和 Avritzer 2004。n. a. 表示不可用。

对于公民参与率的增加，有以下几种合理的解释。

第一种解释表示是隶属于执政党的公民因为要支持他们的政党，所以这些公民的参与率较高。有证据支持这种解释。在巴西的两个小城市贝亭（Betim）和乔蒙列维德（João de Monlevade），许多最活跃的公民领袖都隶属于或者至少是同情实施参与式预算的工人党（Nylen，2003b）。但是，在这个证据中只有提到公民领袖，而没有提到大多数普通参与者。来自贝洛奥里藏特市、伊帕廷加市、阿雷格里港市、累西腓市和圣保罗市的证据表明大多数参与式预算的代表们都支持左翼政党（Wampler，2007a）。

第二种解释是参与式预算为政治上本来就积极的公民提供了新的机会（Nylen 2002）。在贝洛奥里藏特市和贝亭市，有一半的参与者都是只参与过一次，以后就不再参与了（见表 1 - 6）。如果其他地方的参与式预算案例的数据也是如此，那么这个进程就不能很好地赋予公民权力。

表 1-6　巴西贝洛奥里藏特和贝亭的参与式预算参与频率

参与次数	贝洛奥里藏特		贝亭	
	受访人数	受访比例	受访人数	受访比例
一次	526	54.5	92	49.5
两次	168	17.4	32	17.2
三次	78	8.1	19	10.2
四次	70	7.2	13	7.0
四次以上	64	6.6	14	7.5
无回复	60	6.2	16	8.6
总数	966	100.0	186	100.0

资料来源：Nylen，2002。

大约75%的受访者都是只参与过一次或者两次。这个数据是让人担心的，因为如果大多数公众都只是参与一次或两次，那么这个进程就不能很好地促进公众学习。Wampler 调查的 8 个参与式预算案例表明，越是最近实施的案例，公民的首次参与率越高（Wampler，2007b）。在自从 20 世纪 90 年代以来就实施了参与式预算的城市，例如伊帕廷加市或者阿雷格里港市，公民的参与率高，核心积极分子是每年都参与的。在参与式预算已经实施了很多年的地方，对积极分子的参与做了限制，积极分子每两年或者每三年才有一次机会竞选代表职位，以使更多的公民有机会当选为代表。但是，一小部分积极分子也有可能彼此之间轮换代表职位。

审议、协商和实施过程中的示范效应，也可以促进预算参与率的提高（Wampler 和 Avritzer，2004）。如果公民个人有的正面经验（因为他们的要求被听取了，或者他们的提案被选中实施了），那么他们就有动力再次参与。这些动力可以是短期、立即的（政策变化），也可以是长期的（审议和问责），但是这些动力在很大程度上取决于政府是否有能力实施参与者选择的提案项目。

在参与式预算过程中，符合条件公民的参与率很低。动员公民参加会议很困难，原因类似于动员公民参加任何公共活动的困难。这些困难包括参加会议的时间和金钱成本、普遍的冷漠、缺乏对参与式预算的认识和参与式预算过程中的党派观念。如果市政府能够落实参与式预算过程中通过的决议，那么这个过程就能成功地动员公民参与。如果公民们认为参与式预算的结果对他们有利，那么公民们就愿意付出时间参与这个过程。

大多数参与式预算方案都是只允许公民们对新资本投资支出发表意见（虽然许多参与式预算方案宣称参与者们对整个预算都可以作决定，但是很少有证据表明参与者对自主资金以外的预算能有实质性影响）。在分析参与式预算时，有必要区分建议支出和实际支出。

阿雷格里港市的年度预算在这些城市中是最低的，但是分配给参与式预算的拨款是最多的——在 1996 ~ 1998 年是人均 201 美元。这个数字远超过了贝洛奥里藏特市（42 美元）或是累西腓市（11 美元）的人均支出。支出的差别可以归因于各城市的财政状况，尤其是债务承诺和人事支出。阿雷格里港市清理了财政状况，所以就有更多的财政资源可以用于投资支出。贝洛奥里藏特市和累西腓市的支出更多地是用于债务和人事上，以及用于参与式预算制度框架以外选定的投资项目上。

支出结果是方案成败的重要指标，因为支出结果是对市政府承诺实施的项目能否满足参与者需求的验证。如果政府能够贯彻落实参与式预算的支出决定，那么，参与者和更广大的社区公民就能明确知道政府重视在这个过程中作的决定。阿雷格里港市市政府几乎能够 100% 地兑现承诺（虽然项目有时会积压，但是项目通常都能实施完成）。相反，累西腓市很少有项目能实施完成，实际落实的支出小于参与式预算支出决定的 10% 。因此，阿雷格里港市有很多正面的示范效应，而累西腓市就很少有正面的示范效应了。

因为参与式预算方案的目的是为了重新分配公共资源，所以方案的评价应该包括分析资源都被用到了城市的哪些地方。这种分析需要连续多年收集类似的数据，以便对支出模式作出合理的推论。

只有对阿雷格里港市的研究，衡量了城市内部的资源配置

(Marquetti, 2002)。这个研究把参与式预算10年来的数据与1991年的普查数据结合，用以确定参与式预算的投资与较低的社会指标之间的关系。

结果表明阿雷格里港市参与式预算的投资确实集中在城市的贫困地区。贫困地区获得的人均拨款支出大于富裕地区。这个研究的结论表明，参与式预算通过增加对低收入社区的市政资源投资，从而促进了社会公平正义。Marquetti (2002) 宣称，参与式预算有分配效应，因为在这个方案实施之前的20世纪七八十年代，阿雷格里港市政府把大部分的资源都投资到了中产阶级社区。因此，他推断参与式预算具有显著的再分配效应。

参与式预算方案的形式

参与式预算方案主要有两种形式。第一种形式是“公共工程形式的参与式预算”，注重具体的公共工程项目，范围从具体道路的铺设到托儿所的建设。这种形式因为涉及具体项目的资源配置，所以公民们最感兴趣。第二种形式是“专题形式的参与式预算”，注重一般支出政策。这些政策更注重一般趋势，例如对特定类型的医疗保健方案增加拨款支出。对这些会议感兴趣的往往是更明智的积极分子们，他们通常是以问题为导向的社会运动组织的成员。

公共工程形式方案

大多数参与式预算方案最初关注的都是公共工程；但随着时间的推移，讨论逐渐扩大到包括一般的社会政策。政府最初把时间和精力用于具体项目上，实际理由如下：

第一，注重具体的公共工程，是为了在参与和结果之间建立直接的联系。参与者一旦选择了某个具体的项目，就希望政府能够实施这个项目。如果政府成功地实施了选定的项目，那么公民们就越发把参与式预算看做促进政策改变的有价值的工具（Wampler, 2004b;

Wampler 和 Avritzer，2004）。例如阿雷格里港市市政府，在 2～3 年的时间内就建立了贯彻落实参与式预算项目的政绩。这样，参与者们知道他们作出的决定将会得到政府的落实。因为参与者相信政府将履行承诺，所以也增进了阿雷格里港市市政府工作中的问责性。

第二，注重具体的公共工程，是为了允许各个社区明确自身的发展目标。这里的基本假设是，公民们对自己社区问题的认识要比政府官员的认识更深入。所以，公民们更能根据自身的需要，提出公共工程议案。通过赋予公民选择公共工程的权力，参与式预算方案有助于决策过程的分权。许多社区团体都是首先提议小型项目，然后随着时间的推移，提议的项目在范围和规模上也逐渐扩大。例如，一个社区团体可能首先提议道路的铺设，然后提议住宅项目或者是设立保健中心。如果政府成功落实了这些项目，那么就促进了公共学习，于是代表们就开始谋划如何争取到更多（通常是更大）的项目。

第三，地方政府通常负责小型基础设施项目（在较富裕的城市，地方政府有时也负责大型基础设施项目，例如住宅项目）。在州级或者省级政府负责提供公共服务的国家，可能就更适合在州级或者省级的水平上采用参与式预算。公共工程历来都是政府官员和社区领袖之间庇荫的一个重要源头。通过把公共工程放到参与式预算中来，期望能打破政坛的庇荫圈。只有通过公开讨论公共工程，获取技术信息，以及最终实施公民选中的项目，才能打破这个庇荫圈。通过在公共工程中铲除庇荫的互惠关系，政府官员和社区领袖就有望形成新型的政治格局。

第四，注重具体的公共工程，是为了参与者对市政府实际权力和责任有更好地理解。参与者们理解了权限划分，就有助于他们的提议符合相应级别政府的权限。这样，不仅公民获得了教育，而且对政府也有利，因为社区领袖们更加理解了政府权力的有限。在巴西的圣安德烈市，许多参与者最初都提出了关于暴力和警察腐败的问题。但是市政府对警察没有管辖权。参与者们在理解了这个权限问题之后，就把提议的重点转向了市政府有权力和有资源解决的问题上。

专题形式方案

专题形式的参与式预算的目的是通过让公民确定市政府一般事项的优先次序，使得决策过程进一步民主化。专题形式的方案是鼓励参与者从整体角度对城市进行分析和理解，而不仅仅是只注重自己社区的具体问题。这个过程是参与式预算中赋予公民更大的权力或者是“公民学校”的组成部分，可以鼓励公民对更广泛的社会变革进行设想，并努力为此工作。

参与式预算的专题会议让参与者确定公共政策的大致优先次序。这个过程的第一阶段需要政府提供有关现行政策和支出优先次序的详细信息。第二阶段是参与者对政府政务的优先次序进行的一系列讨论。最后阶段是参与者对政务的优先次序进行排序。迄今为止，这个过程不是让参与者建议并讨论自己提案的政策，而是让参与者集中讨论政府的既有政策。例如，参与者确定在产前检查和传染病控制上支出水平的优先次序。在大多数情况下，参与者不能独立提出新的政策提案。因此，公民与政府官员密切合作，以便确定资源支出的最佳方式。在这个过程中，政府官员提供政策的专业背景，参与者们则表明自己的政策偏好。如果政府官员对某个政策有十足的信心，政府官员就会强烈辩明这个政策的优点，以获得参与者的支持。在为参与者提供信息和强迫参与者支持之间是有分界线的，政府官员必须谨慎行事。政府官员通常会跨越这条分界线。如果政府官员与公民（尤其是公民领袖）之间勾结串通，那么参与式预算就有沦为参与者只是走过场式地支持政府政策的风险。

这些会议和辩论的质量参差不齐。有些参与者是特定问题的长期倡议者，但是对其他的政策问题却可能认识不足。参与式预算决策过程最大的困难之一，就是公民参与者对大多数政策领域的信息和专业知识的了解都很有限。大多数参与者都盲从最老练的政策倡议者，或者支持政府的立场，所以大部分政策的决定可能很大程度上都是流于形式。参与重要的公共政策决策的公民们获得的信息少和专业知识水平低，这个事实是参与式预算方案的明显缺点。

专题形式的参与式预算中的关键问题是：最明智的政治家是试图引导还是试图控制政治讨论。在专题形式提出的最初几年，这个问题尤为严重。随着专题形式方案的巩固，普通参与者的政治知识也就扩展了。

公共学习实际发生了吗？这个问题是对参与式预算方案争论的焦点。目前还不清楚参与者是否学习了足够的信息和知识，从而变成了成熟的政策倡议者，还是参与者只是被用来走过场，从而使得政府的政策选择合法化。

参与式预算方案的另一个问题是信息贫乏的公民所选择的政策可能不在政府的能力范围之内（也就是说，他们投票表决同意支出的资源超出了政府的可用资源）。虽然信息贫乏的公民作的决策可能使得方案出轨（例如，要求支出的资源远超出了政府的能力），但是大多数参与者还是能够认识到，参与式预算方案总体影响的大小取决于政府的收入和权力所受的约束。

接受参与式预算的行动者及动机

推动和接受参与式预算的政治和社会行动者分别有着不同的动机。他们动机的强弱、大小各不相同，有的可能是为了铺设自己社区的道路，也可能是为了建立审议性的公共决策领域。无论是为了自己的利益，还是为了社区的建设（创造社区凝聚力的行为），在参与式预算中都能获得回报。

地方政府

地方政府实施参与式预算方案以便达到各种不同的目的。这些目的包括建立有政治支持的民众基础、实现稀缺资源的更公平分配、促进公共学习和提高政府的透明度。

本质上，参与式预算体现的是公民参与者和政府之间的合作努力。

有效的参与式预算方案的成果之一，就是加强了有政治支持的民众基础。因为参与式方案需要政府的大力支持，所以改革派政府最可能成功实施这个方案。参与式预算方案使得决策过程变得开放和透明，这就颠覆了裙带主义。改革派政府希望通过把决策权下放给公民参与者，从而削弱旧有的裙带政治，以强化自己的地位。因为参与式预算是在政府部门以外进行的，所以大部分的活动就绕开了立法机构及其连带的庇荫网络。参与式预算方案最有争议的一个方面就是：立法者在决策过程中没有发挥任何作用。

政府采用参与式预算的第二个原因，是为了增加低收入社区分配的资源。参与式预算的规则是促进社会正义；强调参与有助于政府获得支持，以便在低收入人群和中产阶级之间重新分配资源。在参与式预算中，政府可以提供为低收入公民排忧解难的专门论坛，以使低收入公民能够获得更多的资源。低收入公民不是和中高收入公民竞争资源，而是确保得到必需的公共服务和公共工程。

政府采用参与式预算的第三个原因，是调动公民的积极性有助于改变公民的政治和社会意识。巴西的改革派政府认为限制社会变革的障碍，是大多数低收入公民缺乏对政府、决策和权利方面的政治知识。如果政府认为提高公民的政治知识水平是更广泛地改革政治、社会和经济结构中一个不可或缺的部分，那么政府就会实施参与式预算。许多发展中国家的公民对各级政府的权力和责任缺乏基本的认识；政府通过采用参与式预算这种途径，为公民提供基本的政治工具。

政府采用参与式预算的第四个原因，是为了提高透明度，以减少腐败和官僚低效。参与式预算使更多的公民监督资源的分配，从而减少腐败。在腐败猖獗的地方，改革派政府通过各种公众会议和监督委员会，从而减少腐败发生的可能性。在伊帕廷加市和阿雷格里港市，所有参与式预算项目都编排了序号。任何感兴趣的公民都可以在市政府办公室使用计算机终端检查这些项目的进展情况，核实资源的支出是否符合承诺。

公民个人

在参与式预算方案中，公民有许多动机参与。第一，参与式预算有助于公民进入公共决策活动。公众会议和公共决策过程减少了公然根据裙带关系分配资源的可能性。这对于在以前政府的裙带主义下没有获益的公民而言，好处是显而易见的。会议的公共性使得公民第一次有了发言权。如果公民能够在他们的参与努力和政策成果之间建立直接的联系，那么公民的权力意识就得到了强化。

公民的第二个重要动机，是他们可以得到信息。信息性会议使得公民能够更全面地了解政府结构、政府责任、政策和决策过程。预算和决策通常被认为是“黑匣子”，其中的来龙去脉只有少数政府官员了解。参与式预算方案提供了一种使得公民能够获得必要的信息的结构框架，以便更好地理解他们的政治和行政环境。除了预算信息，公民还能获得有关地区划分和土地使用法等方面的技术信息。这些技术问题中涉及的复杂规则，通常是普通公民接触不到的。参与式预算方案为公民提供了与官僚机构中的工作人员合作的机会，从而共同解决法律和技术问题。

参与式预算对公民的第三个好处，就是参与和获得的公共服务质量之间有直接的关系。公民选择公共工程，从而直接改善了他们的社区面貌。公民批准有关下水道系统的安装或者新住宅单元的建设等项目的技术规划，并且监督项目的实施。在贝洛奥里藏特市，所有的技术规划都必须提交给社区论坛进行讨论和澄清，然后进行必要的修订，直到获得社区论坛的最后批准。这有助于确保承包商提供他们承诺的商品和服务。因为这个过程减少了承包商试图在合同上进行欺骗的可能性，所以普遍认为能够提高公共服务的质量。

公民社会组织

在参与式预算中，诸如社会运动或者社区团体等 CSOs 参与的主要原因是间接的。因为资源配置的标准之一是参加会议的公民人数，所以 CSOs 能够动员的公民人数越多，CSOs 的社区可能获得的资源和利益就越多。参与动员和利益成果之间的联系强化了 CSOs 的重要性。

CSOs 参与的第二个原因，是参与式预算方案为 CSOs 建立广泛的民众支持网络提供了机会。通过参与，CSOs 就可能接触到盟友，增加了建立更广泛的社会和政治联盟的机会。因为，参与式预算中谈判的许多具体提案都是以基本问题（住宅或者污水问题）为中心的，所以，CSOs 之间进行联合是很有必要的。然而，CSOs 之间的接触往往不是加强了团结，而是加剧了冲突。如下所述，参与式预算的缺点之一，就是加剧了 CSOs 之间的竞争。

CSOs 参与的第三个原因，是为了影响政府政策。社区团体的参与是为了改善社区的基础设施。社会团体的参与是为了与政府的技术人员和 NGO 的专家一起设计发展规划。以问题为导向的社会运动组织的参与是为了更广泛地改善公共政策。在这个过程中，CSOs 有机会与政府官员合作，以便对短期的资助和长远的规划产生影响。这种与政府官员的密切合作关系，使得以问题为导向的社会运动组织有许多机会影响政策结果。当然，这种关系对 CSOs 并不是完全有利的。与政府的关系太密切就可能显著改变社会运动的性质和宗旨。这种矛盾是政府官员与 CSOs 必须持续应对的。

非政府组织

参与式预算方案为 NGOs 提供了与公民和政府合作以解决迫切的社会问题的机制。在有些城市，NGOs 是管理或者监督委员的成员，或者是充当政府和参与者之间的调解人，从而直接发挥作用。如果 NGOs 在这些过程中直接发挥作用，那么 NGOs 通常就能促进政府赋予公民权力和增加政府透明度。

在另外一些城市，NGOs 发挥顾问作用，为参与者提供支持。许多 NGOs 都有技术和管理技能雄厚的专业工作人员。NGOs 的建筑师、会计师、社会工作者和其他专家都比普通公民更能够理解政策提案及其影响。因为 NGOs 与政府之间保持着距离，所以 NGOs 既有机会促进参与式预算的一般价值，又能对政府的工作进行监督。在阿雷格里港市和塞阿腊市，有一个 NGO 每月都为公民代表和广大公民发布有关参与式预算方案的报告，对支出和决策进行监督。其既是方案的监督者，又是方案的倡导者。

NGOs 还在最初的赋权或者学习的会议中发挥着重要作用。因为 NGOs 在公众教育上的技能和经验丰富，所以，政府通常签约让 NGOs 提供公众教育。但是这样就模糊了 NGO 的作用，从而在 NGOs 和参与者之间造成了一定的矛盾。

商业界

商业界可能支持参与式预算方案，因为这些方案能够促进透明度、减少腐败、提高效率。虽然参与式预算方案本身并不涉及财政改革，但是这个过程中对预算的关注，使得政府对本市的财政状况更为关心。参与式预算的一个间接的成果是使得城市财政状况更好。

在商业界内部，有些承包商和建筑商能够直接受益。项目的选择和入选项目的系统实施，使得承包商能够在公开和公平的制度中投标。因为通过参与式预算过程入选的通常是小项目，所以小承包商能够受益。承包商在项目开始投资和实施时，不再支付回扣和贿赂。项目的时间和顺序都成为公共记录的一部分。当然，那些从封闭制度和腐败行为中受益的企业，对参与式预算不感兴趣。

随着参与式预算方案巩固成为主要的决策方法，商业协会就必须参与这个过程才能确保项目获得资金。例如，如果社区的商业协会想要铺设道路或者安装照明设施，那么商业协会就必须组织其成员参加会议表达他们的要求。

行政改革

虽然参与式预算方案的最初设想是不包括官僚体制改革的，但是官僚体制改革却成了这个方案意料之外的一个结果，并且对方案的成功有显著影响。参与式预算从三个方面促进了行政体制改革。

第一个方面是管理分权。市政管理机构的实际分权通常始于设立分支机构或是地区办事处。分支机构使公民能够直接和便利地接触政府行政官员。尤其重要的是，有必要设立在贫困居民聚居的边远地区的分支机构。在社区而不是在市中心开会，可以在时间和金钱上为公民的参与节约成本，而这些成本往往认为是公民参与的重要阻碍。

决策权力的下放也是重要的一步。决策不再局限于市政府内的少数政治和技术精英，而是分散于各个社区的公众论坛。从而使得公民可以前所未有地容易接触到专家和技术官僚。公民可以与这些官僚合作，以在复杂的决策过程中确定正确的方向。

分权有助于把针对性的信息提供给相关的人群。在分支机构，技术官僚更能深入地了解需要为公民参与者提供什么样的信息，以使参与者做出有根据的选择。例如，居住在山区的公民可能需要有关排水道和水流量的信息；居住在市区的公民可能需要有关检修老化基础设施的成本和复杂性的信息。

参与式预算有助于行政改革的第二个方面，是在决策和实施过程中整合了各种不同的官僚部门。行政部门，例如卫生部门或者教育部门，在参与式预算过程中不能孤军奋战，而是必须与规划部门以及参与者密切合作，才能确定政策议程。在这个过程中，新投资项目的实施必须经过参与者的明确批准。这就需要不同的官僚部门与社区领袖合作，共同设计项目。市政机构必须共同协调项目的时间进度，以便确保这些项目的实施方法尽可能是最有效的。这就需要持续多年的协调合作，以便确保排水、铺路、住宅和其他项目是按照城市规划师和参与式预算参与者共同设计的规划实施的。

在政府内部，政治家和官僚们必须齐心协力，实施选中的项目。政府官员必须对官僚们有控制权，以确保技术方案的起草、合同的制定以及项目的实施等都是按照既定的时间表进行的。这种集约的，事必躬亲的过程是参与式预算的创始人没有预料到的，但是这种过程有助于改革和重振现有的官僚机构。

参与式预算有助于行政改革的第三个重要方面，是在商业界和政府之间建立一种更透明的关系。参与式预算确定的项目将在两年或者三年期间内实施。承包商和建筑商知道将要实施哪些项目，所以能够更有效地做规划。因为不再需要为了获得实施项目而支付贿赂，所以企业的成本降低了，利润率提高了，并且政府的信誉也改善了。

参与式预算的局限

参与式预算方案具有的几个局限，降低了这个方案对社会正义、公共学习和行政改革的总体影响。虽然在不同的地方，参与式预算方案的运作方式有很大的不同，但是以下讨论的几个局限在大多数方案中都存在。这些局限表明参与式预算方案只能在有限的程度上克服社会和政治排斥，同时促进社会正义。这些方案对于促进政治包容和更大的社会正义是重要的一步，但绝对不是包治百病的灵丹妙药（Majic bullet）。

第一个局限的来源是这些方案注重具体的公共工程，却淡化了公众学习或者赋权。许多参与者感兴趣的是争取到某个小型基础设施项目，而没有兴趣学习有关政府的权利、财政责任，抑或更广泛的社会政策。

这是参与式预算进退两难的困境（Catch－22）。如果公民发现他们在地区会议上作的具体决定能够得到实施，那么这些方案就越来越兴盛。因为参与者由此得到了明确的信号：政府重视参与者的时间和精力付出。虽然这似乎是鼓励参与所必要的第一步，但是这就把参与式预算方案与具体资源的分配关联起来了。获得资源之后，社区组织就不再参与了。因为社区最初动员公民参与的原因，就是为了获得所需的公共资源。这个要求被满足以后，参与者马上就退出再也没有兴趣继续参与了。在这种情况下，公众学习就被淡化了，参与是以短期的资源获取为目的；参与者对公众学习过程心不在焉，注重的只是如何为他们的社区争取到具体的资源。

第二个局限是，参与者对市长办公室的依赖。虽然参与式预算方案在决策过程中有公民社会行动者的直接参与，但是政府仍然是主角。政府的作用是组织会议，提供信息，确保官僚们与公民见面，保证选中的政策得到实施。市长和执政联盟对这个过程的影响是举足轻重的。

如果没有政府领导人强有力地承诺参与式预算方案，那么这些方案就很难成功。例如，在累西腓市，市长开始时把参与式预算作为一种手段，用于为每年的狂欢节分配公共资金。累西腓市的市长没有举行公开和透明的会议，而是亲自操纵资金的发放，以使“友好”的参与者受益。不参与的公民和“不友好”的公民代表就得不到这些公共资源。预算参与者担心，如果他们没有奉命行事，那么就有可能被政府所“抵制”。如此，这个过程就不是赋权给公民，而是成了一种新形式的裙带主义。

第三个局限是关于长远规划的作用。许多参与者感兴趣的是争取到短期或者中期的公共工程项目。对具体公共工程的注重，淡化了对城市未来规划的讨论。有几个市的市政府曾经尝试过促进讨论和制定长远规划，但是收效甚微。长远规划中涉及的问题的复杂性，要求公民必须有坚实的技术和分析技巧，以权衡各种不同的论证。虽然参与式预算方案能够逐步建立这些技能，但是参与者可能需要几年时间，才能对提议的解决方案的复杂性有所把握和理解。

第四个局限是过于强调地方问题和地方公共政策。许多参与者，包括经验丰富的政治和社会活动家，把时间和精力都用到了错综复杂的地方公共政策上。这样他们就没有多少时间能够用来关注地区、国家或者全球性的问题。虽然参与者致力于确保地方公共政策的变化，但是，他们社区面临的主要问题通常是有关失业、暴力或者缺乏教育机会。参与式预算无能为力的是，让参与者挑战他们受社会和经济排斥的根本原因。在累西腓市，许多积极的参与者每周投入到参与式预算的时间多达 5 ~ 10 小时。但是，当问到他们社区的主要问题时，他们的回答是“失业”。这些参与者，主要是妇女，希望通过参与式预算，改善他们社区的日常状况，但是他们最关注的失业问题，涉及更广泛的社会经济变革，远远超出了参与式预算力所能及的范围。

巴西的公民和政府希望通过参与式预算方案，使得参与者对影响巴西城市贫民的更广泛的全球性社会问题能够增加认识。但是，无法保证参与者能够从解决他们社区基础设施缺乏的过程中，认识实现质的飞跃，进而理解和挑战对他们生活产生影响的更广泛的社会经济力量。要求普通参与者的认识实现质的飞跃有些不切实际，但这显然是政府和最积极参与者的目标。

最后，因为市长办公室发挥的中心作用，所以参与式预算方案有可能被操纵。如果市政机构、官僚们或者当选的官员愿意，那么他们就可能尝试操纵参与式预算方案，以推进自己的议事日程。操纵方案的可能方式有：隐瞒关键信息，不落实选中的公共政策，或者削弱公民监督委员会的作用。在巴西，有些市和州（省）级的参与式预算方案，就是因为政府的干预，所以被社会运动组织和 NGOs 拒绝了。

参与式预算如何实施，在哪里实施?

其他国家的政府能够实施参与式预算方案吗？世界其他地方的政府和公民能够接受这个理念吗？考虑采用参与式预算的政府官员应该想到以下几个问题：

- 有足够的自主资金可以用于公民选择的具体公共工程吗？
- 能够用参与式预算方案增加税收吗？
- 政府准备赋予公民权力吗？
- 参与式预算方案能够推翻传统的庇荫网络吗？政府愿意这样做吗？
- 参与式预算有助于政府建立政治支持的新民众基础吗？
- 政府愿意尝试着改革地方的官僚机构吗？
- 在政治和行政上把决策权交给公民代表团的可行性如何？

任何首要考虑的问题都一定是：在政治和行政上把决策权交给公民代表团的可行性。参与式预算是一个繁琐的过程，通常需要经过数年时间才能运转自如。如果政府面临来自其他政党或者媒体强烈的政治压力，那么参与式预算的繁琐性和公开性就会加剧治理问题。政府必须具备足够的政治灵活性，以使这个创新的决策过程接纳公民的参与。此外，政府必须有足够的资源和能力对官僚机构进行改革，以便能够按照既定的规则切实地实施方案。

需要考虑的第二个问题是财政灵活性和独立性。例如，墨西哥的城市或者印度的城邦有足够的独立财政资源，可以用于在决策过程中直接接纳公民吗？如果政府财政资源拮据或者缺乏灵活性，而参与式预算注重的恰恰是财政和预算问题，那么就应该考虑政府总体的政治议程将受到怎样的影响。如果政府缺乏财政自主，那么是否可以采用特定形式的参与式预算方案，以便公民参与为社会支出的某些项目确定优先次序？在这种情况下，这个方案就是进行公众教育的手段，而不是分配稀缺资源的手段。

如果政府不能或者不愿意实施参与式预算方案，那么 NGOs 就可以通过发布信息和监督政府支出，进而发挥重要作用。在巴西全国参与式预算方案的推广中，NGOs 发挥了重要的作用。NGOs 可以与政府合作实施参与式预算方案，或者 NGOs 也可以单独建立类似的监督方案。

最初的一个挑战，是在看似神秘的税收、代表和更有效决策等问题上接纳社会运动组织和 NGOs 的参与。在方案实施之前，如果已经有公民社会活动家开始对公共资源的使用和如何使用提出质疑，那么对方案实施是有帮助的，因为方案的第一步就是关注预算和社会支出。

虽然未必需要积极性发展到了既定水平或者最低水平的公民社会才能实施参与式预算方案，但是如果有公民和 CSOs 网络的强力支持，那么方案就更可能兴盛。在方案实施的开始阶段，最初的许多参与者通常都是政治活动家。如果公民的参与率高，那么就有助于政府改革工作的合法化。预先存在的 CSOs 网络为改革派政府和公民支持创新决策论坛奠定了基础。

以往分权的经验，会使得官僚们更易于接受行政改革。政府需要改革官僚机构，使这些官僚机构开放、透明和面向公民。当公民参与决策过程，官僚们手中的权力就减少了一部分。如果地方政府有可用的自主资源，那么他们就更有可能采用参与式预算方案。地方政府必须对自己的财政有控制权，才可能实施这种形式的改革政策。

政策意义

参与式预算方案的结果差别很大。虽然许多参与式预算方案，特别是那些实施初期的方案，结果各不相同，但是那些实施了5年以上的方案都促成了重要的变化。为了研究最重要的政策意义，就有必要回到参与式预算的三个主要原则上：公众学习和积极的公民参与、社会正义及行政改革。

参与式预算增进公众学习，促进积极的公民参与

参与式预算方案的公民参与率通常是逐年增加的。通常在方案实施的第三年之后，公民参与率有显著提高。政府对参与式预算承诺的支持和资源越多，参与率就提高得越快。参与率的提高似乎是因为公民们认识到了他们投入到参与式预算的时间和政策变化成果之间有直接的联系。那些最初没有参与的公民们，随着他们认识到通过参与式预算，可以有效地争取到公共工程或者更广泛的社会政策变化，就有兴趣参与这个过程了。在贝洛奥里藏特市和阿雷格里港市，参与式预算的实施范围进一步扩大，其包括的项目和方案已经使得中产阶级有兴趣参与了。贝洛奥里藏特市历来奉行裙带主义的政治活动家们，现在不得不更新政治策略，以便为自己的社区争取到资源。传统的政治组织者们再也不能依赖裙带主义了，而是必须采用新的动员和审议方式。

参与式预算方案可以作为“公民学校”。参与式预算过程的第一个阶段，也就是每年预算周期的开始，主要包括信息交流会议。这些会议便于政府、NGOs和最明智的活动家们讨论有关预算、政府权力和责任、税收和公民权利（社会、政治和公民）等事项。新的参与者不断汲取信息，老练的参与者进一步加深对这些事项的认识。在这个阶段，NGOs能发挥很大作用，既可以协助老练的参与者改进他们的政治策略，又可以为新的参与者提供帮助。

因为参与者需要面对政府权力和公民责任的问题，所以公民权利发挥了重要的作用。在协商阶段，参与者特别是历史悠久的政治活动家，通过引用1988年巴西宪法保障的公民权利，来支持自己的论证。在最初的“赋权”会议期间，参与者们对公民权利、公民责任和政府的责任等进行了学习。在许多发展中国家，政府和参与者都认为，公民权利的扩大取决于加强社区联系和打破根深蒂固的社会、政治和经济地位所导致的人际隔阂。参与式预算方案有助于公民之间在相似提案的基础上，结成团结的纽带。社区团体和个人之间关系得到加强，是因为这个方案使他们能够提出问题，并且寻求共同解决办法。如果公民的权利要求是民主的基石之一，那么参与式预算就的确有助于促进民主的巩固。

“巴士大篷车之旅”就是一个最好的例子。来自每个社区的代表一起乘坐巴士大篷车实地考察他们地区中所有提案的公共工程项目，以便对提案项目的社会需求进行亲自评估。参与式预算的代表们有时因为实地考察了社会需求明显大于其他提案项目的拟议项目地点，所以就改变了原来的立场。通过强调和增进团结的纽带，参与式预算方案培养了公民强烈的社区归属感。

参与式预算为传统上被排斥的公民提供能够在正式公共场合提出他们要求的机会。他们在公共场合表达需求和提出有争议问题的能力（权利）的合法化，是打破僵化的社会等级制度的重要步骤。

参与式预算制促进社会正义

通过参与式预算分配的资源通常偏向于低收入地区。基础设施水平较低和贫困率较高的社区或地区获得的资源往往多于较富裕的地区。基于收入、教育、物理基础设施和社会服务供给的生活质量指数是分配资源的基础，保证了城市的贫困城区获得多于富裕城区的资源。沿着地区和社区的分界线分配资源，能够有效地偏向低收入和欠发达社区重新分配资源。参与式预算有助于偏向城市的贫困地区分配财富，并且允许社区中最贫困的成员参与决定如何支出社区资源。

1996 年到 2003 年间，阿雷格里港市的参与式预算方案为参与者选中的项目支出了 4 亿美元（Wampler，2007b）。这些资源绝大部分都用到了欠发达和较贫困的地区。虽然不能确定分配给低收入地区的确切资源量，但是可以证实阿雷格里港市的最贫困城区获得的资金量是前所未有的。还可以证实的是贝洛奥里藏特市的低收入社区获得的资源多于中等和高等收入社区，低收入社区获得的资源量也多于之前所获资源。政策意义是明确的：运作良好的参与式预算方案，可以改变低收入个人及其社区的生活。

参与式预算方案促进社会正义的第二种方式，是通过发展专题决策机构。在参与式预算论坛上，公民可以对医疗保健服务缺乏或者教育质量差等问题提出自己的要求，论坛的辩论可以使政府为这些欠发达领域分配更多的资源。

证据表明，实施参与式预算的政府已经致力于支出更多的资源给较贫困的社区。目前还不清楚社会支出的增加是由于参与式预算方案，还是由于改革派政府的政治观念。虽然不能把参与式预算的运作与改革派政府的政治议程分开，但是参与式预算方案通常与社会支出的显著变化并存。参与式预算有助于政府在实质性的政策领域作出更好的分配决策。

社会正义也可以通过更有效的和以社区为导向的政策实现。提高参与过程的透明度和减少腐败，有助于确保公共资源得到更有效的利用。因为，提高公共资源的利用效率，就能够实施更多的公共项目，所以，最直接受益的就是贫困和低收入公民。这些公共项目通常对社区或者欠发达政策领域公民的生活质量有立竿见影的效果。政策意义是明确的：参与式预算有助于提高预算过程的透明度，从而减少政府的腐败和浪费。参与式预算方案对预算问题的注重，产生的溢出效应，使得这个参与式预算方案权限以外的预算也更加受到人们的关注。

最后，通过接纳传统上被排斥的公民和团体进入重要的决策场所，促进了社会正义。虽然社会正义不能直接带来物质利益，但是建立参与式预算为低收入公民提供了提出政治和社会要求的正式场合。传统上被排斥的公民有机会，也有权利进入这个新的决策场所，他们的投票表决能够带来他们社区的具体变化。对于低收入和历来被排斥的公民来说，能够有机会作决策从而改善自己及同伴们的生活，是超乎寻常的赋权过程。

参与式预算促进行政改革

为了按照新标准实施新的决策过程，就必须对官僚机构进行改革。凡是成功的参与式预算方案，都投入了大量的时间和精力进行政府分权。政府任命官员协助每个地区进行行政改革。地方行政流程的重组，促进了政府与民众的接触。这些政府官员[①]是公民和技术官僚之间沟通的中介。凡是成功的参与式预算方案，都投入了大量的精力促进参与者和官僚们之间的密切接触。

对任何公共工程项目的实施都很重要的技术信息，成为公众辩论的一部分。公民需要了解铺设道路或者安装排水系统的具体要求。把这些传统上只有官僚们才能获得的信息，提供给公民们，以使公民们作明智的决定。因为项目的实施有明确、合理和系统的规则，所以那些地位牢固的强势官僚们手中的权力就减少了，他们再也无法操纵公共资金的分配了。参与式预算建立了一套明确的规则，使得所有的相关者——公民、政府官员、官僚们、商人，都确信在公共论坛上作的政策决定能够得到落实，转化为实际的政策成果。这个实施过程虽然不是绝对的透明，但是对任何感兴趣的公民通常都是开放的，任何公民都可以检查项目的状态（规划、投招标、实施）。

参与式预算方案鼓励政府官员改革地方政府。政府官员的既得利益，促使他们为了获得广大选民、政党成员和国家政要的积极响应，而改革地方政府官僚机构。参与式预算方案的成功建立，需要官僚们和公民以新的方式进行合作。如果减少了浪费和腐败，那么政府就有更多的资源可以投入到参与式预算项目中。在参与式预算中投入大量资源的政府，也会改革其行政机构。

本章注释

①本章中政府官员是指经选举产生的公务员，而官僚指非经选举产生的公务员。

本章参考文献

Abers, Rebecca. 1998. "From Clientelism to Cooperation: Local Government, Participatory Policy, and Civic Organizing in Porto Alegre, Brazil." *Politics and Society* 26 (4): 511—537.

——. 2000. *Inventing Local Democracy: Grassroots Politics in Brazil.* Boulder, CO: Lynne Rienner.

Avritzer, Leonardo. 2002. *Democracy and the Public Space in Latin America.* Princeton, NJ: Princeton University Press.

Baierle, Sergio. 1998. "The Explosion of Citizenship: The Emergence of a New Ethical – Political Principle in Popular Movements in Porto Alegre, Brazil." In *Cultures of Politics/Politics of Cultures: Re – visioning Latin American Social Movements*, ed. Sonia E. Alvarez, Evelina Dagnino, and Arturo Escobar. Boulder, CO: Westview Press.

Baiocchi, Gianpaolo. 2001. "Participation, Activism, and Politics: The Porto Alegre Experiment and Deliberative Democratic Theory." *Politics and Society* 29 (1): 43—72.

——. 2003a. "Participation, Activism, and Politics: The Porto Alegre Experiment." In *Deepening Democracy: Institutional Innovations in Empowered Participatory Governance*, ed. Archon Fung and Erik Olin Wright. London: Verso.

——. 2003b. *Radicals in Power: The Workers' Party and Experiments in Urban Democracy in Brazil.* London: Zed Books.

Cabannes, Yves. n. d. *Municipal Finance and Participatory Budgeting: Base*

Document. Harvard University, Graduate School of Design, Department of Urban Planning and Design, Cambridge, MA.

Marquetti, Adelmir. 2002. "Democracia, equidade e effciencia, o caso do orçamento participativo em Porto Alegre." In *A inovação democratica no Brasil*, ed. Leonardo Avritzer and Zander Navarro. São Paulo: Cortez.

Nylen, William. 2002. "Testing the Empowerment Thesis: The Participatory Budget in Belo Horizonte and Betim, Brazil." *Comparative Politics* 34 (2): 127—145.

——. 2003a. *Participatory Democracy versus Elitist Democracy: Lessons from Brazil.* New York: Palgrave Macmillan.

——. 2003b. "An Enduring Legacy? Popular Participation in the Aftermath of the Participatory Budgets of Joao Monlevade and Betim." In *Radicals in Power: The Workers' Party (PT) and Experiments in Urban Democracy in Brazil*, ed. Gianpaolo Baiocchi. London: Zed Books.

Torres, Ana Clara, and Grazia de Grazia. 2003. *Experiência de orçamento participativo no Brasil: Periodo de* 1997 *a* 2000. São Paulo: Editora Vozes.

Wampler, Brian. 2000. "A Guide to Participatory Budgeting." Paper presented at the third conference of the International Budget Project, Mumbai, November 4—9. http://www. internationalbudget. org/ cdrom/papers/ systems/ ParticipatoryBudgets/Wampler. pdf.

——. 2002. "Orçamento participativo: Uma explicação para as amplas variações nos resultados." In *A inovação democratica no Brasil*, ed. Leonardo Avritzer and Zander Navarro. São Paulo: Cortez.

——. 2004a. "The Diffusions of Participatory Budgeting across Brazil." Paper presented at the annual meeting of the Latin America Studies Association, Las Vegas, October 7—9.

——. 2004b. "Expanding Accountability through Participatory Institutions: Mayors, Citizens, and Budgeting in Three Brazilian Municipalities." *Latin American Politics and Society* 46 (2): 73—100.

——. 2007a. "Can Participatory Institutions Promote Pluralism? Mobilizing Low-Income Citizens in Brazil." *Studies in Comparative International Development*

41 (4): 57—79.

——. 2007b. *Participatory Budgeting in Brazil: Contestation, Cooperation, and Accountability*. University Park, PA: Pennsylvania State University Press.

Wampler, Brian, and Leonardo Avritzer. 2004. "Participatory Publics: Civil Society and New Institutions in Democratic Brazil." *Comparative Politics* 36 (3): 291—312.

——. 2005. "The Spread of Participatory Democracy in Brazil: From Radical Democracy to Participatory Good Government." *Journal of Latin American Urban Studies* 7 (Fall 2005/Winter 2006): 37—52.

第二章

公民参与预算：在发展中国家的前景

Donald p. Moynihan

本章探讨了发展中国家的公民参与预算编制过程的可能性。第一节探讨了参与为何是重要的，并评估了这一参与过程在发展中国家的前景。第二节介绍了发展中国家促进广泛和有意义公民参与的方式，为预算编制过程中的不同阶段提供了具体的参与实例。第三节探讨了政府在公民参与问题上所持的态度。最后一节归纳了本章的主要结论。

为什么参与如此重要？

理解预算编制中参与行为的作用和重要性，关键是理解为什么参与本身是重要的。大多数支持参与的争论都认为，对于过时、缺乏代表性和绩效差的官僚机构，参与是改善绩效和加强问责的手段（Barber，1986；King，Feltey 和 Susel，1998）。[①]这类观点与发展中国家的现实尤为相关。

呼吁各国政府推翻排斥性的官僚化成规，很大程度上是基于一个规范的视角（Olivo，1998）。规范化方法中倡导的民主理想通常是含糊或者含蓄的，提出的往往是“没有准确界定参与行为要实现目标的授权”（Kweit 和 Kweit，1981，p. 8）。这种含糊的表达有碍于建立明确的标准，以评判参与的努力程度和提出细致的改革建议。本节通过提出基于规范化价值观的参与目标类型，使得规范化视角更加明晰，从而将参与行为分类。通过使用制定减贫战略论文中参与行为的案例，这个框架应用到了发展中国家。

对参与的争论

有关参与的文献记载了公民社会和公共审议的优点（Cooper，1984；Crosby，Kelly 和 Schafer，1986；Fox 和 Miller，1996；Frederickson，1982；Habermas，1989、1996；Putnam，1993；Stivers，1994）。文献分析的结果是更加呼吁公民直接参与公共决策（King，Feltey 和 Susel，1998）。公民参与行为一般在政策制定或者治理的实施阶段发生的，公民或者公民代表（不是当选官员）与政府进行沟通和提供反馈意见。四种相互关联的争论支持公民参与的兴起：后现代话语理论、对官僚主义幻想的破灭、追寻民主理想、发展中国家对公民参与的需要。

后现代的争论

公民参与经常被认为是从隔绝的官僚治理模式、逻辑发展到更开放透明的参与式模式的必然结果。民主理论家们提出，当前的社会条件和对自由民主体制中个人和政府的动态关系的理解，使得公民更可能寻求通过辩论参与公共决策（Fox 和 Miller，1996；Maier，1994；Wamsley 和 Wolf，1996）。

这一运动的主要原因是，在“后现代”时代中公民价值观的转变。跨时间和跨国家的调查证实了全球范围的转变到“后现代价值观”。这种价值观包括对一些正式机构，如政府和政党的不信任，渴望更多的参与式民主（Inglehart，1997）。价值观转变的原因可能包括：人口的流动性增强、传统家庭结构的削弱，对权威的敬重等传统家庭结构产生的价值观的侵蚀（Kweit 和 Kweit，1981）。社会变革，特别是教育程度的普遍提高，使得公民更渴望参与和获取信息（Thomas，1995）。新技术的发展也为获取信息提供了便利。因此，公民既有意愿，又有办法，能够打破政府对公共信息的垄断和集中控制（Cleveland，1985）。鉴于这些变化，传统官僚形式的隔绝型等级结构，似乎就越来越和他们服务的社会脱节了。在富裕国家这些社会变化大多更加明显，但是在发展中国家也有寻求参与的其他理由和根据。

官僚主义幻想的破灭

因为对等级官僚制度和隔绝的公务人员的传统治理模式的幻想破灭，以及对参与可以约束行政权力的信心，所以就激发了人们对参与过程的兴趣。多年来，Weberian 的“等级—官僚”模式被社会各方指责为缺乏反应性。但事实已经证明，官僚机构无法与公民建立包容性关系（Zajac 和 Bruhn，1999）。官僚机构的价值在于其专业技能，这与构成参与理念基础的民主或者代表制价值观是冲突的。

因为政府不知不觉中规模的增长和对官僚机构自由裁量权的承认，使得公众感到不安，所以导致了寻求其他可替代的民主问责制和官僚控制模式。政府治理的另一种主要模式就是参与式模式，涉及“寻求更政治、更民主和更集体的机制向政府传递民意”（Peters 1996，47）。

因为官僚机构的权力在 20 世纪有了很大增长，所以公民参与可以作为官僚机构的外部约束力。最近的参与提议中似乎对官僚和民选官员都同样地不信任，官僚和民选官员都是“代议制官僚机构”的一部分（Barber，1986）。根据这种看法，因为“代议制官僚机构”委托和疏离了政治意愿，所以削弱了个人对信念、价值观和行动的责任，与自由互不相容。为了取代“代议制官僚机构”，参与的倡导者支持发展“强大的民主”，特点是扩大公民的参与程度（Barber，1986）。地方政府尤其适合这种模式。正如 Peters（1996，58）指出的，“地方政府本身的规模使其参与行为更有意义。更关键的是，地方政府比国家或者地区政府更倾向于使用民众直接参与的机制……有些参与机制对国家级政府可能是不切实际的。”

寻求民主理想

参与目标的理想主义本质，特别是对民主理想的渴望，是其吸引力的所在。参与的简约形式（Easton，1990）强调了参与的重要性在于防止公众与政府的疏离以及维持政治制度的稳定。典型的规范化理论采用更积极的参与形式，更强调对公民有益的参与，使得公民有机会行使“民主意愿”，对治理过程实际施加影响（Morone 1998）。在一个民主社会中，这样的理想与公民权利的实现有着紧密的关联。

对民主理想的支持似乎随着后现代价值观的崛起而增强了。这种理想通常被认为是抽象的，通常更多地引起人们的情感反应，而不是认知反应。超越简单法律地位的任何一种公民权的形式，都需要活跃的公民参与公共事务和社区活动（Cooper，1984）。参与有助于公民体现个人价值，使他们有主人翁意识来积极行动改善周围环境，将其作为公民的能量充分发挥出来（King 和 Stivers，1998；Kweit 和 Kweit，1981）。公共审议的过程既有个人效益，又有社会效益，社会效益在于民主的合法化和审议的政治氛围（Habermas，1996）。

发展中国家的需要

上文提到的许多争论都是抽象的。但是，发展中国家对公民参与的需要是切实存在的。公民参与的重要性尤其在于促进良好的政府治理，提高透明度，通过接纳贫困和被排斥的公民参与而增加社会公平正义，帮助个人发展成为更好的公民。

*公民参与促进良好的政府治理。*贫穷国家迫切需要问责和完善的绩效管理；公民参与是实现这些目标的一种方式。在富裕国家，公民参与的倡导者大多对代议制政府感到失望。在贫穷国家，对现状的批

判则更加中肯。在贫穷国家，参与的倡导者指出政府存在腐败、资源分配不透明、基本的公共服务不到位、权力结构中普通人没有发言权等一系列问题。在许多贫穷国家，对代议制政府的批评主要不是针对政府没有促进公民参与，而是针对政府没有履行其基本职责。如果政府不能以开放、称职、有序的方式执政，那么也会阻碍经济的发展。

一些学者（如 Lynn，2002）认为，公民参与削弱了代议制政府的制度。但是这种提法在发展中国家背景下难以令人信服，因为在这样的环境中公民参与可以迫使裙带主义者或者腐败代表和参与式论坛之间进行比较（Heimans，2002）。长期治理不善的政治制度可以通过促进参与式论坛，以增加政府的合法性（Moynihan，2003；Olivo，1998）。预算过程的代表性越强，在公民和外部利益相关者看来就越可信。

此外，有些参与形式能够加强立法部门和外部各方（例如，媒体和利益集团）的力量，以约束行政部门的集权。如果立法者缺少经验，缺少对预算程序的了解，或者缺少做出判断的充分信息，那么 NGOs 就能通过提供预算分析加强立法部门的能力，以便对行政部门进行问责。

对公民参与的另一种争论认为，在发展中国家环境背景下，参与是财政分权趋势中期望和自然增长的产物（Robinson，2004）。财政分权旨在通过减少中央控制，扩大地方权限，以提高资源分配效率。因此，财政分权的承诺也是对公民参与的承诺，两者的成功互为依赖。对良好治理的争论也直接影响着总体的经济发展。自上而下的投资策略以及不考虑公民偏好和不接纳公民监督而实施的公共政策，终究难以成功。

*公民参与提高透明度。*与良好治理的争论有关的是，参与提供了额外的，通过传统的政治体制无法获取的信息。公民参与对发展中国家尤其重要，因为参与不仅为政府提供了公民偏好的信息，而且为通常直接与政府打交道的外部利益相关者提供了额外的信息。

在发展中国家政府，参与和透明度可以齐头并进。F. Lscher、Krafchik 和 Shapiro（2000，43）指出，在南非“封闭的预算编制过程，立法机关缺乏对预算进行修改的权力，严重限制了预算过程中立法机关和公民社会的参与。有些立法机关虽然有权监督预算的实施，但是在预算通过之前，基本上无法对预算计划进行有效地审议。由此，也限制了公民社会对预算进行提议”。

*公民参与增加社会公平正义。*许多对公民参与的争论都是依据规范化来宣称的，在任何民主制度中，公民们对影响他们未来的决定有权表达心声。在发展中国家，对穷人的排斥很极端，以至于有必要使用一些故意为之的赋权形式。

*公民参与帮助个人成为更好的公民。*公民参与通过“公民学校”接纳那些很少参与公民生活的人，从而使得公民和整个社会都广泛受益（Wampler，2000）。参与有助于公民了解自己的权利，向代表们提出自己的观点，观察这些观点对政策和行动的影响。公民通过参与，学习了有关政府治理的基本术语和做法。NGOs 和政府可以发挥的重要作用包括，帮助公民理解政府政策对他们的影响，指导公民如何提出自己的观点，指导公民如何评估政府的服务。随着民主技巧的娴熟和社会资本的建立，公民们对政府问责和促进政府提高绩效的能力就增强了（Putnam，1993）。

真实参与的必要性

对参与的各种争论在一定程度上既相互重叠，又相互补充。有关参与的文献也表明参与的各种模式是各有千秋的。有些模式比其他模式更能促进问责制和更能代表公众的观点。为了评价参与的各种不同模式，就有必要制定有关参与目标的框架。

对参与持支持态度的争论，认为参与是决策中民主提议的直接渠道。这些争论呼吁公民直接和公开地参与对他们有影响的决策。这种方法的主要目标是增加所有公民的直接代表性。所有公民（不只是那些因为当选、地位、专业知识、社会影响或者金钱，而有资格的显赫人物）都应该有权提出自己的观点。

Habermas（1989）指出，参与过程必须包括所有受决策影响的公民，而不管参与者的社会地位如何。因此，这个框架的第一个主要目标是公民参与的范围（参与代表性程度）。当只有少数公民或者某一特定的社会群体主导决策时，参与的范围很窄。随着利益集团的加入，参与的范围就比较广泛了。当有很多代表不同社会群体的公民大量直接参与进来时，参与的范围是最广泛的。更多公民的参与有助于减少决策的不确定性（任何对未来作的决策都必然有不确定性。Hellström，1997）。

参与的第二个主要目标是，政府与公民可以进行真诚的辩论，并且认真对待公民的提议，Pateman（1989）诠释为充分的参与。参与行为应该是真实可信的，并且能够对公共决策产生真正的影响（Fox 和 Miller，1996）；如果政府不听取建议，那么参与式预算论坛的使用就没有任何效果。这种论坛对政府的吸引力可能在于其所提供的象征性价值。正如 Wampler（2000，3）指出，巴西的许多地方政府虽然都采用了阿雷格里港市的参与式预算模式，但是“成效有很大的差异，因为有些地方政府对这个方案只是口惠而实不至”。

在充分参与时，决策机构的每个参与者对决策的结果都有平等的发言权。因此，这个框架的第二个目标是公民参与的程度，衡量充分参与发生的程度（Arnstein，1969；Pateman，1989）。以下是三种不同程度的公民参与类型（见表 2 – 1）。虚假参与是指象征性地促进公众参与。部分参与是指虽然征询了公民的建议，但是对公共政策影响有限。充分参与是指公民与政府进行真实的辩论，公民的观点将被慎重考虑。

表 2 – 1　　公民参与的类型

程度	代表性	
	广泛	狭窄
充分		
决策	政府官员制定决策，但公民有强大的影响力	政府官员和被选举出的利益集团制定决策
参与	大量的、各式各样的公民团体和政府进行有意义的协商与沟通	利益集团有强大的影响力；多数公民没有参与的机会
部分		

续表

程度	代表性	
	广泛	狭窄
决策	政府官员决策；公民的影响力有限	政府精英决策；利益集团的影响力有限
参与	大量的、各式各样的公民团体和政府进行有限的协商与沟通	利益集团施加影响；大多数公民没有参与的机会
虚假		
决策	政府官员决策	政府官员以不透明的方式决策
参与	参与只是象征性的，但有大量、各式各样的公民团体参与	参与是象征性的，只有少数公民参与

资料来源：选自 Moynihan（2003）。

在发展中国家促进广泛而有意义的公民参与

在发展中国家，因为政府不愿意与公众分享决策权，所以促进广泛而有意义的参与就特别困难。参与者们能力有限，也制约了公民参与的发展。穷人通常受教育程度低，没有文化，对政策制定过程也缺乏了解。政府常常以穷人缺乏能力为由，限制他们参与政策制定。

这些担忧可能被夸大了。参与的质量在很大程度上取决于如何组织参与，如何要求公民提出他们的观点，如何把有关资源限制和权衡取舍等问题的信息提供给公民。即使在发达国家，参与者的受教育程度和对政府的了解程度比通常认为的更高，但是参与的质量还是有很大的差异。这种差异可以主要归因于参与论坛是如何组织的（Moynihan，2003）。参与过程的组织者需要考虑公民的能力，并设计出一个能最大限度提高参与质量的制度（如下一节要讨论的案例研究中他们所做的那样）。

如果公民能力的缺乏确实成了问题，那么就必须在参与过程开始之前解决这个问题。如果能力无法提高，那么就必须找到另一种解决办法。一种提高公民能力的方法是为公民提供基本信息：什么是参与要达到的目标，什么是利益攸关的，参与是如何影响决策过程的？另一种提高公民能力的方法是由 NGOs 为公民提供预算和政策提案的技术分析。NGOs 的工作人员作为受教育程度最高的人群，通常都是精英。如果没有 NGOs 的帮助，那么公民的观点就可能得不到表达，或者只能以非常局限的方式表达。鉴于公民的能力有限，合理的预期是使 NGOs 在参与中发挥更重要作用，但即使是这样广泛参与的目标也未必总是能实现。捐助者可以通过投资用以提高当地 NGOs 的能力，从而促进公民参与（Heimans，2002）。

即使在有公民参与基础的地方，公民们也可能只注重直接影响他们的狭隘问题。他们可能不愿意作权衡取舍，并且坚决要排斥某些公民团体［例如，在阿雷格里港市的参与式预算过程中，高收入的公民更乐于参与（Navarro，1998）］。组织公民参与的一个基本职责就是在参与中克服上述倾向。这包括鼓励公民们从广义上考虑他们的利益，做出权衡取舍，认识到资源的有限性，避免地方主义。

虽然参与论坛的建立是依据公民责任的假设，但是如果充分挖掘公民注重自身利益的动机，那么参与论坛就更可能成功。与此同时，参与论坛必须限制过分注重自身利益的弊端。由于各机构对稀缺资源的竞争，所以传统的预算过程也面临这种危险。传统的预算过程中的一些经验可能值得借鉴。硬性和明确的预算约束有助于确定可用资源的限度，促进公民作权衡取舍。

另一种危险是不切实际的期望。公民们可能以为一旦他们在决策中有了发言权，即刻就能发生引人注目的变化——失业率下降、贫困和不平等都显著减少。这种期望是不切实际的，特别是参与主要发生在基层政府时。组织者面临的挑战之一就是，向参与者传达可用资源有限的信息。

减贫战略文件中的公民参与

对发展中国家参与的评估方法之一，就是对制定减贫战略文件（PRSPs）中的参与进行评估。世界银行在寻求为重债穷国建立债务减免方案时，要求这些国家的政府在开放和参与过程的基础上制定 PRSPs

（McGee 和 Norton，2000）。这个举措相当于对公民参与进行的天然试验，验证各国政府在面对有形奖励时，是否有意愿和能力实行广泛和有意义的参与。相关研究表明，在发展中国家促进参与是十分困难的。

McGee、Levene 以及 Hughes（2000，7）对 10 个非洲国家的 PRSP 参与案例进行的分析研究表明，各国政府设想的参与只涉及公民需求协商，而不是广泛的公民参与。在他们的案例研究中观察到的缺点是"考虑不周，贸然，排斥性，协商程序组织不力，没有为参与者提供必要信息，在对草案进行评论之前没有给参与者留出足够的分析时间，选择参与者时缺乏透明度"。

Andrews（2004）发现莫桑比克的官员虽然声称他们的参与工作符合公共协商的惯例，而实际上的参与者主要是有技术或者金融背景并且和政府关系密切的群体，参与者中很少有来自更广泛的 CSOs、NGOs、地方政府和广大公民的代表。政府各部门对此的解释是，在有限的时间限度内无法与 CSOs 进行沟通和互动。参与协商的 NGOs 抱怨他们只不过是为既定决策增加一个橡皮图章而已。这表明选择某些参与者只是为了某些象征性的目的。而用于协商的时间如此之短，根本不足以进行实际的对话，也表明了这一象征性目的。

Andrews 还指出公民参与对国家首都的偏向。政府更倾向那些距离首都路途近的公民参与。地方领导人可能意识不到城市规划的目的，也没有什么机会获取资源，因此，他们也没有动力让政府对资源分配负责。"公民甚至都不知道这些资金的存在，或者不知道这个目的是改善他们生活的规划已经到位了，因此他们对政府也就无欲无求。他们与当局的关系可以被形象地描述为是'希望和祈祷'的方式"（Andrews，2004，27）。"当前进行的 PARPA（减少赤贫的行动计划）的制定和实施过程中，明显缺乏任何形式的有意义的参与以及对这项计划的有效监督和评估。"

洪都拉斯也遭遇了类似的情况。Forner（2002，117）这样写道："在 PRSP 项目执行过程中，CSOs 参与的主要障碍是中央政府不愿意与 NGOs 进行对话。""如果城市和地区没有直接投入，那么政府就没有制定切实可行的减贫规划的能力。目前，这些地区的 PRSPs 表明了直接投入的缺失。”对玻利维亚、马拉维、卢旺达的 PRSP 参与的分析结论是，这些地区的参与过程是贸然、组织不力和精英群体主导的（Painter，2002）。

这些评论表明，这些地区公民参与的目标远未实现，公民参与的范围比较狭窄，基于地理位置或者收入水平而排斥了社会中的相当大一部分群体。做得最好的公民参与的过程也仅仅只是协商性的，特点就是在匆忙的过程中根本无法进行有意义的对话。

预算编制中的公民参与

对参与式预算指什么或者该如何运作是没有统一看法的：对参与式预算的研究和传播都是基于实践过程，而不是其他。全世界的很多发展中国家，在预算编制过程中，都摸索出了许多创新的方法用来增进公民参与水平。随着这些创新范例以及其他案例的广为人知，其影响力也将进一步扩大。

参与式预算是为了把公民参与的价值观灌输到最基本，通常也是最正式的政府治理程序——通过预算编制过程分配资源。公民参与可以提高政府问责性、透明度和促进资源的更有效分配。参与式预算的支持者还认为它能够挑战预算编制过程对非精英人群的排斥。Wampler（2000，1）描述了参与式预算的远大的和多重的目标：

> 这些方案的设计目标是为了在决策过程中接纳公民参与，促进行政管理改革，为低收入社区分配公共资源。因为低收入者和传统上被排斥的政治家被赋予了做决策的机会，所以挑战了社会和政治排斥。政府和公民发起这些方案是为了促进公众学习和活跃公民意识，通过改善政策和资源分配从而实现社会公平正义和行政机构改革。

本节探讨了预算过程的四个不同阶段中每个阶段参与的可能性：预算制定和预算审批（或者资源分配），预算执行，审计和绩效评估。通过对一系列案例研究的回顾，为预算过程中每个阶段如何组织公民参与提供了经验。

资源分配中的公民参与

预算过程的制定和审批阶段，传统上性质是自下而上，由各个机构驱动的，民选官员为各个机构提供有关预算约束和优先次序的一些基本指导。各个机构通常是基于以往的资源分配制定预算的，这样就维持了资源分配的僵化。各个机构通常把他们的预算提案递交中央预算办公室，经过修订之后，呈递给立法机关。预算提案一旦到了立法机关，预算审批过程就开始了。在这个阶段，仍然有公民参与的可能，但是基本的审批程序是集中在立法委员会的。这个阶段的有效参与模式（委员会的听证会，游说立法委员，对行政预算提案进行执行分析），都不适合公民的直接参与。在行政部门主导的政治体制中，立法部门不可能对预算提案进行根本性的改变。因此，预算制定阶段公民积极参与的机会多于预算审批阶段。

阿雷格里港市的参与式预算。在巴西的100多个城市的参与式预算过程中，可以见到确定优先次序和拨款提议的参与式预算实例。公民参与预算的样板是巴西的南里奥格兰德州的首府阿雷格里港市，该市从1989年开始采用参与式预算制度，而在此之前，市政府中占主导地位的是裙带主义方式，公共资源被用于维持政治机器的运转（Fung和Wright，2001）。

导致采用参与式预算的一个关键事件是，工人党候选人当选为市长。工人党的竞选主题是民主参与和偏向穷人的公共支出再分配。工人党上台以后，面临的是濒临破产的市政和混乱的官僚机构（Wampler，2000）。

在阿雷格里港市，市长办公室负责起草预算法案（见图2－1）。然后，市政府组织一系列的以地区为单位的公共会议，会议的时间表对公众公开。对公众发布的其他信息，通常是以生活质量指数的形式，提供了对福利基本指标的衡量。

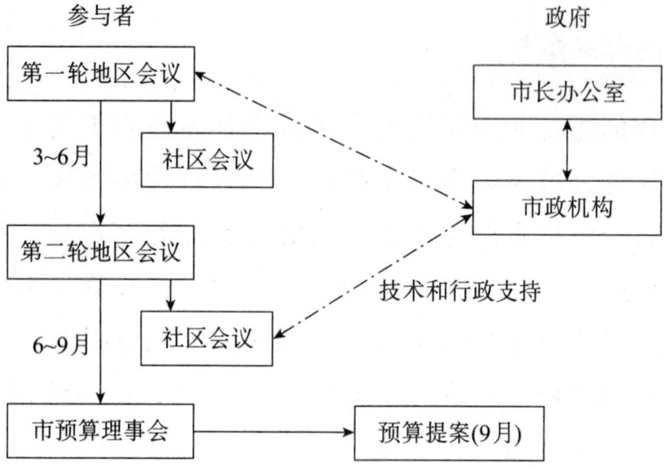

图 2－1　巴西阿雷格里港市的参与式预算过程

资料来源：Wampler（2000）。

在全市 16 个地区的每个地区，每年都有两轮会议。这些会议具有广泛的代表性。“市政人员、管理者、社区团体代表例如社区协会、青年和健康俱乐部、市内任何感兴趣的居民都可以参加这些会议，但是只有本地区的居民有投票权。这些会议是由市政府工作人员和社区代表共同协调的”（Fung 和 Wright，2001，13）。

第一轮地区会议讨论上一次的预算是如何支出的。参会者选出公民代表，这些公民代表负责阐述地区的优先事项。全市每个地区选出的代表人数取决于这些会议的出席人数。这就成了这些地区会议动员群众出席的动力。公民代表通常每周都举办社区会议，以便评估该地区支出的优先次序。

在第二轮地区会议，公民代表汇报社区会议的讨论结果。每个地区选出两名代表和一名替补，进入市预算理事会，亦即，参与式预算理事会。这个理事会还包括代表全市范围的具体专门问题的 10 名当选代表，1 名工会代表，1 名来自社区协会联盟的代表，两名来自市政中心机构的代表。这个理事会，从 7 月到 9 月，每周至少开一次会，并在此期间制定出一套提案，于 9 月 30 日递交给市长。

市长可以接受这个预算，或者要求理事会进行修改（理事会可以用三分之二的多数票否决市长的要求）。市长办公室在其拟议预算中纳入这个提案（这个提案通常涉及公共工程）。市长把预算呈递到地方立法机构，通常都能获得批准。

在整个过程中，市政府与预算理事会是合作伙伴关系。官僚们提供后勤保障和技术支持，市政府确定和公布会议时间。市政各机构为预算理事会成员和其他感兴趣的代表举办预算编制的研讨会。

这个过程中的多个环节都允许非常广泛的参与。市政府估计在1996年的预算过程中，参与人数超过了10万人——占全市人口的8%（Fung和Wright，2001）。公民参与似乎有了可观的成效，包括拓展了基本公共服务，例如排污系统、供水和道路铺设。Wagle和Shah（2002）认为，预算过程透明度的提高，减少了纳税人避税的动机，从而增加了市政收入。

华盛顿特区的公民峰会。在20世纪90年代，华盛顿特区的政府治理问题十分严峻，以至于被称为“美国治理得最差的城市”（Elliott，1995）。接近四分之三的居民认为他们的市政府是腐败的（Riley，1989）。

华盛顿特区采用的公民峰会，说明了公民参与战略计划和预算编制的发展潜力。这个案例还揭示了利用新技术促进参与的潜力。技术革新在发展中国家的较贫困地区可能还不可行，但是随着新技术的日渐普及，就成了促进对话的一种有用方式。

在1999年，华盛顿特区的市长Anthony Williams举办了一系列公民峰会，以使公民参与战略计划和预算过程。社区行动办公室的建立，将公民组织起来参与预算，并把公民参与和地区战略计划连接了起来。公民峰会与市长办公室联合发起了一系列目标设定过程，并编制了四页摘要版本战略计划，在峰会之前和峰会期间分发给公民。摘要版本为公民提供了有关基本问题的信息，以提高对话质量。

公民峰会会议持续超过7个小时，制定了城市和社区的远景规划，讨论了全市范围的优先事项和战略计划草案，为每个社区确定了行动项目。[②]通过各种努力，确保华盛顿多元化的全体公民都有机会参与公民峰会。公民峰会对所有来宾都是敞开的，峰会文献和会议记录被翻译成中文、韩文、西班牙文和越南文。人口调查发现，公民峰会代表了全市各种族的人群。

出席峰会的近3000人被分成10组。每组中都有培训过的主持人帮助大家进行有意义的对话。每组讨论的信息都用联网的笔记本电脑记录下来，从而促进彼此之间的讨论和对这些信息达成共识。联网的电脑也有助于市长在峰会期间接收和回复这些信息，从而提供了更大的互动。投票键盘允许市长在峰会期间的任何时候，让公民就任何问题进行投票。投票结果即刻显示在会议厅前面的大屏幕上。公民对全市范围的目标的优先次序进行投票，对这些目标按照公民的支持程度排序。从键盘投票收集的数据，以及峰会开始时对参与者的简短调查中收集的人口统计数据，这两者进行交叉参与。

从峰会获得的信息有助于安排预算和分配资源。在制定预算提案时，各个部门提出对资源的要求，以便落实写入战略计划中的（公民峰会上提出的）战略问题。公民峰会还推动大家提议如何解决基层问题，鼓励来自不同社区的居民提出对社区问题的看法。公民峰会通过一系列社区战略行动计划，为基层社区和公民的计划和行动工作拉开了序幕。这些计划的设计是为了把实际资源配置和基层的运行连接起来。由机构官员组成的管理团队被委派到每个社区，负责处理这些基层计划中提出的持久的社区问题。地区规划中的目标与高级官员的绩效标准挂钩。每个部门主管都有一份绩效合同（在一页纸上列出的主要绩效目标的清单），一张公共绩效计分卡（对这些目标落实的成败进行衡量）。每个部门的绩效目标都包括了公民峰会上提出的涉及该部门的目标。

峰会之后，对战略规划进行修订，然后在第二次峰会上将修订版提交给公民。第二次峰会有1500名公民参加（其中60%的参会者也参加了第一次峰会）。参会者有机会就修订版向市长问责，以及在计划完稿前提出意见。战略计划的最终版本会明确反映这些会议上的提议。在以特定问题为导向的每章的开头部分都明确列出了公民关注的具体问题、优先事项和由此产生的战略目标。每个目标都对应了具体的行动项目，这些项目说明了为实现这个目标应采取什么实施步骤。每个行动项目都伴有明确的绩效目标。这个规划确定了目标的责任机构和目标实现的日期。

南非的通过非政府组织（NGO）监督预算。通过分析预算分配，利益相关者就能看出政府支出的资金都用到了什么地方，还能确定预算分配是否符合既定目标，对具体群体的影响如何。

这种方法的范例是南非的民主研究所（IDASA），这是一个结合了宣传、培训和研究为一体的 NGO。IDASA 的专长是进行预算分析，对资源分配提案进行详细的政策分析。因为南非立法机构的工作人员能力欠缺，所以 IDASA 提供的这种专业知识就避免了政府的行政机构垄断政策能力。IDASA 认识到“巩固民主的根本障碍之一，是关键、及时和可获取的信息不能畅通无阻地在公民和立法机构之间互通有无”（Krafchik，1999）。为了满足这个信息沟通的需求，IDASA 就担负起了提供信息的任务。

1994 年南非种族隔离结束后，第一次选举中上台的立法者普遍缺乏经验，IDASA 做的首先就是帮助培训这些立法者。在 1995 年联合国妇女和儿童权利公约的启发下，IDASA 开始从妇女（妇女预算案）和儿童（儿童预算案）的角度对预算进行分析。分析的目的是评估政府的支出和税收政策是否符合这些公约的目标。IDASA 还聘请了其他 NGOs 中的妇女和儿童问题的研究专家。DISHA 对他们进行预算培训，然后把他们引荐给官员（通常是政府或者立法机构的人员），以通过他们获取信息和如何有效地使用专家分析的建议（Budlender，1999）。IDASA 与社会背景调查的社区机构以及其他团体合作，共同分析妇女的预算案。

IDASA 通过对预算编制的性别敏感性进行研究和培训，加强了宣传工作。IDASA 研究了预算和有关政策的性别敏感性程度。IDASA 的培训使得各组织团体、立法机构和政府机构具备了进行预算的性别敏感性分析的能力。这些培训还促进了研究信息的共享，使更多人获得了分析能力，进而能够自己从事研究。知识的宣传是通过培训班进行传播的。

IDASA 进行的研究产出了一系列的成果。如，妇女的预算案分析的是预算分配如何影响性别的问题。妇女预算案建议了如何通过重新确定支出的优先次序，以促进性别平等和普遍的福利。IDASA 还探讨了性别与收入的关系，发现尽管税法在消除歧视方面取得了进步，但是“南非的税收政策中仍然有歧视妇女的显著因素”（Smith，2000，1）。IDASA 出版了一系列的研究论文，探讨了不同国家政府部门使用资源的方式是如何影响妇女们的（Sadan，2005）。

IDASA 经常在媒体出现。每次的预算公布之后，IDASA 都要发布新闻稿。IDASA 的成员乐于接受媒体的采访，特别是接受那些发行量大的报纸和决策者经常阅读的报纸的采访（Krafchik，1999）。IDASA 还录制了电台节目，以便能够联系到更广泛的听众。IDASA 还积极利用互联网（http：//www. idasa. org. za/），传播其分析结果。在所有公关工作中，IDASA 都尽量针对不同观众的需要，量体裁衣地提供恰当贴切的信息。IDASA 准备的妇女预算案和儿童预算案都各有两个版本（一个是更长、更复杂的版本，一个是简明扼要的版本），以使广大公众都能获取这些信息。

预算执行中的公民参与

预算执行涉及资源的支出和消费。理论上，执行是按照立法部门批准的预算。但实践中，却并不总能这样执行，有两个主要原因。

第一，政府在资源分配中通常留给官僚们一些自由裁量权。自由裁量权的大小主要取决于预算编制制度的性质。一个极端是纯粹的分项预算制度，立法机构事无巨细地确定了支出项目，具体到每一台要买的机器，每一个要雇的员工，每一口要挖的井。另一个极端是分类预算，立法机构确定总体目标，然后让官僚们自由裁量如何用好这些分配到的资源，实现总体目标。大多数政府的预算制度是介于这两个极端之间的，明确要购买的大宗物品，但是把细节留给官僚们自由裁量。

无论预算制度如何，参与都非常重要。如果官僚们执行的是分项预算制度，那么，公民参与者可以按图索骥地检查资源的实际支出是否符合规定。如果官僚们有很大的自由裁量权，那么，公民参与者就更能发挥重要作用了。公民们可以进行游说活动，结成伙伴关系，以便影响支出决定。

第二，实际支出通常与政府声明的意图大相径庭。有时这可能是由于政府收入下降而不得不缩减支出。在这种情况下，预算分配的资金就无法到位了（世界银行，1998）。在其他情况下，各级行政部门截留了经手的预算资金，使得支出部门（用于提供公共服务）的资金无法到位。

乌干达的支出跟踪。尽管乌干达在 1992 ~ 1995 年之间把用于基础教育的支出增加了 1 倍（主要是用在工资上），但是学生的入学率依然停滞不前（Reinikka 和 Svensson，2001）。一种解释是学校并没有实际收到这些拨款。

为了确定教育支出的去向，世界银行会同乌干达政府、当地的经济政策研究中心、一个独立的乌干达咨询公司以及中小企业顾问，从乌干达的 39 个学区中随机抽取了来自 19 个学区的 250 所公立学校，进行调查。调查把中央政府对学校的拨款和每个学校收到的资金记录进行了比较。

结果显示，在 1991 ~ 1995 年之间，用于教育的非工资支出只有 13% 下拨给了学校（这些拨款的本意是全部下拨给学校的。Reinikka 和 Svensson，2004）。大部分学校根本就没有收到按照学生人数下拨的补助。学区的教育办公室截留了大部分的非工资拨款——以及大部分由父母支付的学费。

虽然这个问题很普遍，但是有些学校比其他学校更容易被截留资金。规模小的学校、学生主要来自贫困家庭的学校、合格教师人数少的学校，都很少能收到按照学生人数下拨的补助（Reinikka 和 Svensson，2001）。这表明资金截留不大可能影响积极动员和动用政治资源的学校。

这个调查研究的结果，促成了新的变化。政府把对学校的拨款数额通报当地媒体。学校和学区必须公开他们收到的政府资金的数额。希望通过把这些信息提供给当地的家长们，从而避免拨款被截留作其他用途。有了这些信息，家长和教师就更容易动员起来，要求全部下拨政府分配的资金。

学校对资源也有了更直接的支配权。拨款直接存入每个学校的账户，学校负责自行购置物品，而不是依赖学区的集中采购。政府在1998年的调查发现这些措施有效地增加了学校的资金流入。到了2001年，用于教育的预算资金的80%都按照拨款意图拨给了学校（Reinikka和Svensson，2001）。

印度的预算解释和支出跟踪。在印度西部的古吉拉特邦，NGO社会和人文行动发展计划（DISHA）创建了一种相对简单而有效的方法，用于监督预算拨款的执行情况。邦预算提供了非常具体的分项细节，明确了公共资源支出在什么地方，做什么用途。对DISHA来说，这就提供了向政府问责的机会，也提供了要求解释预算过程的机会，预算过程通常只有少数政府官员清楚，对大多数人来说都很神秘。

DISHA是一个成员非常广泛的NGO，有8万多名成员，包括来自部落、矿业、林业、农业和建筑业的成员。居住在古吉拉特邦的丘陵地区的部落和其他土著人群，占到了当地人口的15%（Mistry，2000）。

自从20世纪80年代早期以来，印度国家政府就寻求通过部落地区次级计划，增加对部落地区的支出。虽然对部落地区的支出增加了，但是其经济发展水平和基础设施支出仍然很低。DISHA希望了解政府这些支出的去向。

DISHA检查了预算中对具体项目的拨款，例如，道路建设和为村庄挖水井（邦预算详细列出了到村庄级别的所有部门、计划和项目的拨款）。然后，DISHA调查了各村的权力部门，了解这些项目是否落实了，以及项目实际落实的程度。DISHA的M. D. Mistry（1999）对这种方法做了如下总结：

我们坐在办公室就能真实地了解到，拨款资金是如何支出的。我们给村庄写信说有笔 10 万卢比的拨款用于修建一条通向干道乡间道路，以将你们村连接到主干道路。请告诉我们这条乡间道路是否修建好了。然后就能收到他们的回信……因此很容易了解拨付资金是否支出了，如果没有支出，那么就可以：（a）在大会上提出这个问题；（b）把这个问题写出来；（c）把这个线索提供给媒体，从而就预算进行问责。

通过调查村庄，DISHA 提高了人们对政治承诺的认识，为村庄的权力部门提供了有价值的信息，告诉他们应该收到什么资源。然后 DISHA 就能得到这些村庄的政治支持，以便游说得到这些资源（World Bank，2001）。

DISHA 还通过为村代表（sarpanches）提供预算培训，得到了地方官员的支持。在 2000 年，来自 140 个不同村庄的 300 名现任的和曾经的村代表参加了预算研讨会，他们学习的技能包括如何读懂和理解预算，确认自己村庄的拨款，识别和讨论地方投资需求，谋划游说和抗议活动。

DISHA 在进行预算执行分析的同时，还进行了预算审批阶段的其他类型的分析。在分析预算时，DISHA 确定哪些支出能使穷人受益，指出预算中的计算错误或者财政纪律问题，检查财政部长的公开声明和拨款提案之间的关系。DISHA 提供的有些信息是非常基础的，在大多数的预算制中也都是理所当然的。例如，DISHA 列出了为每个部门分配的资源，以及与往年分配的资源的对比。DISHA 还确定了新增支出或者支出缩减的主要领域。这些分析被整理为简短的预算概要，目的是便于立法机构的成员、媒体和 CSOs 掌握有关资源分配优先次序的基本事实和相关问题（World Bank，2001）。这些信息经过用当地语言表述并且切合当地的利益编写之后，通过当地（通常是偏远地区）的学校向公众传播。

DISHA 把分析结果传播给邦立法委员和媒体。DISHA 发现许多立法委员对 DISHA 的主张都持赞同态度，但是缺乏对预算的理解。

DISHA 提供的信息有助于立法委员掌握事实和数据，以评估支出的效果。正如 DISHA 的 M. D. Mistry 指出的，“各级当选官员在掌握了基本信息之后，就感到有了第一手的资料，从而开始加入公共支出的辩论。（提供这些基本信息）使得大多数官员都加入了对公共支出状况的辩论，而此前是少数官员决定公共支出，因此通过改进的或启发性的辩论而改善了治理”（Mistry，2000）。因此，DISHA 对一个预算周期执行过程的分析，就影响了下一个预算周期的审批过程。

DISHA 的活动提高了预算辩论的质量，使得辩论立足于事实和研究的基础之上。媒体的报道也自然更有信息含量了。财政部长将更加小心谨慎，确保声明和拨款相匹配，确保拨款下发到目标项目。由 DISHA 推动的解释过程，改善了对支出和优先次序的基本沟通，增加了预算过程的透明度。

审计和绩效评估中的公民参与

预算过程的最后一个阶段是预算评估。传统上，这意味着对支出的审计，确保支出符合预期。最近，审计职能还包括对支出成果的评估，以及对改善绩效的建议（Barzelay，1997）。在这个阶段，尤其是在绩效评估中，公民也有可能参与。

一个基本的绩效评估基准是公民们的满意度，以及公民们与公共部门打交道的质量。通过对公共服务的获取和满意度的调查，NGOs 可以衡量政策是否成功。

在印度卡纳塔克邦（Karnataka）的首府班加罗尔市（Bangalore），对这些信息的调查是通过绩效报告卡的形式（Paul，1998）。1993 年在班加罗尔市的第一次公民调查是由 Samuel Paul 个人，在一家私营部门营销公司的帮助下进行的。次年（1994 年），Paul 成立了公共事务中心（PAC），这是一个致力于改善印度的政府治理质量的 NGO。PAC 于 1999 年和 2003 年在班加罗尔市，分别创建了报告卡。这些报告卡是基于在班加罗尔市市区对政府服务满意度的公民调查。Paul（1998，3）通过调查公民对公共服务的体验，描述了报告卡的基本逻辑及有效性：

报告卡是从公民的角度对城市的公共服务进行的评估。公民是这些服务的使用者，能够对服务的质量、效率、充分性以及在与服务提供者打交道时遇到的问题，提供真实的反馈。公民可能无法对技术特点和服务的标准进行评论，也无法对服务提供者的整体总体绩效进行评价。但是公民们绝对有资格评价服务是否满足他们的需求，服务机构是否反应迅速，以及腐败、可靠等等。报告卡是公民从不同层面对提供服务的机构进行评估，是对服务提供者进行绩效评价的基础。

第一轮调查是分别对城市的 6 个城区的家庭进行了随机抽样调查。调查将受访家庭按照收入划分为中高收入（807 户）和低收入（327 户）。调查者要求受访家庭详细描述其在过去 6 个月获得服务的质量：总体满意度，员工的态度，解决问题需要造访的次数，以及问题是否能得到实际解决。1999 年的调查把受访家庭扩大到了 1339 户中等收入家庭和 839 户贫民窟地区的家庭。

这些调查涉及基本服务，例如供水、供电、垃圾清理、医院和警察服务。1993 年和 1999 年的调查发现，居民对服务的总体满意度很低。相对于中等收入家庭，贫困家庭需要更多次地造访服务机构才能解决问题，甚至可能迫不得已需要行贿（通常是向警察行贿），更不可能使问题得到解决。尽管如此，贫困家庭对公共服务的满意度仍与中高收入家庭类似，这很可能是由于对公共服务的期望较低造成的。

在完成了 1999 年的调查之后，PAC 设法提高调查结果的影响。PAC 创建了报告卡的形式，并且积极地通过媒体对报告卡进行宣传。报告卡的新闻发布会引来了众多媒体的报道。班加罗尔市的所有主要报纸都发表了 PAC 的调查结果，在影响力很大的《印度时报》上，每两个月就有一周会刊登一篇专稿报道 PAC 报告卡结果反映出的问题（PAC，2003）。PAC 深知媒体的重要性，媒体“在班加罗尔市已经成了一个积极的利益相关者，能够提高公民对问题的认识，和对需要解决的问题进行曝光。最大的变化是广泛的居民组织和公民团体积极参与各种活动和倡议，促使市政机构改善公共服务质量”（PAC，2003，9）。Paul（1998，17）讲述了《印度时报》的一名记者是如何使用报告卡的信息对医院的服务质量和腐败进行曝光的：

> 针对报告卡提供的信息，该记者走访了该公立医院，采访了医院的高级官员和医生，以便从院方查证报告卡的信息。然后该记者又采访了患者，对报告卡的信息进行了核实。该记者在《印度时报》的头版对这个话题进行的报道，引发了公众的激烈辩论……并持续了好多天。辩论的观点高调和明确地指出，市公立医院存在的滥用职权和敲诈勒索行径是不能容忍的。在数周之内，某公立医院的几名护士就因为在接生过程中涉嫌收受红包和玩忽职守而被逮捕了。

报告卡还得到了来自政府的回应。Paul（1998，13）认为“服务机构的负责人和高级政府官员的回应都很礼貌，但是除了少数几个机构之外，大部分的回应都不够热心”。但是，Wagle 和 Shah（2002）指出，负责公共服务的 8 个机构中有 4 个机构都试图改革自身或者扩大公民的反馈机制。

PAC 试图通过与服务机构的官员打交道，以促进服务机构的完善和开放。PAC 把调查结果的概要通报了各个机构，并且举办了研讨会。在一次研讨会上，政府官员们聚在一起讨论他们针对公众的批评意见所做的改进工作。在另一次研讨会上，各机构的代表与公众聚在一起讨论报告卡中提出的问题。卡纳塔克邦的首席部长成立了包括有名望的居民在内的“班加罗尔市议程行动小组”，以便对发现的问题进行回应。班加罗尔市市政公司还促成了 NGOs 和市政府官员之间的非正式网络，称之为 Swabhimana（自尊）（Paul，1998）。这个网络用于讨论解决问题的方法和确定新出现的问题。PAC 在这个网络中发挥协调作用。PAC 还建议这个股份公司建立一个系统，以方便公民能够直接向政府提出他们的问题，并且能看到政府对这些问题的纠正。为此，PAC 就如何向公民提供反馈意见对官员进行了培训。班加罗尔市的公立医院和 PAC 经过一整天的协作之后，同意设立服务台，为患者提供更好的服务。

2003 年的报告卡对 1700 多户家庭进行了调查。这些调查发现公民对所有服务机构的满意度都增加了，问题的发生率下降了，腐败也减少了（见图 2－2）。“在过去 10 年中，这些机构的绩效变化反映出公民对公共服务满意度的显著提高。2003 年班加罗尔市公民提供反馈的 9 个机构获得的公民满意率全部都在 70% 以上，相比而言，1999 年调查的公民满意率均低于 40%”（PAC，2003，3）。

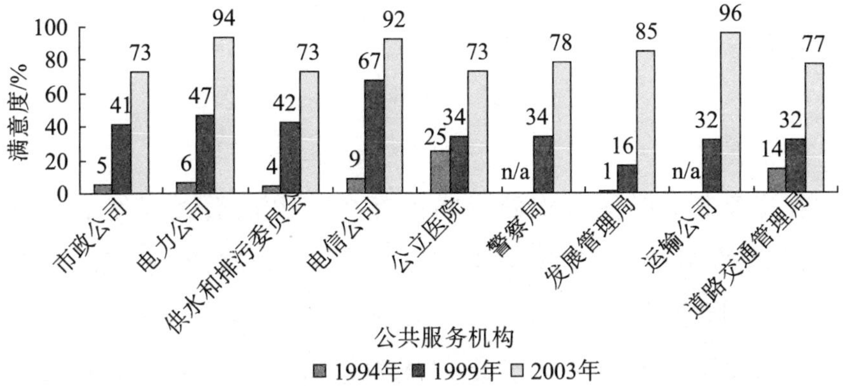

图 2-2　1994~2003 年班加罗尔市政府服务的公民满意率

资料来源：PAC 2003。

注：本图反映了 3 次报告卡的家庭随机抽样调查的总体满意度。n/a 表示没有数据。

PAC 认为其提供的监督是有效的，不过，政府对这些问题的政治反应也很重要。“显然，在过去的 4 年中，如果没有卡纳塔克邦的首席部长所表现的政治领导力和远见，那么就很难取得这么大的成就”（PAC，2003，8）。

这种报告卡的做法已经被推广到了卡纳塔克邦全邦范围，推广到了其他印度城市和其他国家，包括泰国、菲律宾、乌克兰、美国和越南。在美国，大学教授和新闻记者用它调查和评价政府在各方面的管理能力，包括财政管理、信息管理和人力资源管理（Ingraham、Joyce 和 Donahue，2003）。

政府对公民参与的观点

对参与的规范化文献没有承认参与的实践问题，通常也忽略了在实施参与过程中政府管理的重要性（Moynihan，2003）。本节探讨了关于政府作用的观点。我们认为政府官员并不十分关注有代表性和有意义的公民参与等规范化目标的实现，而是关注可以察觉到的成本和效益。因此，官员对公民参与持工具性的态度。如果我们要提高公民参与程度，那么就需要考虑到哪些因素影响了政府对公民参与的态度。政府的观点是至关重要的，政府官员在多大程度上阻碍或者促进参与论坛和公众决策，直接影响到公民参与的成本和效益，从而决定了公民是否愿意参与。

政府为什么重要?

政府管理者，即使有实施参与的任务，也在很大程度上控制着公民参与活动的组织结构以及参与活动能产生的影响。正如 Thomas（1995，11）指出的：

> 即使接受了公民参与的任务，公共管理者和政策规划者仍然控制着接纳公民参与的时间、频率和程度。虽然管理者经常抱怨要求公民参与的效果有限，但是这些要求通常仅限于指示管理者接纳公民参与，管理者有权自主决定公民参与的形式与程度。

管理者有很大的自主权决定下放多少权力（参与的程度），允许哪些团体或者公民个人参与（参与的范围）。参与过程中的所有行动者——包括公民和政府官员都有可能对参与的相对成本和效益进行判断（Kweit 和 Kweit，1981）。任何公民个人决定参与（或者不参与）可能只影响到其本人。但是，公共管理者的决定将会影响到所有公民参与的机会和性质。

政府的态度在很大程度上预示了是否将进行参与，以及参与是否有意义。针对减贫战略文件（PRSPs）的参与，Painter（2002）认为，成功参与的主要决定因素是政府的作用：“政府的意愿和期望强有力地决定了参与过程的质量。公民社会团体的活跃程度、能力和经验有助于提高参与过程的质量，但这不是决定性的。”各国政府在制定 PRSPs 的过程中限制了公民参与；有限的公众协商很可能根本没有对政府规划产生任何形式的影响。

有时政府官员对公民参与是敌视的，认为参与是对其制度权利和特权的威胁。在另外一些情况下，政府可能不会反对公民参与，但是对参与持怀疑态度，不清楚参与是如何发挥作用的，不清楚参与除了象征意义以外还能有什么效益。

发展中国家政府中更常见的观点是认为预算过程中的公民参与在政治上是必须的，或者甚至是政治上有利的，但是没有什么实际意义。政府使用参与辞令和有限的姿态增加预算透明度和社区预算协商，以缓和纳税人的不满情绪，减少与公民社会的紧张关系，但是政府至少在最初阶段是不会促进有意义的参与进程的（Heimans，2002，15）。

在巴西的阿雷格里港市，政府不仅对公民参与持欢迎态度，而且促进了参与式预算制度。基于支出变化和增加公民参与的竞选平台创造了有利的政治氛围。政府破产的事实也增加了实验新的参与论坛的政治意愿，官僚机构的组织混乱也削弱了改革的阻力。政府同样愿意增加收入，以便资助来自参与式论坛的提案，从而使得参与有了立竿见影的意义。工人党通过对财产税建立索引，改变了城市税收制度，“扩大了财政空间，这是参与式预算的必要前提”（Robinson，2004，9）。

其他效法阿雷格里港市模式的巴西城市，也通常是强调公民参与和社会正义的改革派政府。巴西强调公民参与的部分原因是由于对1964年到1985年的军事独裁统治的不满。虽然改革派政府发起了参与式预算的做法，但是较保守的政府也维持了这种做法。不过维持这种参与做法通常是为了象征性的目的，这种参与做法更容易被“操纵和管理不善”（Wampler，2000，7）。阿雷格里港市的经验表明了政党在促进参与制度的采用过程中的重要作用。最可能在竞选活动中采用参与式目标的政党是长期对独裁政权不满的反对党以及代表穷人或社会正义议程的政党。

公民参与的成功部分取决于行政能力。阿雷格里港市的官僚机构发挥了积极的作用进行会议组织，为公民作出选择提供有关的必要信息，为项目提案提供技术分析。为了在社区水平支持参与，在城市的许多地方新增了政府办事处。政府办事处的地理位置下放到社区，就明显增加了与公民的接触。社区会议分散举办，便于所有感兴趣的公民参加。

Wampler（2000）认为公民提案的性质迫使官僚们之间加强协作。医疗或者教育提案需要有关部门与规划部门和社区领袖合作。技术规划和新投资通常需要参与公民的批准，从而促进了在开放沟通基础上的持续关系。

塑造管理的观点：参与的工具性评估

工具性的观点表明管理者可能主要关注公民参与对决策过程造成的压力，以及对管理者增加的成本。参与的成本可以划分为直接行政成本、利己主义的行政成本、决策过程和结果的成本（见图2-3）。政府决策的特点是时间有限定和机会有限。增加参与就不利于在限定的时间内抓住有限的机会（Pressman 和 Wildavsky，1973）。

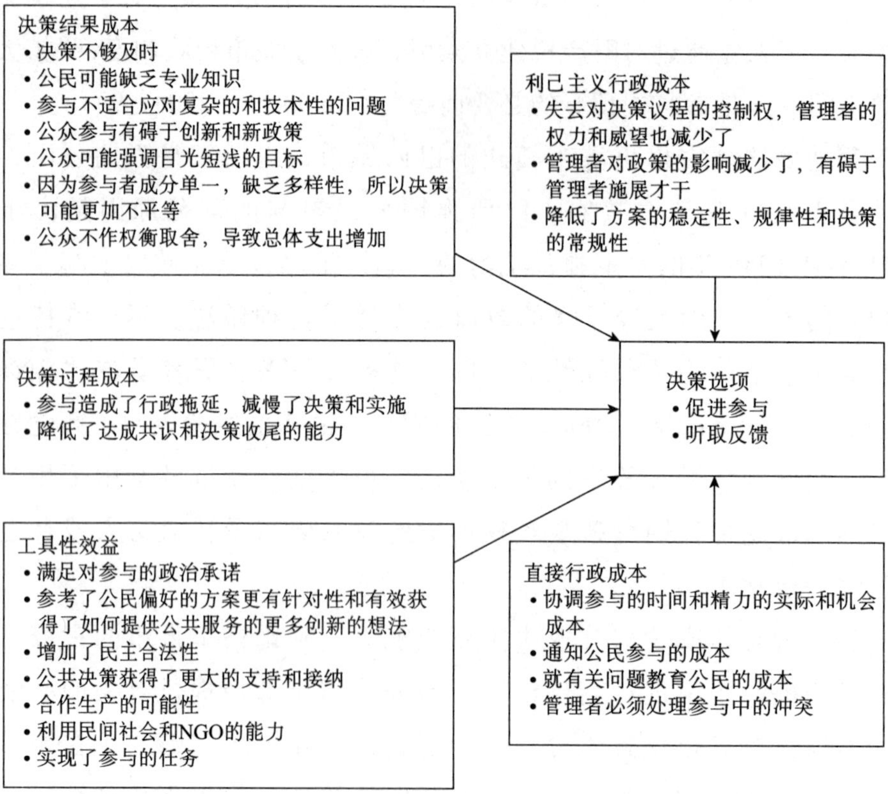

图2-3　参与的行政成本和工具性的效益

资料来源：选自 Moynihan 2003。

直接行政成本是协调公民参与的成本（Kweit 和 Kweit，1981）。乌干达政府对参与的要求被束之高阁，因为管理者“没有足够的时间”组织参与（Heimans，2002）。利己主义的行政成本是由于政府管理者对决策议程的控制权减少了，从而行政权力和日常活动中的权威也减少了。如果管理者想要保持方案的稳定性或者想要在官僚活动中游刃有余和发挥重要的决策作用，那么管理者就很可能抵制确定政策议程的参与式过程（Dunleavy，1991；McNair、Caldwell 和 Pollane，1983）。决策过程的成本是决策中涉及的各种成本。管理者认为参与减慢决策过程，减少了达成共识的潜力（Nelkin，1984）。发展中国家的政府可能认为他们的行政能力有限，负担不起创建参与论坛的责任。

管理者可能认为公民参与降低了政策结果的质量，因为公众缺乏知识或者专长，所以作出不好的决策（Cleveland，1985）。政府抵制参与式预算制的一个常用理由是参与使得资源分配的权衡取舍更困难了。政府在与公众、NGOs、利益集团打交道时，就必须面对他们提出的各种明确要求，而这些要求大多是政府无法满足的。“一个典型的抱怨就是参与式预算过程或者公众协商导致了来自各个社区的‘采购清单’式的要求，与有限的可用资源严重脱节”（Heimans，2002，18）。政府还担心，因为参与不可能有完全的代表性，可能排斥了重要的群体，所以导致政策的扭曲。事实上，参与的范围越广泛，参与的代表性就越强。参与的范围越狭窄，预算过程就越有可能被精英利益集团以不透明的方式主导。

F. lscher、Krafchik 和 Shapiro（2000）对南非 20 世纪 90 年代间的议会预算听证会上的公民参与进行了跟踪。他们发现参与者不只是少数的私人利益集团，而是有关注贫困和宏观经济政策的 NGOs 的相对广泛的参与代表。参与永远不可能使预算编制有真正代表性的争论，还可以是用来质疑 NGOs 的合法性，驳斥 NGOs 的提议——南非的 IDASA 就受到了这种批判。

公民参与可以产生几种效益。公众提议可以为管理者提供信息，以便改善资源分配或者技术效率。公众提议可以提供创新的解决问题的方法，是传统的决策模式无法办到的。因为许多公共方案都不同程度地需要公民的合作，所以公民参与可能有助于政府制定更实际的目标，提高公众对方案的接纳，甚至允许公民与政府合作实施项目方案（Thomas，1995）。

公民参与还增加了公众对管理者和项目方案的支持（Brinkerhoff 和 Goldsmith，2000）。不受欢迎的机构可以通过接纳公众的参与以改善形象（Kweit 和 Kweit，1981；McNair、Caldwell 和 Pollane，1983）。参与式论坛的设计可以更让人觉得公共机构乐于接纳公众的协商，从而强化政府活动的民主合法性（Frederickson，1982）。

结　论

发展中国家的公民参与程度是不够的。通常缺乏广泛的代表性，无法促进有意义的对话，进而影响公共决策。

公民社会在改善公民参与上可以发挥重要作用。在本章讨论的大部分案例中，NGO 或者 NGOs 团队通过预算过程，促成了政府决策的实际变化。即使在公民最直接参与的阿雷格里港市，活跃的公民社会也为公民的参与过程提供了帮助。与此同时，NGOs 必须顾及政府对参与的态度，NGOs 需要想方设法地降低参与认知的成本，提高参与认知的效益。

本章注释

①本章借鉴了 Moynihan（2003）的成果。

②AmericaSpeaks，NGO，负责公民峰会的组织和后勤保障。

本章参考文献

Andrews，Matthew. 2004. “Are PRSPs Providing a New，Effective and

Participatory Development and Poverty Reduction Tool? A Study of Participation in Mozambique's PARPA. " In *Rough Diamond: PRSP's and the 60th Anniversary of World Bank and IMF*, ed. Milton Keynes, 7—19. United Kingdom: International World Vision.

Arnstein, Sherry R. 1969. "A Ladder of Citizen Participation." *American Institute of Planners* 35 (4): 216—224.

Barber, Benjamin. 1986. *Strong Democracy: Participatory Politics for a New Age.* Berkeley: University of California Press.

Barzelay, Michael. 1997. "Central Audit Institutions and Performance Auditing: A Comparative Analysis of Organizational Strategies in the OECD." *Governance* 10 (3): 235—260.

Bhatt, Mihir R. 2000. *Alternative Budget Analysis: DISHA's Experience.* Foundation for Public Interest, Ahmedabad, India. http://www.ids.ac.uk/ids/civsoc/final/india/ind14.doc.

Brinkerhoff, Derick W., and Arthur A. Goldsmith. 2000. "Macroeconomic Policy, PRSPs, and Participation." World Bank Participation Group Background Paper, Washington, D.C.. http://www.worldbank.org/participation/web/webfiles/macrosynthesis.htm.

Budlender, Debbie. 1999. "The South African Women's Budget Initiative." Paper presented at the United Nations Development Programme meeting on Women and Political Participation: 21st Century Challenges. New Delhi, March 24—26. http://magnet.undp.org/events/gender/india/Soutaf.htm.

Cleveland, Harlan. 1985. "The Twilight of Hierarchy: Speculations on the Global Information Society." *Public Administration Review* 45 (1): 185—195.

Cooper, Terry L. 1984. "Citizenship and Professionalism in Public Administration." *Public Administration Review* 44 (Special Issue): 143—149.

Crosby, Ned, Janet M. Kelly, and Paul Schafer. 1986. "Citizen Panels: A New Approach to Citizen Participation." *Public Administration Review* 46 (2): 170—178.

Dunleavy, Patrick J. 1991. *Democracy, Bureaucracy and Public Choice.* Hempstead, United Kingdom: Harvester Wheatshed.

Easton, David. 1990. *The Analysis of Political Structure.* New York: Routledge,

Chapman and Hall.

Elliott, Michael. 1995. "America's Worst - Run City." *Newsweek*, March 13, p. 26.

Evans, Gord, and Nick Manning. 2003. "Helping Governments Keep Their Promises: Making Ministers and Governments More Reliable through Improved Policy Management." South Asia Internal Discussion Paper IDP - 187, World Bank, Washington, D. C.. http://unpan1. un. org/intradoc/groups/public/documents/worldbank/unpan013906. pdf.

Fölscher, Alta, ed. 2003. *Budget Transparency and Participation.* Institute for Democracy in South Africa, Ciudad del Cabo, Brazil.

Fölscher, Alta, Warren Krafchik, and Isaac Shapiro. 2000. "Transparency and Participation in the Budgeting Process." Paper presented at the third conference of the International Budget Project, Mumbai, November 4—9.

Forner, Patricia. 2002. "How Is the Next Generation to Live? The Enhanced HIPC II and a Strategy to Reduce Poverty in Bolivia, Honduras and Nicaragua." In *Masters of Their Own Development? PRSPs and the Prospects for the Poor*, ed. Allan Whaites. Monrovia, CA: World Vision.

Fox, Charles J., and Hugh T. Miller. 1996. *Postmodern Public Administration: Toward Discourse.* Thousand Oaks, CA: Sage Publications.

Frederickson, H. George. 1982. "The Recovery of Civism in Public Administration." *Public Administration Review* 42 (6): 501—508.

Fung, Archon, and Erik Olin Wright. 2001. "Deepening Democracy: Innovations in Empowered Participatory Governance." *Politics and Society* 29 (1): 5—41.

Habermas, Jurgen. 1989. *The Structural Transformation of the Public Sphere.* Cambridge, MA: MIT Press.

——. 1996. *Between Facts and Norms: Contributions to a Discourse Theory of Law and Democracy.* Cambridge, MA: MIT Press.

Heimans, Jeremy. 2002. "Strengthening Participation in Public Expenditure Management: Policy Recommendations for Key Stakeholders." Organization for Economic Co - operation and Development, Paris.

Heller, Patrick. 2001. "Moving the State: The Politics of Democratic Decentralization in Kerala, South Africa, and Porto Alegre." *Politics and Society* 29 (1): 131—163.

Hellström, Tomas. 1997. "Boundedness and Legitimacy in Public Planning." *Knowledge and Policy: International Journal of Knowledge Transfer and Utilization* 9 (4): 27—42.

Hentschel, Jesko. 1996. "Does Participation Cost the World Bank More? Emerging Evidence." In *Participation in Practice: The Experience of World Bank and Other Stakeholders*, ed. Jennifer Rietbergen - McCracken, 25—50. Washington, D. C.: World Bank.

Inglehart, Ronald. 1997. "Postmaterialist Values and the Erosion of Institutional Authority." In *Why People Don't Trust Government*, ed. J. S. Nye, P. D. Zelikow, and D. C. King. Cambridge, MA: Harvard University Press.

Ingraham, Patricia W., Phillip G. Joyce, and Amy Kneedler Donahue. 2003. *Government Performance: Why Management Matters.* Baltimore, MD: Johns Hopkins University Press.

King, Cheryl Simrell, K. M. Feltey, and B. O'Neill Susel. 1998. "The Question of Participation: Toward Authentic Public Participation in Public Administration." *Public Administration Review* 58 (4): 317—325.

King, Cheryl Simrell, and Camilla Stivers. 1998. *Government Is Us: Public Administration in an Anti - Government Era.* Thousand Oaks, CA: Sage Publications.

Krafchik, Warren. 1999. "The Development of IDASA's Budget Work over the Years." Presentation made at the second conference of the International Budget Project, Cape Town, South Africa, February 21—25. http://www.internationalbudget.org/conference/2nd/idasa.htm.

Kweit, Mary G., and Robert W. Kweit. 1981. *Implementing Citizen Participation in a Bureaucratic Society.* New York: Praeger.

Kweit, Robert W., and Mary G. Kweit. 1980. "Bureaucratic Decision - Making: Impediments to Citizen Participation." *Polity* 12 (4): 647—666.

Lynn, Laurence, Jr. 2002. "Democracy's Unforgivable Sin." *Administration and Society* 34 (4): 447—454.

Maier, Charles S. 1994. "Democracy and Its Discontents." *Foreign Affairs* 73 (4): 48—64.

McGee, Rosemary, with Josh Levene and Alexandra Hughes. 2002. "Assessing Participation in Poverty Reduction Strategy Papers: A Desk - Based Synthesis of Experience in Sub - Saharan Africa." Institute for Development Studies, Brighton, United Kingdom. http://www.ids.ac.uk/ids/bookshop/rr/rr52.pdf.

McGee, Rosemary, and Andy Norton. 2000. "Participation in Poverty Reduction Strategies: A Synthesis of Experience with Participatory Approaches to Policy Design, Implementation and Monitoring." http://www.ids.ac.uk/ids/bookshop/wp/wp109.pdf.

McNair, Ray H., Russell Caldwell, and Leonard Pollane. 1983. "Citizen Participants in Public Bureaucracies: Foul Weather Friends." *Administration and Society* 14 (4): 507—524.

Mistry, M. D. 1999. "The Beginnings of DISHA and Its Budget Training Work in India." Presentation made at the second conference of the International Budget Project, Cape Town, South Africa, February 21—25. http://www.internationalbudget.org/conference/2nd/disha.htm.

——. 2000. "Why DISHA's Public Expenditure Analysis Is Successful in Monitoring the Expenditure and Increasing Participation in Monitoring and Formulation of the Budget in the State of Gujarat, India." Presentation to the World Bank, Poverty Reduction and Economic Management Network, Washington, D. C..

Morone, James A. 1998. *The Democratic Wish.* 2nd ed. New Haven, CT: Yale University Press.

Moynihan, Donald P. 2003. "Normative and Instrumental Perspectives on Public Participation: Citizen Summits in Washington, D. C." *American Review of Public Administration* 33 (2): 164—288.

Navarro, Zander. 1998. "Participation, Democratizing Practices and the Formation of a Modern Polity: The Case of 'Participatory Budgeting' in Porto Alegre, Brazil (1989—1998)." *Development* 41 (3): 68—71.

Nelkin, D. 1984. "Science and Technology and the Democratic Process." In *Citizen Participation in Science Policy*, ed. J. C. Petersen, 18—39. Amherst, MA:

University of Massachusetts Press.

Olivo, Christiane. 1998. "The Practical Problems of Bridging Civil Society and the State: A Study of Round Tables in Eastern Germany." *Polity* 31 (2): 244—268.

PAC (Public Affairs Centre). 2003. "The Third Citizen Report Card on Public Services in Bangalore." Bangalore, India.

Painter, Genevieve. 2002. "Quality Participation in Poverty Reduction Strategies: Experiences from Malawi, Bolivia and Rwanda." Christian Aid, London. http://www.christian-aid.org.uk/indepth/0208qual/quality.htm.

Pateman, Carol. 1989. *Participation and Democratic Theory.* Cambridge: Cambridge University Press.

Paul, Samuel. 1998. "Making Voice Work: The Report Card onBangalore's Public Services." World Bank Policy Research Working Paper 1921. Washington, D.C.. http://www.worldbank.org/html/dec/Publications/Workpapers/WPS1900series/wps1921/wps1921.pdf.

Peters, B. Guy. 1996. *The Future of Governing: Four Emerging Models.* Lawrence: University Press of Kansas.

Pressman, Jeffrey L., and Aaron Wildavsky. 1973. *Implementation: How Great Expectations in Washington Are Dashed in Oakland.* Berkeley: University of California Press.

Putnam, Robert. 1993. *Making Democracy Work: Civic Traditions in Modern Italy.* Princeton, NJ: Princeton University Press.

Reinikka, Ritva. 1999. "Using Surveys for Public Sector Reform." PREM Note 23, World Bank, Poverty Reduction and Economic Management, Washington, D.C.. http://www1.worldbank.org/prem/PREMNotes/premnote23.pdf.

Reinikka, Ritva, and Jakob Svensson. 2001. "Explaining Leakage of Public Funds." World Bank Policy Research Working Paper 2709. Washington, D.C..

——. 2004. "The Power of Information: Evidence from Public Expenditure Tracking Surveys." In *Global Corruption Report*, 326—329. Berlin: Transparency International.

Riley, M. 1989. "A Bright Broken Promise". *Time*, June 26, p. 60.

Robinson, M. 2004. "Resources, Citizen Engagement and Democratic Local

Governance." Paper prepared for the Resources, Citizen Engagement and Democratic Local Governance (ReCitE) Project Planning Workshop, Trivandrum, Kerala, India, January 4—16. http://www.ids.ac.uk/logolink/resources/downloads/Robinson Resources _ en. doc.

Sadan, Mastoera. 2005. "Gendered Analysis of the Working for Water Programme: A Case Study of the Tsitsikama Working for Water Project." Institute for Democracy in South Africa, Pretoria.

Smith, Terence. 2000. "Women and Tax in South Africa." Institute for Democracy in South Africa, Pretoria.

Songco, Dan. 2001. *Accountability for the Poor: Experiences in Civic Engagement in Public Expenditure Management.* Washington, D. C.: World Bank.

Stivers, Camille. 1994. "Citizenship Ethics in Public Administration." In *Handbook of Administrative Ethics*, ed. Terry L. Cooper, 435—455. New York: Marcel Dekker.

Tauxe, Caroline S. 1995. "Marginalizing Public Participation in Local Planning: An Ethnographic Account." *Journal of the American Planning Association* 61 (4): 471—482.

Thomas, John Clayton. 1995. *Public Participation in Public Decisions: News Skills and Strategies for Public Managers.* San Francisco: Jossey Bass.

Wagle, Swarnim, and Parmesh Shah. 2002. "Participation in Public Expenditure Systems: An Issue Paper." World Bank, Participation and Civic Engagement Group, Washington, D. C..

Wampler, Brian. 2000. "A Guide to Participatory Budgeting." Paper presented at the third conference of the International Budget Project, Mumbai, November 4—9. http://www.internationalbudget.org/cdrom/papers/systems/ParticipatoryBudgets/Wampler.pdf.

Wamsley, Gary L., and James F. Wolf. 1996. "Introduction: Can a High Modern Project Find Happiness in a Postmodern Era?" In *Refounding Public Administration: Modern Paradoxes, Postmodern Challenges*, ed. G. L. Wamsley and J. F. Wolf. Thousand Oaks, CA: Sage.

World Bank. 1998. *The Public Expenditure Management Handbook.* Washington,

D. C. : World Bank.

——. 2001. " Case Study 3: Gujarat, India. Participatory Approaches in Budgeting and Public Expenditure Management. " Participation Group Social Development Department, World Bank, Washington, D. C.. http://siteresources.worldbank.org/INTPCENG/11433721116506093229/20511035/sdn72.pdf.

Zajac, Gary, and John G. Bruhn. 1999. "The Moral Context of Participation in Planned Organizational Change and Learning. " *Administration and Society* 30 (6): 706—773.

第二部分

区域调查

第三章

拉丁美洲参与式预算的经验

Benjamin　Goldfrank

在一个比较短的时期内（1990～2005 年），参与式预算从南美少数左翼党派倡导的不太显眼的广泛参与程序，演变成了减少贫困和改进政府执政效果的“最好的实践”。根据参与式预算定义的严格程度，它已经从 10 多个城市，主要是巴西城市，扩大到拉丁美洲的 250 个至 2500 个地区[①]。

实行参与式预算的地方越来越多，这种情况是值得赞扬还是应当引起警惕，取决于怎样解读参与式预算，以及如何实施它。在参与式预算的解读方面，对其命名和推广的巴西阿雷格里港市说明解释得特别清楚。目前，对于如何实行参与式预算，特别是在巴西以外的其他国家，这方面的研究才刚刚开始。对于参与式预算的设计和实施方法的系统性比较研究也比较少。

本章分析了拉丁美洲将参与式预算机制引入地方政府预算管理过程所做工作的最新情况。首先，对参与式预算进行定义，并回顾其历史演变情况；其次，说明参与式预算的主要规范性观点和许多实证分析性的观点。本章最新的广义理论是，参与式预算的设计和效果，取决于设计者的意愿和当地的条件。首先，对玻利维亚、巴西、危地马拉、尼加拉瓜和秘鲁的做法进行了国家层面的分析，以验证这个理论。其次，介绍巴西以外的14个城市的案例研究。最后，从案例研究和明确参与式预算在拉丁美洲的未来发展方向中，归纳出一些结论。

参与式预算的发展历史

广义的参与式预算定义一般是指，公民至少能够对部分政府预算的决策提出建议的过程[②]。狭义的定义一般是指参与式预算的具体做法，尤其像阿雷格里港市的做法。根据这些定义，参与式预算是指，在实行直接和代议制民主的同时，任何愿意参与的公民可以参与审议（不仅仅是协商）和对穷人重新分配资源的程序。参与式预算同时也是一个自我监管的程序，即参与者帮助确定监督该过程的规章制度，包括资源分配的标准（Avritzer，2002；Genro 和 Souza，1997；Santos，1998）。

对于参与式预算的演进历史来说，广义和狭义的定义都不太理想。广义的定义包括的案例太多，如游说议员、一般性的市政会议、具体的公众听证会，以及对具体预算支出项目的重新考虑等。狭义的定义包括的案例又太少。更加合适的定义应该是，参与式预算是这样一种程序：通过建立与政府部门安排妥当的年度系列会议，使公民个人或是公民组织至少可以自愿地和经常地对公共预算决策发表意见。

关于参与式预算的大多数文献认为，巴西工人党于1989年在阿雷格里港市首创了参与式预算。实际上，开始的做法更加复杂，也更有争议。在20世纪70年代末80年代初，拉各斯市（Lages、Lesbaupin，2000）、博阿埃斯佩兰萨市（Boa Esperança、Baiocchi，2001b）和佩洛塔斯市（Pelotas、Goldfrank 和 Schneider，2006）都由巴西民主运动党执政，市政府将预算提交给公众进行讨论（佩洛塔斯市的前市长声称参与式预算是由他发明的）。因此，工人党不仅在阿雷格里港市实行参与式预算，而且在1988年该党赢得选举的36个城市实行，包括伊帕廷加市（Ipatinga）、若昂蒙勒瓦德市（João Monlevarde）、皮拉西卡巴市（Piracicaba）、圣安德烈市（Santo André）和桑托斯市（Santos、Abers，1996）。

阿雷格里港市的参与式预算是由社团组织和工人党执政的市政当局设计和推行的（Baierle，1998；Baiocchi，2002）。社团组织和市政当局都认可巴西民主运动党以前的试验。在实行参与式预算之前，阿雷格里港市社区组织联合会提出过一份报告，要求参与预算的编制工作。该报告称，过去已有8个城市尝试了参与式预算（Goldfrank，2005）。工人党的出版物《理论与争鸣》（Teoria & Debate）公开讨论了在1988年地方选举中提出的各种形式的参与式政府管理制度。在巴西工人党推行参与式预算大体相同的时候，至少还有另外两个左翼政党也在实行类似的参与式计划，即委内瑞拉苏达德圭亚那市（Ciudad Guayana），然后是卡拉卡苏市的激进事业党（Radical Caese）和乌拉圭蒙得维的亚市（Momtevideo）的广泛阵线党（Broad Front）③。

20世纪90年代以后，阿雷格里港市的做法在推广时被称为“参与式预算”。90年代初，工人党执政的其他城市开始实行参与式预算（虽然是修改形式的）④。不久，整个拉美的地方政府都开始采用参与式预算，尤其是1996年之后，当时，在伊斯坦布尔召开的联合国生态环境第二次研讨会将阿雷格里港市的参与式预算确定为城市管理的42种最佳方法之一。

反对党在国家层面执政后，才开始全面推行参与式预算的早期经验。这方面的主要经验最早出自巴西，因为巴西是唯一曾经既实行专制统治又允许反对党存在的主权国家，也是拉美地区唯一实行这种体制的国家。而且，市政府具有重大的支出职能，也可以举行比较公正的市长选举（首都和主要港口等战略城市除外）。20世纪80年代和90年代，分权化和民主化的双重浪潮席卷了拉美地区，促使巴西和其他国家进行了类似的试验，尤其在类似巴西工人党的政党与要求民主和改进城市服务的社会运动结盟的国家。

相反，实行中左政治路线的政党取得国家执政地位后，将参与式预算的许多最新经验引入了有关的法律（一般不采用参与式预算这个名称）。具体例子包括 1994 年玻利维亚总统 Gonzalo Sánchez de Lozada 提议出台的 1994 年《参与式管理推广法》（Popular Participation Law）；20 世纪 90 年代后期，在尼加拉瓜总统 Arnoldo Alemán 领导下的市政改革；1996 年在危地马拉总统 Alvaro Arzú 领导下达成的《和平协议》（Peace Accords）指导下进行的分权化改革，以及 2002 年在 Alvaro Portillo 总统领导下形成的法律。在所有这三个案例中，获取始于 2000 年的重债穷国项目（HIPCII）的减债基金的公民参与需要，似乎的确能够增强确保城市实施国家法律。

2003 年秘鲁的《参与式预算法》（Participatory Budgeting Law）有一些不同之处，一方面是因为其采用了参与式预算这个词，另一方面，表面上看是由中左翼总统 Alejandro Toledo 推动实施的。在巴西，尽管参与式预算方面的主要最新经验继续由左翼执政党执行，而且主要是工人党，但各种政治色彩的政党现在都采用参与式预算，包括从军事独裁政党中派生出来的自由先锋党。从此，参与式预算就不再是左翼政党独家垄断的做法了。

关于参与式预算规范的分析方法

采用参与式预算最初的思想动机只代表 4 种明显规范的参与式预算做法之一（激进的民主方法）。其他 3 种被称为正统左派、自由派和保守派的方法。激进的民主派和自由派的观点来自于参与式预算最早的倡议者，即左派政党和国际开发机构。在关于参与式预算的争论和学术研究中，这些观点比保守派和正统左派的批判性观点还要鲜明，后者主要来自于中左派政党和列宁主义派或政党。然而，不应当忽视保守派和正统左派的批判性观点，因为这些观点在削弱或阻碍参与式预算的试验方面会起到重要作用。

实施参与式预算的规范理由最早是由巴西工人党在阿雷格里港市

提出来的，还有委内瑞拉的卡拉卡苏市（Caracas）激进事业党和乌拉圭蒙得维的亚市的广泛阵线党，这些理由与20世纪70年代和80年代拉美左派关于进行总体改革的思想是密切联系的[5]。在游击战运动和反军事独裁失败后，新的“革新”或独裁后左派摒弃了传统的社会主义目的论，同时也摒弃了传统的手段或对民主不屑一顾的思想。社会主义不再认为是必然要发生的，而是一个需要建设的开发过程；民主不再认为只是实现真正的社会主义道路上的一个过渡方式，或者是资产阶级的专用方式，而是任何社会主义者实现计划的基础。社会主义建设的指导方针变成“激进的民主”（又称为“深化民主”和“分权化民主”）。在工人党、激进事业党和广泛阵线党的竞选计划和政府文件中，指导参与式预算的四个关键因素是：公民直接参与政府决策过程和监督；防止腐败的行政管理和财政透明度；城市的基础设施和服务具体地改进，重点是救助穷人；政治文化的改革，将城市居民看作公民，将裙带主义实践活动的政治客体转变为知悉自身民主权利的政治主体（Goldfrank，2002）。

在要求实行参与式预算的新的国家中，以这种激进的民主思想为指导的国家既不同于高度集权的苏联模式国家，也不同于国际金融机构和该地区大多数国家政府提倡的新自由主义或政府职能最小化的国家（Dutra，2002）。根据这个观点，参与式预算能使国家管理高效、分配公平和透明度高。更加老资格的权威倡议人士认为，参与式预算是一个舞台，拥有权利的公民可以建立一个可供选择的“霸权”（Dutra，2002；Sader，2002）[6]。Olívio Dutra（2002）是阿雷格里港市的前市长，他在该市第一次引入了参与式预算（他当选为南里奥格兰德州州长后，又在该州推行）。他认为，这是一个革命性的过程，并与社会主义联系在一起[7]：

我们充分认识到，这个革命性的过程适用于对两个不同项目的高度斗争背景之中。传统的统治精英完全清楚，这项实践将赋予民主真正的内容，结束特权、裙带主义，以及资本对社会的最终控制的权力。这是与某个阶层（或阶级集团）之间的一场政治斗争，以达到继续长期发展的目的。这就是为什么所有人都提出权力主张，但只有一些人去实践。参与式预算仅仅是穷人与资本主义进行斗争的一种更加组织化的形式，或者最多是在民主方面的小小改进，而与社会主义完全无关，因为资本主义完全可能出现错误。除了深化民主和推行激进的民主以外，如果我们将社会主义视作这样一个过程：直接的、参与的民主是一个必然的要素，那么，生机勃勃的社会主义力量也会实行参与式预算，因为，这将强化批判意识和促进被剥削、被压迫人们之间的团结，开创国家公共资金管理和建设新社会的道路。

在这篇文章中，Dutra 谈及了传统左派[⑧]对参与式预算的批判意见，最好的说法是，他们认为，参与式预算没有那么重大的意义，因为过分强调在地方实施参与式预算，又具有多阶层特征（即不仅仅是工人的手段），而且没有改变资本主义的基本结构，或者不伤及资产阶级的利益。最坏的说法是，参与式预算是一种驯服民众的运动，并教育民众与统治者合作，而不是采取直接的行动来消灭资产阶级国家，因此，参与式预算帮助资产阶级应对“资本主义的危机”。批评中最主要的不满是，在参与式预算中不讨论债务偿还等国家问题。许多批评观点是针对联合国和泛美开发银行（IADB）等“帝国主义组织”对参与式预算支持行为的，他们认为，这是用来削弱革命意志的特洛伊木马之计。

确实，联合国（通过其人居署）、泛美开发银行和其他许多国际开发机构采取各种方法推动参与式预算，比如出版书籍和文章，资助这方面的研讨会和研究，对具体的参与式预算项目提供资助时，将实行参与式预算作为一个先决条件[⑨]。尽管各种国际开发机构所采用的大多数观点非常类似于激进民主派的观点和目标，即减少贫困、增加提供服务、铲除腐败和裙带主义、增加透明度和问责、提高政府的行政效率和合法性，但国际开发机构主张参与式预算的自由化方式与激进民主派提出的几种方式是不同的。左派政党开始时将参与式预算作为对社会主义新理论的贡献，但各种开发机构却将参与式预算作发展新理论的若干工具之一。

20 世纪 90 年代，开发机构大力推广采用参与式预算，主要有两个原因。一是参与这个概念对发展的影响不断扩大；二是良好的制度和完善的政府治理对经济增长必要性的认识[10]。对于许多自由主义观点的支持者来说，参与式预算属于制度性改革，是对拉美第二轮市场导向经济和行政体制改革的潜在补充，第一轮的改革尽管降低了通货膨胀率，但没有做到减少贫困和加快经济增长。正如 Campbell（2003，8）所指出的："拉美地区下一阶段的改革转向了地方层面，创建了地方政府管理的新模式。这些新模式的特点是在政府管理契约方面进行改革，扩大广泛的参与和建立支出方面问责的新方式。"

根据这个观点，参与式预算的实施还需要公共部门其他方面配套改革措施的支持，比如私有化和精简州政府机构人员[11]。激进的民主派认为，参与式预算使州政府在反对私有化方面的职能合法化，自由派却认为参与式预算是与削减州政府职能的战略并存的。激进民主派认为，参与式预算包括使公民参与预算决策和监督预算执行，而自由派认为，参与的含义更加广泛，应当包括政府与公民之间的咨询、向公民公开信息、在项目执行中向公民提供劳动、材料和资金，以及缴纳税收。

在某些方面，自由派与正统左派对参与式预算的看法是一致的。这两派都认为，通过鼓励公民信任政府（从而使民主制度稳定化），参与式预算促进了市场化或资本主义的发展。这两派都不同意或反对激进民主派关于参与式预算具有潜在反独裁或社会主义项目的特点。这恰恰是保守派关于参与式预算具有危险性的观点。在阿雷格里港市、蒙得维的亚市和卡拉卡苏市开始实行参与式预算时，保守派提出的批评意见认为，由于实行多党制，参与式预算对代议制民主的稳定甚至存在构成了威胁，尤其是在蒙得维的亚市和卡拉卡苏市（Goldfrank，2002）[12]。根据保守派的观点，参与式预算非但不会深化民主和提高政府效率，反而会阻碍民主和造成社会不稳定。这种观点存在两个自相矛盾之处。一个矛盾之处是，非代表性志愿参与者的权力似乎比民主选举的市议会成员（以及代表）和经过专业训练的市政工作人员还大。因此，参与式预算会损害市立法机关的合法性，并导致政府糟糕的服务提供和城市规划。另一个矛盾之处是，参与式预算的参与者受到地方执政党的政治操纵和欺骗，以为他们拥有决策权。这两处矛盾说明，保守派明确地将参与式预算同极权主义联系在一起。他们认为，实行参与式预算，就是利用执政部门与群众之间的直接关系，用社会主义一党制代替代议制、多党制民主和资本主义。

虽然，开发机构将参与式预算作为用于发展的一套“工具”的组成部分，但参与式预算并不是中性的技术手段。现在，尽管这些规范的分析观点常常影响着关于参与式预算的大量学术研究文献，但学术文献既不考虑这方面的意识形态和政治上的论战，也不将论战引入研究分析。许多学者努力证明参与式预算中的一些概念，例如，参与公众（Wampler 和 Avritzer，2004）、共同治理问责（Ackerman，2004）、循序渐进的实用主义（Rhodes，2003）、协商式发展（Evans，2004）、授权的参与式政府治理（Baiocchi，2001b；Fung 和 Wright，2001；Miños Chavez，2004b）[13]。他们和其他学者对参与式预算进行的大量研究，几乎完全集中在巴西的经验方面，尤其是阿雷格里港市的经验。他们已经证明，参与式预算可以实现激进民主派和自由派提出的许多目标，特别是将公共资源的分配向贫困社区倾斜的目标（Marquetti，2002；Serageldin 等人，2003），扩大服务提供（Navarro，2004；Santos，1998），扩大民主化和促进新公民组织（Abers，2000；Baierle，1998；Baiocchi，2001a，2001b；Wampler 和 Avritzer，2004），提高透明度和增加责任（Ackerman，2004；Fedozzi，1997；Wampler，2004），同时，减少裙带主义（Abers，2000）和增强之前被排斥公民的民主代表性（Nylen，2003；Souza，2001）。他们认为，参与式预算决不保证产生上述结果，而且，即使是看上去不错的案例，也会产生一些矛盾的结果（Baierle，2003；Nylen，2003；Souza，2001；Wampler，2004）。

前提条件和设计要点

为了说明参与式预算各种试验的成功和失败情况，学者提出了一份长长的清单，列出了可能重要的设计要点和有利条件。Navarro

(2004) 提供了一份最完整的清单，他将这些要点和条件分为政治、管理、经济、法律、地理和“有争议的”问题[14]。绝大多数学者赞同，要想成功地实施参与式预算，政治意愿、充足的资源和政治分权是重要的前提条件。许多学者认为，现有的社会组织也是必要的条件。至于列出的其他条件，可能有助于参与式预算的实施，但并不是必须考虑的前提条件。

■ 政治意愿：执政党，尤其是市长，应当承诺打开公民参与的渠道，以使公民分享决策权。

■ 充足的资源：市政府应当掌握足够的收入，用于对公共工程项目和社会发展计划的投资。

■ 政治分权：市政长官应当是民主选举产生的。

■ 社会资本：当地应当有 CSOs，最好是热心参与市政事务、网络组织良好和具有相对的自主性。

■ 官僚机构能力：市政管理当局应当拥有大量合格的技术官员。

■ 小规模：实施参与式预算的地区，或至少是参与式预算的决策单位，不应当太大，否则会妨碍集体的行动。

■ 法律基础：现行法律应当允许，并且最好鼓励公民参与预算决策。

至于哪些制度设计的要点是最重要的，以及哪些要点将促进或阻碍参与式预算，意见是不一致的。已经讨论的要点如下：

■ 审议：参与者应当参与面对面的讨论和辩论，并且至少在预算过程的某个阶段被赋予某种决策权，这个阶段通常在确定投资重点方面。

■ 集中监督：市长办公室应当直接参与对参与式预算过程的协调。

■ 简便易行的规则和方便获取的信息：控制预算过程的规则都应当简便易行和方便公民获取。包括整个小区分配资源和决策时的原则，以及作出正确决策和监督结果所必需的所有预算和规划信息。

■ 短期计划与长期计划：有些学者认为，参与重点应当放在短期见效快的实际需要上，这是鼓励参与的关键。另一些学者则认为，参与重点过窄不利于开展广泛的讨论、解决长期性问题，而且削弱了城市规划的作用。

■ 非正式与正式结构：有些学者认为，非正式的结构有利于不属于原先存在组织的个人和团体参与，而且还能够由参与者自己不断进行修正。另一些学者认为，为了避免执政者对参与式预算进行政治操纵，确保主要的政治和社会人士的代表性，应当通过法律来规范参与式预算过程。

学术文献的分歧

尽管论述参与式预算的文献越来越多，但至少存在三方面的意见分歧。

第一，对于已经产生的期望结果来说，设计要点和前提条件是最重要的因素，但是，这方面没有进行严格的跨国分析测试。Cabannes（2004）对10个国家25个城市的参与式预算经验提出了有价值的论点。Torres Ribeiro和de Grazia（2003）提供了巴西一些城市100多个参与式预算案例的有用数据。但是，这两项研究都是建立在市政官员自我报告的基础之上，并没有完成因果分析。

第二，参与式预算的设计要点和前提条件在理论上并没有相关性。尽管许多学者都认为，参与式预算的设计要点应当适合于当地的情况，但是，理论上并没有阐述究竟有哪些因素影响参与制度设计要点[15]。

第三，没有透彻地分析参与式预算的竞争性或非中性特征[16]。对反对党的意见没有引起足够的重视。

通过对卡拉卡苏市、蒙得维的亚市和阿雷格里港市的参与式预算进行结构性比较研究，我们指出了先前研究的一些不足之处（Goldfrank，2002，2005）。这项研究使我们得出的结论是："阿雷格里港市的参与式预算制度设计特征，包括最终有利于深化民主——高度参与的决策权、对各种问题进行的讨论、非正式的结构。设计特征取决于国家分权的状况，即是否将资源和职责下放给市政府和制度不健全的地方反对党，这些反对党在强烈反对参与式计划方面没有获得成功。"（Goldfrank，2005，p. 9）我们在本章分析了14个案例，以检验这些案例是否支持这个论点。

参与式预算是一种政治制度，是规范的党派竞争的组成部分（Goldfrank 和 Schneider，2006）。当政治领袖战略性地引入和努力设计参与式预算，从而实现包括赢得选民的支持、削弱反对党势力、形成或巩固联盟，以及实现意识形态上的承诺在内的多重目标。当然，不一定产生最初设想的结果。因为，最终结果不仅取决于设计者的意图和当地的情况，而且取决于包括反对者在内其他参与者的意图和策略。在分析国别案例时，这一点显得特别重要，因为不同层面政府当权者的政治考虑和野心会引起直接的冲突[17]。

国别案例研究

最近，拉丁美洲出现了公民参与地方政府预算过程不断扩大的情况，玻利维亚、危地马拉、尼加拉瓜和秘鲁等国由国家授权开展参与式预算，这为全面检验有关理论提供了绝好的机会，包括前提条件、设计要点和战略目标[18]。在分别分析这些国家之前，巴西的地方案例可以在上述讨论基础上形成一些粗略的情况比较。

这 5 个国家都实现了政治分权，从这个意义上讲，市政府最高行政长官是直接选举产生的[19]。巴西和秘鲁的地区性最高行政长官（省级和地区级政府）都是经选举产生的，但玻利维亚、危地马拉、尼加拉瓜都由国家任命。在玻利维亚、危地马拉、尼加拉瓜，一些国家的行政部门集中了地方政府的“分权”资源，以避免支持的市政当局由反对党控制。

巴西的国家法律没有要求实行参与式预算。因此，与要求实行参与式预算国家的市长们相比较，巴西现有的上百个城市的市长们更可能更少承诺实行公民参与。1997～2000 年，巴西有 140 个城市采用了参与式预算，其中 73 个城市是工人党市长，33 个城市的市长来自于其他左派政党。在剩下的许多城市中，副市长是工人党，而且通常都负责参与式预算工作（Paiva，2001）。

由于巴西比其他4个国家更加富裕，财政分权程度更高，市政当局一般拥有更多的收入可用于财政支出。在巴西绝大多数城市中，居民人均财政支出为240～400美元（Cabannes，2004）。但在案例研究中的中美洲和安第斯地区，绝大多数城市财政支出的绝对金额都很低［尼加拉瓜的南代美市只有人均11美元（WBI，2004f）］。危地马拉、尼加拉瓜和秘鲁最近出现的内战造成了人民的分裂，与这3个国家的市政当局相比，巴西的市政当局更愿意与CSOs合作。

可能有助于非巴西案例的唯一前提条件是法律基础。巴西的法律要求大城市成立卫生、教育和其他社会部门的市政管理委员会，以获得联邦财政转移支付，但不要求成立预算委员会。相反，其他4个国家的法律要求成立发展或监督委员会，承担为市预算筹集资金和监督预算执行的职责。秘鲁的法律走得最远。危地马拉的法律是相互矛盾的：《发展委员会法》（Development Councils Law）规定由社区发展委员会提出参与式预算的议案，但《市政法》（Municipal Code）却禁止这样做。

剩下的两个前提条件，即政府机构的能力和小规模，在不同的国家情况是不一样的。这两个前提条件也许有助于相互平衡，因为城市越大，公民参与各种地方活动的比例就越低；如果政府官员越专业，公民参与的比例也就越高，尽管从总体上讲，拉丁美洲的市政官员并不是以高效著称（Nickson，1995）。

与其他国家相比，巴西参与式预算的制度设计存在若干重要的差别。

第一，巴西的参与式预算项目更加注重满足即期需求[20]。确实，在其他4个国家，参与式预算更加注重或更加紧密地与长期市政开发规划相关联。

第二，一般来说，参与式预算在巴西很少形成正式的结构。个人更愿意直接参与，而不是通过公民组织的代表来参与公共事务（Cabannes，2004）[21]。在巴西的大多数城市，只是政府内部规定要求实行参与式预算，但在巴西之外的国家，“以市政决议、政令、法律或宪法的形式从制度上规定要实行参与式预算”（Cabannes，2004，40）[22]。

第三，与其他国家相比，巴西的参与式预算更强调审议性。首先举行社区大会，讨论和确定年度投资重点；其次，社区大会的代表参加地区和部门的讨论会。在预算呈递市议会审批之前，全年都可召开市议会代表会议，与市政府官员协商预算的细节问题。在其他国家，通常很难看出参与式预算的审议特点[23]。玻利维亚、危地马拉和尼加拉瓜的法律规定，要更大地发挥开展委员会的咨询作用。秘鲁的参与式预算法律要求，参与式预算协调委员会成员中政府官员的比例为60%[24]。危地马拉和尼加拉瓜发展委员会的成员大体上一半也来自于政府。

第四，与其他国家的市政当局相比，巴西有关城市的市政当局在信息发布方面的工作做得更好一些，部分原因是巴西城市当局掌握更大的财力资源，可以印制和分发介绍法律法规的书籍和手册，而且可以采取广告的方式通知会议时间和地点。在阿雷格里港市，公交车是移动的日程表，报纸和政府制作的电视台节目中还会登载或播放会议广告通知参与预算的开会时间。即使在贫穷的城市，也很容易取得信息。例如，在巴西的伊卡普伊市（Icapuí），有一个贫穷的渔村，该市市长每个月都将预算数据刷在自家房屋的外墙上，包括收入和支出。

不同的设计和前提条件究竟对参与式预算成效的影响有多大呢？除巴西之外，其他拉美国家在公民参与地方政府预算的法律执行方面进展缓慢，而且进度不一。这反映了许多市长对待参与式预算漠不关心抑或是敌对的态度，而且许多市政府缺乏能力实施参与式预算，尤其是小城市的政府。地区和地方市政当局在组成发展委员会时常常采取不民主的方法，助长了裙带主义和腐败现象的发生。在许多情况下，由于没有清晰的资金分配标准，即使是在农村为主的地区，预算资金的分配也向城市倾斜，极不利于减少贫困。这造成不仅在决策过程中，甚至在征求意见时，公民的实际参与率都很低。世界银行学院的总结报告指出："缺少信息、兴趣、能力、时间和财力资源，这些都制约着公民的直接参与。"（WBI，n. d. –a，40）

一些观察家表达了对巴西情况的关心，即巴西没有将参与式预算与有效的城市长期规划结合起来，也遭到了市议会的反对。而且，所有5507个城市都没有从法律上要求实行参与式预算，这意味着即使在已经试行参与式预算的城市，以后的市政当局也不一定会继续实行。确实，一项关于巴西103个城市在1997~2000年实行参与式预算情况的研究表明，有28%的发起参与式预算或随后执政的市政当局没有继续实行参与式预算（Chaves Teixeira n. d.）。

不同国家出现不同结果的原因是什么呢？政治意愿、执政能力、充足的资源，以及非正式、审议、基于需要和规则的设计等因素，都有可能增加参与式预算成功的机会。

前提条件、战略目标和制度设计是相互联系的。如果政府不仅设计公民参与、审议的程序，而且努力制定参与式预算的法律，在这些国家中，就会建立正式的制度，给予现有的政治和社会组织一些特权[25]。给予哪些组织特权，取决于国家和地方政府当权者的目的。

地方主导的参与式预算改革会更多地倾向于非正式和审议，这可能有两个原因。一个原因是，执行参与式预算的市长常常要对社会运动提出的要求作出回应，这类运动主要是争取公众审议的空间。另一个原因是，公开的形式潜在地允许市长吸引新的选民。秘鲁绝大多数城市的参与式预算是成功的，这也许并不是偶然的。秘鲁的参与式预算体现了更多的非正式和审议的因素，而且都是由市长在2003年有关法律生效之前发起的[26]。

玻利维亚

在玻利维亚，地方市政当局根据地方的条件，对国家层面制定的制度进行了修改（或抵制），出现极不相同的结果。1994年，玻利维亚总统 Gonzalo Súnchez de Lozada 进行了地方分权的改革，并制定了《公民参与法》（Popular Participation Law）。自那时起，公民参与地方政府预算的做法就是各式各样的了。

尽管有些人认为农村地区的生活水平得到了改善，但绝大多数观察家对该国参与式预算制度的设计和实施却不乏微词[27]。不过，比起公民参与程度的提高，似乎市政当局可支配资金数量的增加要大得多。1993～1997年，玻利维亚对地方政府的转移支付增至原来的3倍，非资本性支出的分配额从1年400万美元大幅增加到1.12亿美元左右（Altman，2003）。此外，玻利维亚2000年还得到了第二期重债穷国援助资金（HIPC II）。

Sánchez de Lozada总统推行《公民参与法》的动机饱受争议。许多分析家认为，除了扩大民主、减少贫困和加快实施20世纪80年代制定的结构调整计划以外，Sánchez de Lozada试图通过策略地设计该国法律以获取政治利益。

第一，他领导的政党对政府各部门的控制是最弱的，而且他担心圣克鲁斯市（Santa Cruz）的精英寻求自治的意愿可能导致国家分裂。基于这个原因，他所推行的参与和地方分权法律重点放在市政管理体制上，而不是在政府部门层面上。Sánchez de Lozada的继任者是Hugo Banzer，他的政党控制了政府各个部门，就改变了这个趋势（Altman，2003）。

第二，Sánchez de Lozada领导下推进的参与式预算原来想打破由左派的工人和农民联盟、精英人物组成的“公民委员会”以及各派政党形成的权力格局，而且与原住民运动组织结成联盟。一方面，他任命一位原住民首领为副总统；另一方面，《公民参与法》只赋予地区性组织享有市政规划和预算的参与权，这些地区性组织原本就是农村的传统原住民组织和农民社团组织，以及城市的社区协会。这些地区性组织可以按照惯例选举产生监督委员会，对各个市政当局的预算执行情况进行监督。因此，《公民参与法》没有使工农联盟和公民委员会成为市议会政党代表的竞争对手。

这样，主要的工会联盟［Evo Morales领导的玻利维亚工人联合会（Bolivian Labor Central，简称COB）、Felipe Quispe领导的玻利维亚农工联合会（United Union Confederation of Bolivian Peasant Workers，简称CSUTCB）］、公民委员会、部门精英和反对党都反对《公民参与法》（Altman，2003）。工会组织将这个法律称为令人诅咒的法律（ley maldita)，并且号召原住民农民不参与（他们的号召并非总是引起人们的注意。WBI，2004b）。

《公民参与法》看来只在传统组织势力强大的小型同族原住民社区最有效。在许多城市，该法律的反对势力采取各种方式阻挠、推迟执行，甚至破坏新的参与式预算制度。在该法律生效的第一年，地方的执政党精英利用该法律来实现自己的目的，例如不通过参与的程序，而是采取自上而下的方式指定监督委员会的成员；有时候成立虚假的地区性组织，而不是与已有的地区性组织合作。尽管该法律规定，市政府应当定期举办讨论会和咨询活动，以了解社区的需求，但是，327个城市的市政当局都没有系统和民主地这么去做。在农村地区，“协商文化不是被排除在政治制度行为模式之外，就是被排除在社会运动模式之外，各个政党依然维持专制统治的特点”（WBI，2002，12）。城市地区的参与情况更糟糕，不是该法律被拖延执行，就是协商过程的结果早被确定好了。（Bartholdson、Rudqvist 和 Widmark，2002，28）。政党采用传统的裙带主义策略“区分原住民和地方社区成员”：“特别是在玻利维亚低地地区，市政当局都由城市中心的精英所控制，农村原住民的需求就被边缘化了。”

对新的表面上的参与式制度的政治操纵对公民参与市政预算实践有着负面影响。在许多城市，地区性组织和监督委员会在将社区需求传递进入预算和监督预算执行减少腐败方面几乎无所作为或是毫无效率（Altman，2003；Bartholdson，Rudqvist 和 Widmark，2002；Krekeler、Quezad 和 Rea，2003）。社区成员直接参与预算的渠道似乎很缺乏，地区组织的代表性也受到了质疑。根据 Krekeler、Quezada 和 Rea（2003，25）的研究，年度预算过程“往往沦为各个邻里和社区的需求清单。这些清单由各个邻里社团或地区性组织的主席表达。因为地区性组织领导人不会与居民商量，与之相反，他们优先使用自己的个人准则进行判断，所以通常情况下与大部分居民的要求不一致”。

不过，《公民参与法》至少有一个方面似乎很明确地提高了民主。在一个主要由原住民组成但是又长久以来一直排斥这一多数群体的拉丁美洲国家，该法增加了原住民市长、市政议员和国家代表的数量。但具有讽刺意味的是，虽然 Sánchez de Lozada 把《公民参与法》当作一种赢得原住民支持的方法，原住民联盟领袖却指责该法没有使大多数人受益，最后使用其力量来迫使 Sánchez de Lozada 下台。

危地马拉

在危地马拉，伴随分权和参与法律的实施而产生的政治争议较少。这项改革与 20 世纪 90 年代一致达成通过的和平进程有关，并受到国际组织的强烈鼓励[28]。

尽管具有这些优点，在 5 个被研究的国家中，危地马拉的参与式预算可能是最不成功的。根据世界银行学院的一项研究（2004a，56），“社区参与城市预算的概念……只是一种作为措施的论述，而不是一种过程”。这一观点受到了其他研究的支持。这些研究发现，城市发展委员会“被创造出来主要是为了履行行政管理责任，而不是作为参与式论坛”，它们很少能克服“正式范围”（Puente Alcaraz 和 Linares López，2004，249）。一些问题阻碍了危地马拉参与式预算的有效运作，这些问题始于明显缺乏国家领导人的真正承诺，他们很大程度上似乎只是迫于国际组织的压力而采用了参与法律。

虽然财政分权程度近年来持续增加，但由于国家拨款不透明以及沉重的负债，危地马拉地方政府依然很穷。自从 2000 年以来，由于第二期重债穷国资金的支持，转移支付已经增加。由上级任命领导人的政府部门得到了最大份额的投资基金；他们可以，而且也经常从当选市长来自不同政党的城市截留资金（Puente Alcaraz 和 Linares López，2004）。市长必须编制三个独立的预算才能获得公共投资转移支付，政治标准决定了这两种转移支付资源的资金分配（Miños Chavez，2001）。除了缺乏足够的资金，市政府通常缺乏合格人才，这两个因素破坏了参与式预算过程（Centro Pluricultural para la Democracia，2005）。观察者已经注意到社区和城市发展委员会对公民参与缺乏兴趣，CSO 要么缺失，要么不愿意合作（Centro Pluricultural para la Democracia，2005）。

一项研究认为，危地马拉公民参与的脆弱和分散的性质源于“独裁特点的残余、内部武装冲突以及鼓励个人主义和社会雾化的政策引进和应用”（WBI，2004e，3）。

也许危地马拉参与式预算的广泛失败最重要的原因是缺乏致力于与公民分享权力的市长。自 1999 年以来，有三分之一至几乎一半比例的市长属于危地马拉共和党阵线、前军事独裁者 Efraín Rios Montt 的党派，他们没有人致力于参与式理想。虽然社区和城市发展委员会并非形同虚设，但却是由市长根据政治需要塑造。而社区委员会不是由公开的公共会议选出的代表组成，虽然理应如此，城市发展委员会只向市长召集的部门代表开放（WBI，n. d. -a）。市长来自当地无党派公民委员会的城市（通常是由原住民领袖领导）往往更加致力于参与式预算。一个显著的案例是 2000 ~ 2003 年的危地马拉四大城市之一——格查德南哥市（Selee，2004）。这些公民委员会在 2003 年赢得了 25 个市的选举（尽管后来传统的政党又夺回格查德南哥市），不到全国城市总数的 10%，1999 年他们赢得了相同数量的城市。危地马拉参与式预算的进一步成功可能部分取决于公民委员会是否可以在更多城市受到欢迎。

尼加拉瓜

乍一看，20 世纪 90 年代末的尼加拉瓜似乎是引入参与式预算改革的幸运舞台[29]。一个左翼政党夸张地承诺参与民主以及与社会组织联盟的历史，国家解放桑地诺阵线（FSLN）控制了三分之一的城市。新总统 Arnoldo Alemán 曾经是该国首都的市长，国际机构在米奇飓风之后承诺了大笔援助，2000 年的第二期重债穷国资金紧随其后。一定程度建立在 20 世纪 80 年代末的 FSLN 市政自治法律上，并受到国际捐赠者的资助，Alemán 于 1997 年、2000 年和 2001 年进一步引入分权和参与改革。法律强制地方政府通过市政厅会议以及社区和城市发展委员会与公民协商预算过程。在实践中，主要的政治参与者会不会分享决策权的意愿、透明地使用国际基金以及实施改革都值得让人怀疑[30]。

甚至一些同情的观察家们并不认为 FSLN 会根据其他左翼拉丁美洲政党的路线进行改革。学者们强调，FSLN 具有继续指派和控制社会运动联盟以及关闭反对意见空间而不是促进有意义的参与过程的倾向（Hoyt，1997；LaRamee 和 Polakoff，1999）。

旨在加强市政府，且 FSLN 同意将其作为治理协议的一部分的法律改革，也面临着很多问题。一是它们包含加强 FSLN 和 Aleman 的自由联盟两党制统治的措施；另一个是改革缺乏充足的资源。1997～2003 年，中央政府对地方政府的转移支付占到了中央政府预算的 1%。2004 年，转移支付占比上升到 4%，且部分按照国家经济表现，未来 6 年每年应该增加 1 个百分点（Pineda Gadea，2003 年）。还不清楚这些渐进的增长是否足够。尼加拉瓜地方政府资金大大不足，有些城市政府在 2003 年从中央转移支付获得的资金甚至不到 9000 美元，许多被迫破产（Grigsby，2003）。再者，中央转移支付基于政治标准有失偏颇，例如该国投资基金通过单独的政府实体——尼加拉瓜市政促进研究所分配（Grigsby，2003；Howard，2002；Ortega Hegg，2001）。

政治多极化气候和市政官僚主义的脆弱阻碍了参与式预算的实施。和危地马拉一样，在尼加拉瓜，参与式预算未能取得成功的原因是多样的。虽然法律要求参与似乎是值得的，"在实践中，市政厅会议的出勤率和对话不能持续且规模也不是很大，就像其他既定程序的使用一样"（Pineda Gadea，2003，17）。开放的市政厅会议出勤率一向不高，秩序混乱且往往徒劳无获（Ortega Hegg，2003）。发展委员由市长召集，往往具有排外倾向，只支持市长的社会联盟（Howard，2002）。

秘　鲁

尽管秘鲁的许多地方政府在 2003 年通过国家法律前就已实行参与式预算改革，但即使作为国策，参与式预算在该国仍然处于初级阶段。这些法律迫使所有地区、省和地方政府负有责任，通过组织协调委员会和公众集会促进公民参与当地发展规划和预算的制定、辩论和"合作协调”（或协议）。

秘鲁充分借鉴了本章调查的其他国家自上而下的参与式预算管理模式，法律设计者也考虑了地方政府的经验。这可能是由于执政党秘鲁可能党的一些成员来自左翼联盟，历史上他们曾在 Alberto Fujimori 时代的集权独裁统治以前的 20 世纪 80 年代参加市政参与项目[31]。渴望作为民主化的一部分获得分权的愿望出现在反对 Fujimori 的党代表和 CSO 中，同时分权也获得了美国国际开发署等国际机构的支持。因此，大多数分权改革双方同意一致通过。然而，相关的公民参与法律受到许多国会议员的质疑，差点没有获得通过（Chirinos Segura，2004）。这也不足为奇，因为，作为参与式预算的保守派的回应，许多传统政党，特别是人民党（国会第二大党），认为公民参与计划和预算委员会破坏了代议制民主制度。人民党在地方层级上拥有最大份额的权利，控制 25 个地区中的近一半地区。面对反对，政府在 2003 年中通过了一项妥协的混合议案，给予地方政府 60% 的国会席位。

参与式预算的头两年没有成功地促进参与、透明度、有效的规划或改进公共基础设施和服务提供（Chirinos Segura，2004；Díaz Palacios，2004；Monge，2004；Ricci López 和 Bravo，2004）。包括设计问题、来自反对党的阻力和操纵、资源不足和公民社会缺乏主动性等一系列因素损害了参与式预算的实施。

与玻利维亚不同，在秘鲁，所有合法注册且至少存在 4 年以上的社会组织（不只是地区性组织）才可以参加地区和地方议会选举，协调发展规划和预算。限制旨在避免自上而下的虚假型组织创立。在实践中，很多被排除在外的穷人组织缺少法律地位。公民社会代表持有协调委员会 40% 的席位以及业务代表三分之一的提名，减少了穷人的参与。

参与法律与经济与财政部的允许个人参与和减少协调委员会重要性的指导方针相抵触。这种矛盾造成混乱，和其他在全国范围内实行参与式预算的国家一样，许多地方和地区的领导人选择无视这些法律。

到 2004 年年中，1821 个区级市中大约有三分之一创设了地方协调委员会（Díaz Palacios，2004）。在对超过 30 省和区参与式预算经验的研究中，Díaz Palacios（2004，233～234）发现，虽然法律不允许地方协调委员会扮演负责市政规划和预算的角色，市长似乎“出于正式理由更多地遵循制定地方协调委员会的意志，而不是民主信念”，Chirinos Segura（2004）则声明，国会必须通过额外的法律，从而迫使地方政府建立他们的协调委员会，即使建立了也很少召开会议。在一些案例中，他们被召集，但通常无法达到法定人数。而协调委员会选举从来没有进行过或非常不民主（Chirinos Segura，2004；Díaz Palacios，2004；Ventura Egoávil，2003）。在地方选举过程中，市长或区域总统经常邀请特定组织参与集会，从而选出代表。另一个极端是，许多地方政府忽略合法注册和存在 3 年以上的规则，从而让更多的社会组织参加。

即使市长致力于参与式预算，试图避开国家法律的限制，问题仍然存在。地方政府仍然依赖不可靠和小气的中央政府的转移支付；而 CSOs 软弱而分散，对制度化参与没什么兴趣；很少传播关于最近法律的信息。在秘鲁，市级政府有权创设地方税，但只有那些较大且富裕的城市有能力这样做。总的来说，这些城市依靠转移支付，这占到了 2004 年中央政府预算的约 4%，此后持续上升（Schneider 和 Zuniga－Hamlin，2005）。然而，2000 个市的市级预算中，自有资金比例也很低。下面调查的 6 个城市中，其中的 4 个人均投资预算从人均 4 美元至 13 美元不等。另外，为了接受投资基金转移支付，市政当局不得不严格遵守却很少公开由国家经济和财政部设定的预算规则。许多地区和地方政府由于未能遵守这些规则，不得不将收入返还中央政府（Monge，2004）。

同时，公民参与的兴趣似乎有所下降。根据 Chirinos Segura（2004，200）所称，在“后 Fujimori Peru 时代，公民对参与的需求已经跌至近代历史的最低水平”。据 Díaz Palacios（2004）称，秘鲁公民没有很好地组织起来，组织缺乏正式结构，组织也不具有代表性、不合格且分散。

秘鲁的一个亮点是，经济和财政部每年修订参与式预算规则，似乎是为了回应各地制定原始法律的市长、州长和 CSO 的批评。例如，在 2004 年，市级支出标准放松，市长不需要再被迫分配 70% 的资金用于资本支出。2005 年的变化似乎已经纠正了其他制度设计问题（Sánchez Velarde，2005）。新的规则更像是指导方针，而不是法律规范，从而允许地方作出调整。他们强调，协调委员会同意的预算应该受到市政当局的尊重；多年发展规划和年度预算之间的联系，以及地区和地方协调委员会之间的联系应更清楚地建立；赋予协调委员会在组织参与式预算过程中更大的权力。也许最重要的一点是，2005 年的指导方针强调了参与式预算过程向所有想参与的人开放以及参与组织必须与其成员讨论预算优先权。

地方案例研究

虽然各国的结果似乎没有预期的乐观，但其中却有着许多非常成功的地方案例。其中一个成功的案例，是在秘鲁伊洛城和维拉萨尔瓦多市，当地自发组织参与，左翼政党掌握权力，高度组织公民社团，且地方参与活跃。其他地区，如玻利维亚的库纳瓦拉—德卡兰加斯（Curahuara de Carangas）和秘鲁华卡拉（Huaccana），更令人惊讶。在库纳瓦拉—德卡兰加斯市，与世隔绝和极端贫穷的安第斯山高地艾马拉村，参与式预算不仅恢复了传统当地组织，也帮助他们更加包容女性，更多地参与广阔的本土运动，更注重长期可持续发展。在另一个乡村小镇华卡拉，本土运动光辉道路破坏了传统习俗，分裂了社区。尽管资源很有限，盖丘亚族市长仍然激发出和实现了高水平的参与式预算，重振公民团体，为穷人利益分配公共工程和项目。

本章比较了 14 个城市的参与式预算，试图找出怎样的前提条件组合、制度设计和政治竞争才能产生这样的成功经验。考虑到个案研究数据的精度，这些归类必然是粗糙的。

所有城市几乎都存在公共服务缺失问题，甚至连水、电等基本公共服务都短缺。在农村地区更加明显。各市资本支出可用资源差异巨大，从人均5美元至50美元不等。

各国城市由形形色色的政党进行管理，从意识形态驱动的左翼政党，尤其是秘鲁的左翼联盟，到尼加拉瓜右翼自由党。传统上强大的政党或精英的反对程度从无（通常是在乡村）到相对较强，尤其是那些受当地领袖重新掌权所鼓舞的古老民族分支。

成功的参与式预算出现在各种条件下（见表3-1）。即使资源非常有限，反对党的反对相对较强，外部NGOs几乎没有起到作用的情况下，参与式预算也可能十分成功。当具有合理的高水平资源、软弱的反对、高水平的社会资本、很强的NGO存在以及具有左翼联盟背景的本地市长时，这种条件对参与式预算的成功特别有利。社会资本水平的分类基于公民团体的数量，而不论他们是相互合作还是从事裙带主义交易。华卡拉被认为具有"弱+"水平的社会资本，因为有一些公民团体进行了若干年的游击战争，也因此一些土地被公有化，创造了信任和合作。塔拉武科（Tarabuco）和利马坦博（Limatambo）被评为"中等+"而不是"高"，因为虽然各有悠久的农民组织历史，但本土农民和非本土人口之间存在更长时间的传统仇恨。

秘鲁的高成功率与危地马拉的相对缺乏成功形成鲜明对比。虽然这些案例都只能说明而不构成代表性样本，这种差异可能来自两个相关的问题。最成功的秘鲁经验来自于当地自发组织公民参与（除了华卡拉，秘鲁关怀（Care-Peru）选择该镇作为试点项目，乐施会和国际发展部门提供支持）。全国参与式预算法律通过之前，这些工作便已经开始。相比之下，危地马拉遵循国家法律的经验只是从2003年开始。

表3-2列出了有助成功的制度设计和各类措施的关键因素。结构形式是指，参与式预算过程对公民的开放程度，以及能授予现存组织和地方政府特权的多少。这两个案例均依赖于现有的组织和政府的正式结构。这个案例被评为"正式-"，还包括个人参与的空间[32]。

表 3－1　玻利维亚、危地马拉、尼加拉瓜和秘鲁案例研究的特点

	成功级别/地点	人口	种族划分	财政资源水平	执政党	反对党	社会资本水平	NGO 的存在
	高度成功							
玻利维亚	库纳瓦拉德卡兰加斯	5937	艾马拉人	高	本土	无	强	非常强[a]
秘　鲁	华卡拉	11289	盖丘亚族	低	本土	无	弱＋	非常强[a]
秘　鲁	伊洛	60053	混合	高	左翼	弱	强	弱
秘　鲁	利马坦博	9264	盖丘亚族	低	本土/左翼	中等＋	中等＋	无
秘　鲁	圣多明戈	10209	盖丘亚族/混合	中等	农民工会	无	强	强
秘　鲁	维拉萨尔瓦多	344657	混合	非常低	左翼	弱	强	强
	中度成功							
玻利维亚	埃尔阿尔托	632372	艾马拉人/混合	中等?	中立	中等	中等	弱
玻利维亚	塔拉武科	20000	盖丘亚族	中等	农民工会	强	中等＋	中等
尼加拉瓜	埃斯特利	110000	混合	低	左翼	弱	中等	强
尼加拉瓜	圣托马斯	19778	混合	低	右翼	弱?	弱	弱
秘　鲁	英迪朋登西亚	210807	混合	非常低	中立	弱?	中等	弱
	低度成功							
危地马拉	拉乌尼翁	24213	拉地诺人	低	中立	中等	弱	弱?
危地马拉	帕纳哈切尔	10919	玛雅人/混合	中等	无党派	中等	弱	弱?
尼加拉瓜	格拉纳达	38800	混合	非常低	右翼	弱	弱	强

资料来源：玻利维亚：WBI（2002、2003、2004b、2004c、n. d. －b）；危地马拉：Fundemos（2003）、WBI（2004a、2004d、2004e）；尼加拉瓜：Pineda Gadea（2003、2004）、WBI（2004f、2004g）；秘鲁：Ventura Egoávil（2003、2004a、2004b、2004c、2004d、2004e、2004f）。

注：国际和国内 NGOs 提供了额外的资金和技术援助，鼓励市长实施参与式预算。

表 3－2　　　案例研究城市参与式预算制度设计和措施获得成功的关键因素

国家/城市	结构形式	决策权力	参与率	服务扩展/再分配	透明度
玻利维亚					
库纳瓦拉德卡兰加斯（Curahuara de Carangas）	正式 －	高	高	高	高
埃尔阿尔托（El Alto）	正式 －	中等	高	部分	有改进
塔拉武科（Tarabuco）	正式	中等	高	部分	低
危地马拉					
拉乌尼翁（La Union）	非正式	中等	低？	部分	有改进
帕纳哈切尔（Panajachel）	正式 －	中等	低？	部分	有改进
尼加拉瓜					
埃斯特利（EstelÍ）	正式 －	中等	高	部分	有改进
格拉纳达（Nandaime）	正式	低	低/中等？	低	低
圣托马斯（Santo Tomás）	正式 －	中等	高？	部分	有改进
秘鲁					
华卡拉（Huaccana）	非正式	高	非常高	高	高
伊洛（Ilo）	非正式	高	非常高	高	高
英迪朋登西亚（Independencia）	正式 －	高	中等	部分	有改进
利马坦博（Limatambo）	非正式	高	高	高	高
圣多明戈（Santo Domingo）	正式 －	高	高	高	高
维拉萨尔瓦多（Villa El Salvador）	非正式	中等	非常高	高	高

资料来源：玻利维亚：WBI（2002、2003、2004b、2004c、n. d. －b）；危地马拉：Fundemos（2003），WBI（2004a、2004d、2004e）；尼加拉瓜：Pineda Gadea（2003、2004），WBI（2004f、2004g）；秘鲁：Ventura Egoávil（2003、2004a、2004b、2004c、2004d、2004e、2004f）。

评为“非正式”的城市具有开放的公共过程，在这个过程中原有团体并没有特权。决策权力涉及：参与者是否能辩论和决定优先支出项目过程，有多少预算受这些决定的影响，决策机关是否尊重这些决定。参与率包括参与个体数量和以代表形式参与的组织数量。

表3-2为参与式预算不太正式且审议更多时结果往往更好的主张提供了一些支持。在两个纯粹的正式参与式预算案例中（玻利维亚的塔拉武科和尼加拉瓜的格拉纳达），缺乏可圈点之处。在塔拉武科，有持续的腐败和裙带主义指控，服务品质没有改善（虽然有些投资用于教育和医疗保健）。在格拉纳达，决定支出分配的标准不透明，极端的城市偏见依然存在。虽然稍微少于一半的人口居住在城市地区，具有较好的基础服务，但这是因为89%的市政投资用于了城市地区。

在秘鲁和玻利维亚库纳瓦拉德卡兰加斯，结构不很正式，但参与者具有很大的决策权，参与率也较高，所以政策更加公平，政府更加透明。即使是秘鲁最繁华的城市（伊洛市）在使用参与式预算时也采用高度公平的再分配标准，分配给大面积贫困地区的投资基金两倍于小面积富裕地区。

这些地方案例研究强化了先决条件、竞争环境和设计特点对于参与式预算的成功非常重要。它也表明，这些因素的特定组合似乎并不是必要的。

结　论

我们可以从这些案例研究中得出结论，但仅仅是初步结论，因为数据的精度、类型和质量在研究中各不相同；案例研究也不是随机选取的；很多经验只持续了一年或两年。尽管如此，关于参与式预算未来发展方向的若干一般性教训和迹象仍是显而易见的。

第一，国家法律强制实行参与式预算在鼓励公民参与、提高财政透明度或地方政府的有效性方面并没有取得广泛的成功。这样的结果部分原因是由于国家法律设计者心里有其他的目标（也可能是附加国家目标之上），部分由于地方阻挠，部分由于地方障碍，包括市长的不情愿和反对党的反对、地方政府较弱的财政和管理能力以及分散、冲突不断的CSOs。

第二，尽管存在这些问题，参与式预算在不同地区还是相当成功，从小型贫困地区、原住民的农村地区到大城市，居民往往具有不同的种族和阶级认识。虽然要谨慎识别充分和必要条件还需要进一步研究，但是我们已经发现成功似乎与以下不同因素的组合有关：

- 市长是当地土生土长，来自左倾党派，或左右倾向兼具。
- 来自当地政治精英的反对力量较弱或不存在。
- 项目资金、技术援助或两者均由国家或国际援助组织提供。
- 城市具有足够的收入，可以大量投资于公共工程或项目。
- 当地公民社团、传统组织或两者均具有参与和合作传统，并且未受到游击战争和裙带政治的破坏。

第三，即使参与式预算在一定程度上获得成功，它也不会显著减少贫困（特别是收入贫困）。为减少贫困的发生，最初设想的参与式预算基本原则（透明度、直接参与和向穷人再分配）不仅需要应用在国家层面政府，更要在与成功案例相似的条件下通过国际政策制定机构向地方政府推广。虽然乍一看，这些条件似乎不可能在不久的将来出现，但当前拉丁美洲的左倾总统潮流、来自世界社会论坛等社会运动组织的民主化压力，以及最近国际金融机构和援助机构的反思走向都呈现积极的迹象。

第四，没有规范的途径能确保参与式预算的成功，因为各个案例都极其不同。参与式预算并不总能实现市场强化，而这正是激进的民主党人所希望的而保守党人所恐惧的；也不一定如自由党所希望的而正统左翼政党所恐惧的能隔离市场化改革。巴西内外的亲市场的中间派和右翼政党最近采用参与式预算，挑战参与式预算削弱市场的假设。而很多国家，如玻利维亚、尼加拉瓜和秘鲁反复出现的反私有化抗议也迫切需要地方政府实际参与式预算，以削弱参与式预算会不利于市场机制的假设。

第五，围绕参与式预算的意识形态竞赛将继续开展，并且很有可能持续存在。一方面，某些采用自由方式的国际开发机构正在比以往任何时候更加努力和推动更广泛的参与式预算。各国的开发机构也在不断提倡政府采用参与式预算，阿尔巴尼亚和津巴布韦地方政府正在采用参与式预算。另一方面，参与式预算在最近风头正劲的拉丁美洲左翼政党领导的国家中也有新老冠军。乌拉圭蒙得维的亚前市长 Tabaré Vázquez 用激进的民主方法引入了参与式预算改革，在 2004 年成功当选总统；在执政联盟中至少有一个政党正在努力推动国家参与式预算过程的发展[33]。

在委内瑞拉，地方预算和规划委员会公民引入了“玻利瓦尔”宪法第 184 款、第 168 款和第 184 款（Nunes，2004）。委内瑞拉大部分的规划委员会似乎不能发挥法律预想的作用，可能正以有政治偏见的方式运行（如国家强制地方政府实行参与式预算的许多其他案例）。同时，经过 10 年来的缺失后，参与式预算又回到了委内瑞拉首都卡拉卡苏（Harnecker，2005），Hugo Chávez 最近也开始倡导实行参与式预算制度，这无疑将引起保守的传统政党的抗议。

第六，参与式预算自由方式目前占主导地位：阿雷格里港市激进民主党人的开放式、非正式的审议制度设计似乎已经过时了。在玻利维亚、尼加拉瓜和秘鲁，具有自由主义观点的政党已经实施了更多的按规定的正式咨询制度设计，与原有的 CSO 合作。这种趋势在巴西更为明显，一些人原本希望总统 Luiz Inácio da Silva 执行国家级参与式预算。相反，Silva 的主要参与努力是一连串的制订多年联邦预算的会议。2003 年巴西 27 个州召开联邦预算会议。政府同时邀请了 70 个 NGOs 参与每个会议。这个过程，连同 Silva 政府，受到了巴西最大的 NGO 联盟的批评，认为他们没有为公民参与提供开放和审议的空间[34]。

在阿雷格里港市，工人党在取得四连胜后，输掉了 2004 年市政选举。尽管新市长答应继续实行参与式预算，但他的管理似乎已不再强调这一方面。不像他的前任，他没有出席参与式预算集会，然后他宣布了一项以政府与 CSO 为基础的名叫团结型地方治理的新模式。政治协商和地方治理委员会秘书长指出，“地方治理是一个非审议执行论坛，它是一个旨在创造联合责任协定的清晰网络。在这个空间里，没有争议，没有投票，也没有代表”（CIDADE，2005，1）。

最后，为了提高未来地方政府参与式预算的成功几率，其原有原则应当适用于更高层级的国家及国际治理。即使在用参与式预算成功地改善当地服务提供的少数城市，低收入和高失业率依然是严重的问题。在阿雷格里港市等参与式预算传统历史悠久的城市，也不可幸免。最早和最深刻的参与式预算观察家 Sérgio Baierle 通过比较阿雷格里港市 1981 ~ 1985 年与 1995 ~ 1999 年的变化（参与式预算实施之前。Baierle，2003）。除教育和医疗保健得到改善，阿雷格里港市失业率骤升 78%，贫困人口的数量激增了近 20%，收入不平等也增加了 16%。地方参与式预算也并非不受国家经济政策的影响。Baierle（2003，303 ~304）强调说："不可能避免在联邦政府层面宏观政治调整的后果。无论公共部门在地方级别的斗争多么激烈……城市控制的仍然只是全国公共预算的非常小的一部分。"

在拥有大数额资金的前提下运用参与式预算透明度、参与和再分配的决策氛围三原则，可能对鼓励地方政府参与式预算努力有两个积极影响。第一，它可以产生更普遍、更平等的社会政策，强化地方社会资本和允许贫穷国家公民思考除了下一顿饭以外的问题。第二，它可以使市长和公民确信，参与式预算确实与这些原则有关，而不仅仅是一个有政治动机的花招，也许值得一试。

本章注释

①较小的数包括了地方政府开始正式实施参与式预算的城市；较大的数字包括了所有国家法律要求地方政府咨询 CSO 关于预算优先考虑问题的城市。这些地区包括玻利维亚的 327 个城市、尼加拉瓜的 153 个城市以及秘鲁的 1821 个区、194 省和 25 个地区。

②这个构思源自联合国人居署（2004）的定义。

③两党都在 1989 年当选，1990 年开始实施参与式计划。关于两个委内瑞拉案例的比较见 Maya López（1999）。阿雷格里港市和蒙得维的亚市的比较见 Miños Chavez（2004b）。卡拉卡苏市、蒙得维的亚市和阿雷格里港市的比较见 Goldfrank（2001、2002 和 2005）。秘鲁联合左翼在 20 世纪 80 年代中期和末期实施了类似的

参与式计划（Schönwälder，2002）。

④在巴西，参与式预算从1989～1992年的12个城市逐步扩展到1993～1996年的36个，1997～2000年的140个，2001～2004年的约300个。这个数字只能与工人党市长数字增长勉强对应（1989～1992年36个，1993～1996年53个，1997～2000年115个，2001～2004年187个）。

⑤最彻底的左翼反思见Roberts（1998）。

⑥ Ruckert（2005年）宣称，国际开发机构推动参与式计划，通过合作选举“反霸权”理念保卫“新自由霸权”。

⑦其他工人党领袖还将地方级别参与式民主和参与式预算与社会主义联系起来（Daniel等，2002）。

⑧这个观点由统一社会主义工人党以及巴西一些少数工人政党集团推动，在一些安第斯国家由Felipe Quispe等几个关键的农民和工人领袖领导。关于这个方法的例子见Fontana和Flores（2001）。Quispe对玻利维亚《大众参与法》的观点见Altman（2003）。

⑨见联合国人居署（2004）、联合国人居署和透明国际组织（2004），美国国际开发署Schneider（2004）以及泛美开发银行Drosdoff（2000）。

⑩良好制度的概念与有效的国家制度有关。1997年《世界发展报告》指出，20世纪80年代和90年代的结构改革是“对政府的过分拒绝和否定……没有有效国家支持的发展是不可能的”（世界银行，1996，25）。

⑪联合国人居署大力审查20世纪八九十年代的结构调整项目，“国家的撤退”是一个例外（联合国人居署，2003）。

⑫阿雷格里港市对参与式预算的协同攻击直到20世纪90年代后期才发生，参与式预算在州级水平采用后，受到更大的批评（Goldfrank和Schneider，2006）。

这里总结的争论细节，见Goldfrank（2002）、Nylen（2003）以及Goldfrank和Schneider（2006）的引用来源。

⑬空间不容许在这里引用所有参与式预算相关文献。葡萄牙语文献数量尤为巨大。巴西参与式预算文献综述，见Souza（2001年）。工人党使用参与式预算的地方政府概要研究，见Baiocchi（2003）。

⑭见Cabannes（2004）、Minos Chavez（2001）和联合国人居署（2004）。在我看来，Chirinos Segura（2004）关于秘鲁参与式预算经验的探讨提供了影响参与过程最重要因素的最好概念。

⑮联合国人居署（2004）的指导说明了不建议实施参与式预算的条件。

⑯许多学者引用了参与式预算有时产生的行政和立法部门之间的冲突；Wample（2004）专门研究了这个冲突。秘鲁公民参与项目观察家指出秘鲁参与项目同样具有非中性特征，有可能受到现有当权派的反对（Segura Chirinos，2004）。

⑰ Chirinos Segura（2004）对全国性立法参与计划进行了类似分析。他认为，自上而下模式最常见的问题就是低层级政府倾向于产生抵抗，因为他们的权力将被削弱。

⑱除非另有注明，对国别和地方案例的研究是基于以下资料来源：

玻利维亚：WBI（2002、2003、2004b、2004c、n. d. - b）；

危地马拉：Fundemos（2003）、WBI（2004a、2004d、2004e）；

尼加拉瓜：Pineda Gadea（2003、2004），WBI（2004f、2004g）；

秘鲁：Egoavil（2003、2004a、2004b、2004c、2004d、2004e、2004f）。

对巴西的讨论基于上述文献引用以及 Villas - Boas（2003）和我自己各种场合的研究领域（1997 ~ 2005）。

⑲如果玻利维亚任何一方政党都没有赢得绝对多数的选票，则由市政委员会在选择得票数前两名的政党中作出选择，过程与选举国家行政长官规则类似。

⑳在巴西，一个值得让人注意的例外是圣安德烈市。

㉑在贝洛奥里藏特市以及其他一些巴西城市，个人参与和组织参与是相结合的。

㉒圣安德鲁市和伊卡普伊市是例外。他们都有市政法规管理参与式预算。

㉓ Cabannes 发现审议型公民参与案例在巴西比别的国家多。

㉔在巴西圣安德鲁市，一半的参与式预算委员会成员来自市政部门，受市长领导。

㉕一些地方政府也这样做，公民参与的结果也同样令人失望（Peterson，1997）。

㉖更一般的，Chirinos Segura（2004）认为，秘鲁最成功的公民参与经验是由地方政府设计并实施的。

㉗ Bartholdson、Rudqvist 和 Widmark（2002，47）声称，“关于贫困和排斥问题没有真正的进展，而且继续像以前一样普遍存在。”关于《公民参与法》的优秀客观文献综述以及有趣的原始研究，见 Altman（2003）。

㉘广泛参与者的意见对于和平进程十分重要，但是玛雅组织抱怨被排除在外

(Warren, 1998)。

㉙作者感谢 Yann Kerevel 为本节提供的若干资源。

㉚总统 Alemán 担任马那瓜市长时有腐败行为。2003 年，他侵吞了国家超过 1 亿美元的资金，另外还被判犯有洗钱罪和挪用资金以及其他费用的罪名。尼加拉瓜的反腐败斗争，见网站（http：//www. globalintegrity. org/2004/country. aspx? cc = ni&act = notebook)。

㉛例如，Henry Pease García 在 20 世纪 80 年代的利马联合左翼中很活跃，成为秘鲁可能党主席和参与式预算的有力支持者。

㉜一个例外是库纳瓦拉德卡兰加斯，其参与结构基于原有的 10 个当地机构（ayllus）和一个社区协会，包括中央村的所有人。这些组织覆盖当地全部人口，因此具有代表性，因而和其他城市的组织不同。

㉝对国家参与式预算提案的讨论见 Miños Chavez（2004a）。

㉞例子见 IBASE 协调员的批判（Dantas，2004）以及 Goldfrank 和 Schneider 对 NGOs 反应的总结（2006）。

本章参考文献

Abers, Rebecca. 1996. "From Ideas to Practice: The Partido dos Trabalhadores and Participatory Governance inBrazil." *Latin American Perspectives* 91 (23): 35—53.

——. 2000. *Inventing Local Democracy*. Boulder, CO: Lynne Rienner.

Ackerman, John. 2004. "Co – Governance for Accountability: Beyond 'Exit' and 'Voice'." *World Development* 32 (3): 447—463.

Altman, David, with Rickard Lalander. 2003. "Bolivia's Popular Participation Law: An Undemocratic Democratisation Process?" In *Decentralisation and Democratic Governance: Experiences from India, Bolivia and South Africa*, ed. Axel Hadenius. Stockholm: Expert Group on Development Issues.

Avritzer, Leonardo. 2002. "New Public Spheres in Brazil: Local Democracy and Deliberative Politics." http://www. democraciaparticipativa. org/files/Leonardo Avritzer – NewPublic – SpheresinBrazil. pdf.

Baierle, Sérgio. 1998. "The Explosion of Experience: The Emergence of a New

Political Ethical Principle in Popular Movements in Porto Alegre, Brazil. " In *Cultures of Politics, Politics of Cultures: Revisioning Latin American Social Movements*, ed. Sonia Alvarez, Evelina Dagnino, and Arturo Escobar. Boulder, CO: Westview.

——. 2003. "The Porto Alegre Thermidor? Brazil's 'Participatory Budget' at the Crossroads. " *Socialist Register* 300—322.

Baiocchi, Gianpaolo. 2001a. "Brazilian Cities in the Nineties and Beyond: New Urban Dystopias and Utopias. " *Socialism and Democracy* 30 (2): 43—63.

——. 2001b. " Participation, Activism, and Politics: The Porto Alegre Experiment and Deliberative Democratic Theory. " *Politics and Society* 29 (1): 43—72.

——. 2002. "Synergizing Civil Society: State - Civil Society Regimes in Porto Alegre, Brazil. " *Political Power and Social Theory* 15: 3—86.

——, ed. 2003. *Radicals in Power: The Workers' Party (PT) and Experiments in Urban Democracy in Brazil.* New York: Zed Books.

Bartholdson, Örjan, Anders Rudqvist, and Charlotta Widmark. 2002. "Popular Participation in Bolivia, Colombia and Peru: A Synthesis of Three Studies. " Stockholm: Swedish International Development Cooperation Agency. www. kus. uu. se/SAdelstudie. pdf.

Cabannes, Yves. 2004. "Participatory Budgeting: A Significant Contribution to Participatory Democracy. " *Environment and Urbanization* 16 (1): 27—46.

Campbell, Tim. 2003. *The Quiet Revolution: Decentralization and the Rise of Political Participation in Latin American Cities.* Pittsburgh, PA: University of Pittsburgh Press.

Centro Pluricultural para la Democracia. 2005. " Presupuesto participativo: Reflexiones y propuestas en el ámbitoz municipal. " *Quetzaltenago* (March). www. cpdguatemala. org/DoctoPresupuesto Participativo. pdf.

Chaves Teixeira, Ana Claudia. n. d. "O orçamento participativo em pequenos municípios rurais: Contextos, condições de implementação e formatos de experiência. " http: //www. democraciapart icipativa. org/files/AnaClaudiaOor% E7amentoparticipativoempequenosmunic% EDpiosrurais. pdf.

Chirinos Segura, Luis. 2004. "Participación ciudadana en gobiernos regionales:

El caso de los consejos de coordinación regional. " In *La participación ciudadana y la construcción de la democracia en América Latina*, ed. Grupo Propuesta Ciudadana. Lima: Ser, Consode, Oxfam, Grupo Propuesta Ciudadana, Participa Peru, DFID, EED, and USAID - Peru.

CIDADE (Centro de Assessoria e Estudos Urbanos). 2005. "¿Como fica o orçamento participativo com a governança solidária local (GSL)?" *Boletim CIDADE* 5 (14). www. ongCidade. org/site/ arquivos/boletim/ 14425eb1c905068. pdf.

Daniel, Celso, Marina Silva, Miguel Rossetto, and Ladislau Dowbor. 2002. *Poder local e socialismo.* São Paulo: Fundação Perseu Abramo.

Dantas, Iracema. 2004. "Brasil: Laboratorio de participación ciudadana. " In *La participación ciudadana y la construcción de la democracia en América Latina*, ed. Grupo Propuesta Ciudadana. Lima: Ser, Consode, Oxfam, Grupo Propuesta Ciudadana, Participa Peru, DFID, EED, and USAID - Peru.

Díaz Palacios, Julio. 2004. " Los consejos de coordinación local. " In *La participación ciudadanay la construcción de la democracia en América Latina*, ed. Grupo Propuesta Ciudadana. Lima: Ser, Consode, Oxfam, Grupo Propuesta Ciudadana, Participa Peru, DFID, EED, and USAID - Peru.

Drosdoff, Daniel. 2000. "From the Ballot Box to the Ledger Sheet. " IDB - América January - February. http: //www. iadb. org/IDBAMERICA/Archive/stories/2000/eng/JAN00E/e200e1. htm.

Dutra, Olívio. 2002. "El presupuesto participativo y la cuestión del socialismo. " www. cta. org. ar/docs/prespart/PPysocialismo. doc.

Evans, Peter. 2004. " Development as Institutional Change: The Pitfalls of Monocropping and the Potentials of Deliberation. " *Studies in Comparative International Development* 38 (4): 30—52.

Fedozzi, Luciano. 1997. *Orçamento participativo: Reflexões sobre a experiência de Porto Alegre.* Porto Alegre and Rio de Janeiro: FASE/IPPUR/Tomo.

Fontana, Mariúcha, and Júlio Flores. 2001. " Presupuesto participativo: En los límites del orden burgués. " *Revista Marxismo Vivo* 4 (December).

Fundemos (Fondo de Desarrollo Democrático). 2003. " Sistematización de la metodología: Participación ciudadana para el control presupuestal. " Fundemos, Centro

Canadiense de Estudios y Cooperación Internal and Agencia Canadiense para el Desarrollo Internacional, Guatemala City.

Fung, Archon, and Erik Olin Wright. 2001. "Deepening Democracy: Innovations in Empowered Participatory Governance. *Politics and Society* 29 (1): 5—41.

Genro, Tarso, and Ubiratan de Souza. 1997. *OrÇamento participativo: A experiência de Porto Alegre*, 2nd ed. São Paulo: Fundaçao Perseu Abramo.

Goldfrank, Benjamin. 2001. "Deepening Democracy through Citizen Participation? A Comparative Analysis of Three Cities." Paper presented at the annual meeting of the American Political Science Association, San Francisco, August.

——. 2002. "Urban Experiments in Citizen Participation: Deepening Democracy in Latin America." Ph. D. dissertation, University of California, Department of Political Science, Berkeley.

——. 2005. "The Politics of Deepening Local Democracy: Decentralization, Party Institutionalization, and Participation." Paper presented at the annual meeting of the Midwest Political Science Association, Chicago, April.

Goldfrank, Benjamin, and Aaron Schneider. 2006. "Competitive Institution Building: The PT and Participatory Budgeting in Rio Grande do Sul." *Latin American Politics and Society* 48 (3): 1—31.

Grigsby, William. 2003. "The Bankruptcy of Municipal Governments and the Swindle of Municipal Autonomy." *Envío* 264 (July). www. envio. org. ni/articulo/2103.

Harnecker, Marta. 2005. "Presupuesto participativo en Caracas: La experiencia del Gol." Caracas: La Burbuja and Alcaldía de Caracas. www. rebelion. org/docs/14418. pdf.

Howard, Joanna. 2002. "Write - Ups on Estelí's Participatory Planning Initiative." Paper presented at the Logo Link International Workshop in Participatory Planning: Approaches for Local Governance, Bandung, Indonesia, January 20—27.

Hoyt, Katherine. 1997. *The Many Faces of Sandinista Democracy*. Ohio University Center for International Studies, Athens, OH.

Krekeler, Jorge, David Quezada, and Oscar Rea. 2003. "Planificación participativa municipal: Apuntes sobre el contexto Boliviano." In *Memoria del Seminario Internacional: Presupuestos participativos en el contexto boliviano*, ed. Red Nacional de Participación Ciudadana y Control Social. Quito: UN – Habitat.

LaRamée, Pierre, and Erica Polakoff. 1999. "The Evolution of the Popular Organizations in Nicaragua." In *The Undermining of the Sandinista Revolution*, ed. Gary Prevost and Harry Vanden. New York: St. Martin's Press.

Lesbaupin, Ivo. 2000. *Poder local X exclusão social: A experiência das prefeituras democráticas no Brasil.* Petrópolis, Brazil: Vozes.

Marquetti, Adalmir. 2002. "Democracia, eqüidade e eficiência: O caso do orçamento participativo em Porto Alegre." In *Construindo um novo mundo: Avaliaçáo da experiência do orçamento participativo em Porto Alegre, Brasil*, ed. João Verle and Luciano Brunet. Porto Alegre, Brazil: Guayí.

Maya López, Margarita. 1999. "Alcaldías de izquierda en Venezuela: Gestiones locales de la causa radical (1989—1996)." In *Gobiernos de izquierda en América Latina: El desafío del cambio*, ed. Beatriz Stolowicz. Mexico City: Plaza y Valdés Editores and Universidad Autónoma Metropolitana – Xochimilco.

Miños Chavez, Daniel. 2001. "El presupuesto participativo: Es viable en Guatemala?" Paper presented at the Inter – American Forum on Municipal Capacity, Organization of American States, August 7, Guatemala City.

——. 2004a. "Democratizar la democracía: Hacia una propuesta de presupuesto participativo nacional." August. Transnational Institute, Amsterdam. www. tni. org/archives/chavez/democratizar. htm.

——. 2004b. *Polis and Demos: The Left in Municipal Governance in Montevideo and Porto Alegre.* Maastricht, Netherlands: Shaker Publishing and Transnational Institute.

Monge, Carlos. 2004. "Participatory Budgets: The Peruvian Experience." Paper presented at the World Bank International Conference on Local Development, Washington, D. C., June 2—4. www1. worldbank. org/sp/ ldconference/Materials/Parallel/PS1/PS1_ S5_ PPT3. pdf.

Navarro, Zander. 2004. "Participatory Budgeting in Porto Alegre, Brazil." In *Leadership and Innovation in Subnational Government: Case Studies from Latin*

America, ed. Tim Campbell and Harold Fuhr. Washington, D. C. : World Bank Institute.

Nickson, Andrew. 1995. *Local Government in Latin America.* Boulder, CO: Lynne Rienner.

Nunes, Luis. 2004. "Participación ciudadana y construcción de la democracia en América Latina: El caso Venezuela." In *La participación ciudadana y la construcción de la democracia en América Latina*, ed. Grupo Propuesta Ciudadana. Lima: Ser, Consode, Oxfam, Grupo Propuesta Ciudadana, Participa Peru, DFID, EED, and USAID - Peru.

Nylen, William. 2003. *Participatory Democracy versus Elitist Democracy: Lessons from Brazil.* New York: Palgrave Macmillan.

Ortega Hegg, Manuel. 2001. *Cultura política, gobierno local, y descentralización: Nicaragua.* San Salvador: FLACSO El Salvador.

——. 2003. "La conversion de un 'canal formal' en un 'espacio real' de participación social." In *Participación ciudadana y desarollo local en Centroamérica*, ed. Ricardo Córdova and Leslie Quiñónez Basagoitia. San Salvador: FUNDAUNGO.

Paiva, Uilson. 2001. "Orçamento participativo atrai do PT ao PFL." *O estado de São Paulo*, March 5, p. A7.

Peterson, George. 1997. *Decentralization in Latin America: Learning through Experience.* Washington, D. C. : World Bank.

Pineda Gadea, Claudia. 2003. "Condiciones del marco nacional para los procesos de preparación participativa de presupuestos municipales en Nicaragua." World Bank Institute, Managua.

——. 2004. "Las experiencias de participación cívica en políticas y procesos de preparación del presupuesto municipal en Estelí." World Bank Institute, Managua.

Puente Alcaraz, Jesús, and Luis Felipe Linares López. 2004. "A General View of the Institutional State of Decentralization in Guatemala." In *Decentralization and Democratic Governance in Latin America*, ed. Joseph Tulchin and Andrew Selee. Washington, D. C. : Woodrow Wilson Center.

Rhodes, Sybil Delaine. 2003. "Progressive Pragmatism as a Governance Model: An In - Depth Look at Porto Alegre, Brazil, 1989—2000." In *What Justice? Whose*

Justice? Fighting for Fairness in Latin America, ed. Susan Eckstein and Timothy Wickham – Crowley. Berkeley and Los Angeles: University of California Press.

Ricci López, José, and Elisa Wiener Bravo. 2004. "Planeamiento y el presupuesto participativo regional 2003 ~ 2004: Enfoque de desarrollo, prioridades de inversión y roles de los agentes participantes." Cuadernos Descentralistas 11, Grupo Propuesta Ciudadana, Lima.

Roberts, Kenneth. 1998. *Deepening Democracy? The Modern Left and Social Movements in Chile and Peru.* Stanford, CA: Stanford University Press.

Ruckert, Arne. 2005. "(Re –) producing Neoliberal Hegemony? The Poverty Reduction Strategy in Nicaragua." Paper presented at the annual meeting of the Canadian Political Science Association, London, Ontario, June 2 ~ 4.

Sader, Emir. 2002. "Apresentação: A democracia como chave da hegemonia." In *Construindo um novo mundo: Avliação da experiência do drçamento participativo em Porto Alegre, Brasil*, ed. João Verle and Luciano Brunet. Porto Alegre, Brazil: Guayi.

Sánchez Velarde, Jimena. 2005. "Cambios en el nuevo instructivo para el año fiscal 2006." *Boletin Electrónico, Campaña Nacional del Presupuesto Participativo* 2 (May). www. participaperu. org. pe/ novedades/ campa_ presu. doc.

Santos, Boaventura de Sousa. 1998. "Budgeting in Porto Alegre: Toward a Redistributive Democracy." *Politics and Society* 26 (4): 461 ~ 510.

Schneider, Aaron, and Rebecca Zuniga – Hamlin. 2005. "A Strategic Approach to Rights: Lessons from Clientelism in Rural Peru." *Development Policy Review* 23 (5): 567 ~ 584.

Schneider, Mark. 2004. "Promoting Democracy through Decentralization and Strengthening Local Governance: USAID's Approach and Experience." In *Leadership and Innovation in Subnational Government: Case Studies from Latin America*, ed. Tim Campbell and Harold Fuhr. Washington, D. C.: World Bank Institute.

Schönwälder, Gerd. 2002. *Linking Civil Society and the State: Urban Popular Movements, the Left, and Local Government in Peru, 1980 ~ 1992.* University Park, PA: Pennsylvania State University.

Selee, Andrew. 2004. "Exploring the Link between Decentralization and

Democratic Governance. In *Decentralization and Democratic Governance in Latin America*, ed. Joseph Tulchin and Andrew Selee. Washington, D. C. : Woodrow Wilson Center.

Serageldin, Mona, John Driscoll, Liz Meléndez San Miguel, Luis Valenzuela, Consuelo Bravo, Elda Solloso, Clara Solá – Morales, and Thomas Watkin. 2003. "Assessment of Participatory Budgeting in Brazil." Center for Urban Development Studies, Harvard University, Cambridge, MA, and Inter – American Development Bank, Washington D. C.

Souza, Celina. 2001. "Participatory Budgeting in Brazilian Cities: Limits and Possibilities in Building Democratic Institutions. *Environment and Urbanization* 13 (1): 159 ~ 184.

Torres Ribeiro, Ana Clara, and Grazia de Grazia. 2003. *Experiências de orçamento participativo no Brasil: Período de* 1997 *a 2000*. Petrópolis, Brazil: Fórum Nacional de Participação Popular and Vozes.

UN – Habitat. 2003. *The Challenge of the Slums: Global Report on Human Settlements* 2003. London: UN – Habitat.

——. 2004. "72 Frequently Asked Questions about Participatory Budgeting." Urban Governance Toolkit Series, UN – Habitat, Quito.

UN – Habitat, and Transparency International. 2004. "Tools to Support Transparency in Local Governance." Urban Governance Toolkit Series, UN – Habitat, Nairobi.

Ventura Egoávil, José. 2003. "Condiciones del marco nacional Perú." World Bank Institute, Lima.

——. 2004a. "Estudio de caso: Distrito de Independencia – Lima, Perú." World Bank Institute, Lima.

——. 2004b. "Estudio de caso: Distrito de Limatambo – Cuzco, Perú." World Bank Institute, Lima.

——. 2004c. "Estudio de caso: Distrito Santo Domingo – Piura, Perú." World Bank Institute, Lima.

——. 2004d. "Estudio de caso: Huaccana – Chincheros, Perú." World Bank Institute, Lima.

——. 2004e. "Estudio de caso: Provincia de Ilo - Moquega, Perú." World Bank Institute, Lima.

——. 2004f. "Estudio de caso: Villa El Salvador - Lima, Perú." World Bank Institute, Lima.

Villas - Boas, Renata. 2003. "Experiencias de presupuesto participativo en Brasil." World Bank Institute, São Paulo.

Wampler, Brian. 2004. "Expanding Accountability through Participatory Institutions: Mayors, Citizens, and Budgeting in Three Brazilian Municipalities." *Latin American Politics and Society* 46 (2): 73 ~99.

Wampler, Brian, and Leonardo Avritzer. 2004. "Participatory Publics: Civil Society and New Institutions in Democratic Brazil." *Comparative Politics* 36 (3): 291 ~312.

Warren, Kay. 1998. *Indigenous Movements and Their Critics: Pan - Maya Activism in Guatemala.* Princeton, NJ: Princeton University.

World Bank. 1996. *World Development Report* 1997: *The State in a Changing World.* New York: Oxford University Press.

WBI (World Bank Institute). n. d. - a. "Civic Participation in Subnational Policies and Budgeting: Systematization of National and Subnational Case Studies from Latin America." World Bank Institute, Washington, D. C.

——. n. d. - b. "Informe de Trabajo: Estudio de caso del municipio de El Alto." World Bank Institute, La Paz.

——. 2002. "Condiciones del marco nacional Bolivia." World Bank Institute, La Paz.

——. 2003. "Experiencias de Participación Cívica en Políticas y Procesos de Preparación de Presupuestos Municipales en Bolivia." World Bank Institute, La Paz.

——. 2004a. "Condiciones del marco nacional para los procesos de preparación de presupuestos subnacionales en Guatemala." World Bank Institute, Guatemala City.

——. 2004b. "Experiencias de participación cívica en políticas y procesos de preparación de presupuestos municipales en Curahuara de Carangas." World Bank Institute, La Paz.

——. 2004c. "Experiencias de participación cívica en políticas y procesos de preparación de presupuestos municipales en Tarabuco." World Bank Institute, La Paz.

——. 2004d. "Experiencias subnacionales en participación cívica en la preparación de presupuestos en Guatemala: Municipio de Panajachel, Sololá." World Bank Institute, Guatemala City.

——. 2004e. "Experiencias subnacionales en participación cívica en la preparación de presupuestos en Guatemala: Municipio de La Unión, Zacapa." World Bank Institute, Guatemala City.

——. 2004f. "Las experiencias de participación cívica en políticas y procesos de preparación del presupuesto municipal en Nandaime, Granada." World Bank Institute, Managua, Nicaragua.

——. 2004g. "Las experiencias de participación cívica en políticas y procesos de preparación del presupuesto municipal en Santo Tomás, Chontales." World Bank Institute, Managua, Nicaragua.

第四章

中欧及东欧的参与式预算

Alta Fölscher

从民主的含义和人权的角度来说，公民参与公共事务可以得到一个理想的结果，本身也很有价值。公民参与公共事务还有助于提高国家管理效率。如果公民有机会反映他们的需求，并能引起公共机构的重视，公共资源就会在提供公共产品和服务方面得到更加有效的使用，也能更好地满足公民的需求。

公民参与公共事务具有潜在作用，这已成为人们的共识。但在公民参与到什么程度合适和采用什么参与形式方面还存在不一致的看法。人们越来越认识到，仅仅靠选举产生的代表来参与公共事务是不够的，如果让公民既参加选举又直接参与公共事务决策程序，那就会更好地实现问责、民主治理，以及公共资源的最优化。

从广义上讲，参与式预算是指公民参与公共预算管理，包括像公民社会对财政支出政策进行分析一样，建立公民参与公开辩论的机制。从狭义上讲，参与式预算是指公民直接参与使用公共资源的决策，而且通常是在地方政府层面上。

在中欧和东欧一些地方城市及其辖区，公民除了选举地方议会的代表以外，还参与当地公共资源的决策。本章选择了一些公民参与公共资源决策的例子来加以探讨。本章还重点讨论了公民参与公共资源的分配和使用情况，以及对公民参与的这种主动精神产生影响的内在环境和机制。本章收集了对俄罗斯联邦和乌克兰的研究成果，以及对其他国家的研究成果。

在20世纪的大多数年代里，由于中欧和东欧国家经历的历史基本相同，因此，这些国家有着许多共同点。但是，由于这些国家各自的经济、社会、文化和政治发展情况不同，所以，无论是在苏联解体之前还是之后，这些国家在许多重要方面又存在着差异。

本书收集了阿尔巴尼亚、亚美尼亚、保加利亚、摩尔多瓦、波兰、罗马尼亚、俄罗斯联邦，以及乌克兰等国家在参与式预算方面做得比较好的所有例子。通过对这些国家的案例研究，可以就不同的环境对参与式预算的效果和持久性有什么影响的问题，得出一些初步的结论。

但是，这些案例研究的应用在许多方面仍受到限制。第一，单纯依靠这些公共领域的案例意味着公民参与的其他案例没有得到研究。第二，本章只是反映了由有关国家和国际非政府组织（NGOs）资助的公民参与式预算案例。第三，一些案例的原始资料（阿尔巴尼亚、罗马尼亚）是由参与具体项目的工作人员准备的，可能存在有个人倾向性的研究观点。第四，案例的选择可能偏向于已经取得成功的一些做法，对失败的做法缺乏研究。

本章的结构安排如下。第一节对影响该地区参与式预算实践的性质和效果所处环境的共同特点进行了研究。第二节分别研究了公民参与的性质、环境因素中的各种关系、起因特点，以及效果。第三节论述了从案例中应当汲取的教训。附件提供了每个参与式预算案例研究的详细资料。

中欧和东欧的历史背景

在20世纪90年代初之前，该地区绝大多数国家实行中央集权的管理体制，地方几乎没有自主权。对于几代人来说，中央政府紧紧控制了公众生活的绝大部分领域。公民的经济、社会、文化和政治生活大部分要接受中央的指导，并通过中央在地方的机构加以贯彻实施。国家的作用是从上而下和强制性的，结社自由和获取信息是受到限制的。由国家统一向公民提供产品和服务，但公民对提供什么样的服务、规模和质量却无法控制。普通公民只不过是这种公共产品的被动接受者。这影响了地方政府发挥作用的环境，影响了公民对国家及其服务承诺的态度，也对有组织的公民社会的规模、性质和深度产生了影响。

随着苏联的解体，中央政府和地方政府之间的关系、国家和公民之间的关系发生了结构性的变化。国家通过了新的宪法，为地方政府自治创造了条件。宪法改革后，随之而来的常常是整个国家、各州、各地方在决策方面立法架构的发展和变革，为地方政府独立自治、公民参与创造了条件。同时，西方国家、多边组织以及国际 NGOs 还在这些地区实施了开发援助和开展了民主化活动。所有这些活动也影响了这些地区的发展思路。

该地区的历史经验表明，在这段时期公民参与式预算的行动计划具有以下一些特点：

- 从历史上看，公民与影响自己的决策程序是没有关系的，他们也不相信集体的政策措施，因为他们一直是公共服务的被动接受者。
- 对于选举产生的、独立自治的地方政府来说，集体形式的政治和社会组织，如政党和 CSOs，都是比较新的事物。
- 政府间财政关系制度仍待进一步改善；对地方政府规定的角色、作用和职责弱化，而且含糊不清。
- 地方政府支出职能与收入能力不匹配，而且上级政府的转移支付既不透明，也无法令人信服。
- 地方政府没有足够的决策自主权，仍然需要提高他们有效利用资源和高效解决地方问题的能力。
- 公民对地方政府的服务不满意，而且不相信他们能够影响到政府，也不相信地方政府有能力缓解或解决问题。

有关参与式预算的文献强调了双方（政府和公民）都需要加强互动，以取得积极和持续的效果（Abers，2003；Goetz 和 Gaventa，2001）。该地区的地方政府会面临什么样的体制环境？该地区的公民与民间的活动家能否参与到参与式预算管理中去呢？

地方政府的制度环境

尽管地方政府的立法环境有所改善，但是，多数案例研究的国家仍是在笼统的法律架构下实施政策，主要问题就在于地方政府角色和职责不清。地方政府的支出自主权和支出职能都非常有限，这既有地方政府财力不强的原因，又有政府间转移支付制度不完善的原因。在有些国家，尽管国家已经制定了有关法律框架，但在地方层次的立法方面尚未对地方政府的角色作出明确的界定。大多数国家还缺乏参与式预算的立法机制（值得注意的例外是保加利亚，该国通过国家立法详细阐明了参与式预算的机制，详见专栏 4.1）。不同的立法机关制定的法律条款相互冲突和矛盾，这种情况司空见惯。因此，这就使阿尔巴尼亚（Banks 和 Pigey，1998；Urban Institute，2004）、亚美尼亚（Doane、Simpson 和 Rabenhorst，2000）、保加利亚（Novkirishka - Stoyanova，2001）、摩尔多瓦（Viitorul，2004）、波兰（Levitas，1999）、俄罗斯联邦（Krylova，2005a；Savanskaya，2003），以及乌克兰（Krylova，2005b）等国出现了混乱不清的立法架构。

在该地区的所有国家中，地方政府自治原则是推动这些地区进行立法的动力。许多国家是《欧洲地方自治宪章》的签约国，宪章规定，通过全民投票选举而产生的地方政府是独立自治的地方组织，此外，还有一项条款意义深远，即公民有权参与地方政府的决策。

实际上，地方政府在履行其公共服务职能时仍然存在约束。经费支出职能与其收入能力不匹配。即使税率通常由地方各级政府来确定，归地方政府支配的税收收入仍然非常少。地方税，尤其是土地和财产税，通常难以评估和征收。来自所得税等共享收入中的转移支付，其分配方式既不透明，也无法令人信服。

专栏 4.1 保加利亚公民参与地方自治政府的法律架构

同该地区许多其他的国家一样，保加利亚也是《欧洲地方自治宪章》的签约国。但与其他国家不同的是，保加利亚宪法和国家立法规定了公民参与地方自治政府的机制，其内容包括公民投票表决、社区会议、征集签名机制、市长约见制。保加利亚公民还享有示威权，以及参加市议会常委会会议和市议会公开会议的权利。

保加利亚宪法规定，公民可间接、直接地参加地方的公民投票和社区会议。在地方一级，只要登记选民人数达到四分之一，或者议员人数至少达到四分之一，就可以要求进行公民投票表决。公民投票表决的结果对地方政府具有约束力。

地方上的重要问题，如环境卫生、公共工程、市政设施的使用以及环境保护等问题，必须召开地方会议进行讨论。这些会议可以由市议会发起，也可以由市长发起，还可以由四分之一以上的选民发起。如果出席会议的选民人数占全体选民人数的半数以上，而且参加投票表决的大多数选民支持提案，那么，会议所作的决议是合法有效的。根据市长的请求，市议会可以重做或撤销会议决议，但必须是在审议和投票表决之后。

为了引起市议会对决议的重视，可以启动征集签名机制。征集签名须由100个选民或五分之一选民发起，从其少者。必须成立一个筹划指导委员会来管理征集签名的整个过程。该机制允许征集签名发起人用一个月的时间来收集签名，如果得到四分之一选民的支持，征集签名事项就被承认。市议会在一个月之内考虑该签名事项，市议会掌握最终的决定权。

资料来源：Novkirishka - Stoyanova（2001）。

在许多国家，第一级（市或村）或第二级（典型的是地区，rayon）地方政府的支出职能由国家和州一级的支出职能部门负责。地方政府的预算由上一级政府审核或批准。这就是阿尔巴尼亚和乌克兰的情况。因此，地方管理权和根据地方需要进行支出的决策权都是有限的。角色和职责都不清楚，进行问责也就更谈不上了。

由于比较新的机制是在一种政府间关系不透明的环境下运行，使地方政府无法履行规划、预算和执行支出的职责，而且也不能鼓励上级政府提高转移资源水平。为了提高地方政府的活力，或者为了调整中央与地方政府之间的权力平衡关系，一些国家多次进行了地方政府改革。重建地方财政的改革打破了原有的做法，以设计出具有活力的预算、向上级政府申请资金、自己筹措收入，以及管理和评估预算执行情况的体制。

上述问题的存在，使公民降低了对政府能解决他们问题的信任，也使公民减少了对参与政府决策的兴趣（Doane、Simpson 和 Rabenhorst, 2000；Urban Institute，2004）。由于信息有限，并且对地方政府的职责和公民的权利缺乏了解，公民参与的积极性受到了进一步的挫伤。地方自己组织的收入占地方政府收入的比例，或者占税收收入的比例，通常都是最低的。这使公民没有兴趣去了解地方如何使用他们所缴纳的税款。一般来说，公民对政府的服务是不满意的，他们不相信地方政府，也不愿意缴税，这就加剧了现行体制的恶性循环。当地方政府向上级政府争取更多资源或要求自主权时，必然缺乏当地公民的支持。

公民与有组织的公民社会

造成该地区公民难以参与政府事务的因素有以下几个：第一，政府管理体制的历史脉络是，政府历来就不透明，并且严厉地限制公民参与公共事务。第二，在农村地区，公民通常都很贫困，无权无势，整日要为家庭的基本生计而忙忙碌碌，这使他们无暇关心公共事务。第三，城市中的许多居民很难接触到权力和资源部门，一直被排斥在涉及他们切身利益的重要决策之外。第四，政府的固有态度和公民对政府的信任程度常常阻碍了有利于发展的环境因素。公民还没有认识到，社会基本制度的建设也是他们的责任。确实，在摩尔多瓦和俄罗斯联邦，公民常常对集体活动和公益活动抱怀疑态度（Ovchintseva，2003；Tiurin，2003；USAID，2001）。

关于政府治理和社会发展的文章认为，NGOs（或非国家组织）和社区性组织等中介组织（CBOs），在促进社会经济发展，提高国家效率，推进意义重大的民主发展方面起着关键性的作用（Azfar 等，1999；Dongier 等，2002；Krishna，2003；Malena、Forster 和 Singh，2004）。有组织的公民社会可以为公民和政府提供信息，充当双方交流意见的渠道，对政府官员进行问责，并能组织集体的行动。这可以弥补公民在参与公共事务方面自身的不足，并有助于公民提高这方面的能力。

在这些案例研究的国家，只是在共产运动失败后，有组织的公民社会才开始兴起。这些公民社会发展的一些经验是十分显然的（Karatnycky、Motyl 和 Schnetzer，2001；Krylova，2005a；Kuts，2001；Ovchintseva，2003；Preci，2002；Urban Institute，2004；USAID，2001；World Bank，2003），具体如下：

- 在那些面临一系列转轨问题且不是专注于从苏联独立出来的国家（阿尔巴尼亚、保加利亚、波兰和罗马尼亚），公民社会发展得更快，而且在政府决策过程中更能发挥重要作用。
- 在所有的国家，全国性的 CSOs 有着更加完整的组织结构，更加完善的基层组织，并且大城市与小城市、镇和村相比，参政能力更强。
- 通常认为，在提供服务方面，有组织的公民社会可以代替政府发挥作用。
- CSOs 面临的主要问题是其财力的可续性。在一些 CSOs 发展仍然缓慢的国家（如摩尔多瓦），最突出的问题是缺少资金。
- 许多国家（如乌克兰）缺乏保障公民参与的法律架构。而在另外一些国家，现有的法律架构又阻碍着公民社会的发展。
- 公民社会为了争夺不足的资源而相互竞争，使地方 CSOs 之间的关系更加紧张，从而阻碍了 CSOs 之间形成联盟。
- 由于并非所有的 CSOs 都能坚持道德规范、公开透明和健全管理的原则，这不利于在公民和有组织的公民社会之间建立起相互信任的关系，也不利于在地方政府机构和有组织的公民社会之间建立起相互信任关系。
- 有组织的公民社会的发展，从国与国之间的经验交流和国际成功的经验启迪中获益匪浅。

政治背景

根据Goetz和Gaventa（2001，11）的观点，政治制度的性质和组织结构将有助于决定公民团体参与的水平和质量，或者有助于决定公民社会的院外活动环境（即公民社会环境）和州政府的性质和权力（即地方政府环境）。兴趣小组可以预先确定有效参与的所有先决条件（社会组织，与权力部门工作人员的关系，对广大人民的同情，“甚至可以是根据小组的需要预设的一场集中公众注意力的危机事件”）。但是，“如果兴趣小组对主要的政治议程或保护制度没有作出什么贡献”，所设政治环境也可能会阻止事情的成功。非正规的政治制度影响着公民参与的激励机制：在社会权力性质和社会权力分配已定的情况下，如果公民认为他们的参与很可能是无效的，他们就不会参与。Fox（2000）认为，这种政治制度还会损害公共问责。

该地区的案例研究文章很少评估地方或国家政治制度对公民参与水平和质量的影响问题。但是，他们的确指出了讲求实效的多党制的重要性。在许多国家的案例研究中，政党制度依然很不完善。当政党仍然建立在“个人至上主义和保护主义”基础之上，缺乏政策平台，而且只是依靠政治家的地位和声望，公民社会就很难获得有效的发言权（Goetz和Gaventa，2001，11）。开发合作机构和国际NGOs经常在该地区推行参与式预算的实践活动，他们希望，通过增强公民对地方事务的参与，将进一步改善地方服务，并有助于加速这些社区的民主化进程。因此，对政治制度的评估是很重要的。

地方政府的这种负面的机制和政治环境，加上缺乏公民感兴趣的制衡力量和公民行动能力，缺少充满活力的组织去动员和支持公民的行动，所有这些都妨碍了该地区的参与式预算实践的发展。但是，正如案例研究所示，整个地区的公民都在参与当地政府的资源决策。

参与式预算的案例研究

参与式预算是指，公民以各种不同的方式和按各种不同的层次参与公共资源的决策。McGee（2003）将参与分为4种方式：信息共享、协商、共同决策和利益相关者动议和控制。随着参与式实践活动的逐步深入，对参与的争议也在继续，这4种方式依次成为公民参与的有效方式。

本章在参与方式的分类中增加了一种类型，即信息的产生。在该地区的一些国家，CSOs采用了实用的预算分析方法来作为他们政策主张的工具，并公开地宣传他们的观点和主张。这些活动的鲜明特点是在州外产生了有关公共政策和服务的信息，以影响州政府的行动。这种参与方式属于第一个层次的参与方式，可以置于信息共享方式之后。

在预算管理过程中，这5种参与方式又可分为两大类：第一类是参与的行动计划取决于州政府为公民参与提供的信息与空间（这类参与包括信息共享、协商以及共同决策）；第二类是参与的行动计划更加独立于地方政府的管理（这类参与包括信息的产生、直接的动议和控制）。正如案例研究所示，参与式预算能否持久、有效地进行下去，主要取决于地方政府提供信息和允许参与的意愿。

信息的产生

世界各地的CSOs通过对公共政策、预算和服务提供进行分析，获得了在公共舞台上的发言权（参阅案例Falk，2001）。决策者和利益相关者可以直接获得分析结论，也可以通过媒体获得，从而影响决策和培育公共政策的参与能力。这在公共政策和公共服务方面的益处体现为丰富了公众的讨论意见，强化了政策制定和执行的责任。这项工作可以作为公众参与和集体行动的催化剂。

下一节讨论的许多案例研究（关于信息共享、协商和共同决策）介绍了由公民社会举行产生信息的各种活动，这些活动也是地方政府和公民之间的一种联合活动。本节有两个案例研究是非常独特的，即在政府不进行协商或不建立协商制度的情况下，精明能干的CSOs在当地还是开展了产生信息的活动。但是，在这两个案例中，最终还是创建起协商制度。这也许说明，在面临地方政府管理体制不健全的情况下，CSOs通过实用的预算工作，仍然可以启动公民参与的程序。

这里介绍的两个案例采用了三种不同的信息产生活动方式：对地方层面的政策质量和预算制度进行分析；对公共政策和预算决定进行分析；对政府所提供的公共服务质量进行研究。这些方式都可以创造公民参与公共事务的空间。在这两个案例中，CSOs千方百计地做好以下工作：

- 采用严格的方法，产生高质量的信息，确保工作的合法性；
- 与其他CSOs一起建立地方联合会；
- 利用地方媒体渠道，唤醒公民意识，获得公众的支持；
- 召开研讨会，增进城市居民和媒体的理解，并增强其作用；
- 通过媒体、举办专项活动和其他方法，确保将公民社会的分析结论顺利地传播出去。

在这两个案例中，CSOs都与国际NGOs建立了联系，这就有助于学习和借鉴其他地方的成功做法。公民社会还努力获取外部资金支持（在斯特拉梯吉亚案例中的福特基金会，以及在人民之声项目案例中的世界银行和加拿大国际开发署）。上述CSOs扩大了公民参与公共事务的空间，并且与当地的市政府建立了良好的合作伙伴关系。

但是，要想充分利用公民参与的空间，还没有广泛的基础。对于公民参与行动计划的普遍批评是，由于承担专业技术工作需要具备专业能力，这种行动计划会将参与的范围限定在那些已经掌握权力和资源的人群之内。发展地方政府部门与地方公民组织之间合作伙伴关系，应当看作是一种积极的倾向，而且在公共政策问题方面出现更多的不同分析意见，将有利于提高分析成果的质量。但是，如果公民参与的空间并不是在更广泛的基础上进行有意义的拓展，在缺少公民社会力量的州，势必存在被收买的风险。

俄罗斯联邦的岑特·斯特拉梯吉亚（Tsentr Strategiya）的活动

1998年，NGOs岑特·斯特拉梯吉亚在圣彼得堡和其他8个城市启动了自己的计划（Krylova，2005a）。在吸取世界其他地方成功经验的基础上，该计划首先重点研究了增加市级预算透明度和公民参与机制问题。从逻辑上讲，如果没有完整的信息，无法进入决策程序和接近决策者，参与公共资金的分配和使用的价值将大打折扣。该组织最初的研究利用了国际评价体系，争取了当地NGOs、学术团体和大众媒体的支持，以倡导提高预算透明度。岑特·斯特拉梯吉亚联合其他城市合作伙伴，共同培育了参与预算的能力和详细分析了市政府的支出。2002年，该计划取得更加合法的地位，即该组织进一步扩大了自己的活动，和当地的市政府一起建立共同参与的机制。

乌克兰的人民之声计划（People's Voice Project）

人民之声计划是乌克兰的一个地方性NGO，在捷尔诺皮尔市（Ternopil）和伊万诺—弗兰科夫斯克市（Ivano－Frankivsk），该组织联合了当地的合作伙伴，发起了有关妇女、教育、公共预算和经济等问题的研究和政策宣传活动。

该组织首先开展的工作是提高公众意识，并教育地方市政当局尊重公民权利，回应公民的需要，以及让当地人民发表意见（Zakharchenko，2002）。2000年，该组织与当地的其他NGOs共同合作实施了“公民意见卡”计划，通过意见卡可以了解公民对政府提供的公共服务和一些专门服务的看法和需要。该项计划还组织了一次全国性的会议讨论意见卡计划的成效。在城市资源和公共服务问题的公众辩论会上，以及在会后形成政府预算和政策的过程中，都广泛地使用了这次调查的结论（Holdar，2002）。在前期工作的基础上，人民之声计划及其合作伙伴现正在开发新的地方战略计划。

信息共享、协商与共同决策

在本章所讨论的案例研究中，信息共享、协商和共同决策常常同时发生。在市政当局能就资源使用问题提供更加全面信息的方面，一般都会举行预算听证会。在举行听证会的同时，常常还采取其他措施，吸引公民参与决策，如建立资本投资计划委员会。这些都是地方政府主动采取的措施。但是，不同的地方政府采用极不相同的措施来实现这三个目的，而且，不同的地方政府对公共资源决策的关注重点也是不同的。

本节的案例介绍了以系统方式征求公民意见的机制，这两个案例都扩大了公民的参与。在亚美尼亚，由第三方发起了这项参与计划，并遭到了城市官员们的阻挠。公民的高期望值是难以完全实现的，特别是在地方政府缺乏执政能力和财力的情况下。相反，在波兰的兹沃伦市（Zwolen），市长发起了该参与计划，城市官员们也参与了发起，这就减少了他们的阻挠。要特别注意确保掌握足够的资源，以鼓励公民参与。在这两个案例中，信息收集工作基本上是单向的，即公民只是根据他们的选择提供了信息，不一定都和当地政府进行对话。

亚美尼亚的参与式城市评估

保护儿童组织和城市研究所（Save the Children 和 Urban Institute）在亚美尼亚 9 个城市进行了参与式城市评估的小范围试验。这项评估的目的是，将公民的意见更多地反映到投资计划中来。由咨询专家组成的团队发起了该项目的研究，通过对每个城市的研究，初步形成了一份分析资本性预算的问题清单。被评估的城市分为若干小区，每个小区代表一个社区。每个小区都要召开一系列的会议。在小区的第一次会议上，首先说明解释对这项评估活动。每个社区在会上用直接投票的方法选举产生公民行动小组的成员。然后，这些行动小组的代表们再选举产生城市资本性投资计划委员会的成员。在小区的第二次会议上，要求与会人员提出问题并根据轻重缓急进行分门别类。各个会议提出的所有意见都要提交城市资本性投资计划委员会，供确定资本性投资计划时考虑。投资计划委员会最终收到了277件提案，这对城市官员们产生了巨大的压力。这9座城市共有50万人口，其中超过10万公民参与了这项评估活动。

波兰兹沃伦市的固定资产投资意见卡

兹沃伦是位于波兰东部的一座小城市。22名市议员代表着全市1.7万名居民。地方当局和公民对新思想和新的管理方式都持开放态度。1998年，根据市长的动议，他们设计了一个多年的资本性投资计划，该计划要求公民参与投资进程的各个阶段。市政当局向公民广泛分发了资本性投资意见卡，请公民表达他们希望优先发展的项目。

首先，市政当局制定并公布了程序性规则，提出了参与过程的详细时间表，确定了提案项目重点和优先级。市政当局特别强调三个标准：改善城市经济，创造就业机会，以及增加城市税收。市政当局还委任一个执行委员会来监督、检查整个过程，对决策进行协调。执行委员会与市财政局长紧密合作，以确保资金安排落到实处。现有的项目也得到了保证和考虑。最终的预算草案由市执行委员会、市政理事会和市议会批准（Natkaniec，2002）。

顾问小组、顾问团以及顾问委员会

有时候，地方政府会以某种形式来直接实现公民的重点选择和需要。公民顾问小组就是地方政府可以采用的一种措施，其“可以提供一些技术专家和反映社区的意见，以帮助解决地方政府面临的问题”，还可以“就一些相关问题加强政府与公民的对话，以解决矛盾和冲突”（Serban，2002，4）。设立顾问小组，显示地方政府关于建设一个透明和民主政府的承诺。但是，参与式预算要使信息收集更加注重收集反映公民意见的信息，与此相比，顾问小组的做法还远达不到要求。

在俄罗斯联邦的加特契纳区（Gatchina Rayon），市政当局要求任命的地方领导人向他们提出建议。迈卡普区（Maikop Rayon）的9个乡村都积极主动地使村务更加透明，并邀请村民参与村务。在俄罗斯的一些城市中，公民社会挑选的专家成员举行预算圆桌会议，与市政当局当面讨论一些专门的问题。在阿尔巴尼亚和罗马尼亚，公民社会的活动也都很成功。

阿尔巴尼亚的参与式预算委员会

世界银行资助了阿尔巴尼亚的一个项目，由城市研究所（Urban Institute）与当地 NGOs 合作执行。该项目要求建立参与式预算委员会和重新设计预算程序，以改进公民参与预算管理。该项目挑选实行参与式预算的城市，通常都愿意在预算管理过程中引入参与机制，发展合作伙伴原来就已经很积极，而且现有的 CSOs 至少有一定的组织基础。

该项目首先开展了一场公民和地方政府的权力和职责的启蒙教育运动。尔后，将每一个城市划分为小区。在每个城市的第一次公众会议上，地方政府官员都要介绍预算预计数和现行预算的执行情况。在第二次会议上，要选举产生地方参与式预算委员会的代表。这次会议还要确定本地区优先发展的项目。随后，参与式预算委员会和地方政府的工作人员还要进行实地考察（“巴士大篷车之旅”），以便与公民共同评估重点项目、约束条件和解决方案。实地考察活动使政府官员和公民相互之间坦率地提出最紧迫的事务和难题。实地考察之后，参与式预算委员会先要举行重点项目和财政计划的强化培训班，然后向市议会提交计划建议，由市议会作出最终的决定。

该项目的一个缺点是，难以获得人们广泛的参与。具体来说，妇女的参与问题没有得到解决，偏僻边远的地方难以取得成效（Urban Institute，2004）。

罗马尼亚布拉索夫市公民信息中心

布拉索夫市拥有 35 万居民。2000 年，该市召开了首届预算听证会，但仅有不到 50 人参加此次预算听证会。第二年与会人员增加到

600人，并建立了交通、教育和一般事务等咨询小组，此外还成立了布拉索夫公民信息中心。

成立交通委员会的主要目的在于：协助交通管理部门研究开发城市交通模式，为编制交通预算提供数据。该委员会由获选的各种用户小组组成。教育委员会的职责在于：评估学校的基础设施需求，为重点事宜提供建议，并对教育职能从中央政府向地方政府的转化进行监控。公民信息中心通过阐释资金预算，为各委员会提供技术支持和帮助。公民信息中心作为35个居民委员会的中心网络，根据社区需求对资本预算进行监控。布拉索夫市通过实践，学习发展专业知识和技能，参与公民的素质也逐年提高（Serban，2002）。

公共会议和预算听证会

若干国家已经有了支持公共会议和预算听证会的法律框架，公共会议和预算听证会是地方自治的运转机制。这些机制提高了保加利亚和乌克兰的公民参与度。

关于社会投资基金的文献中记录了很多实例，这些实例主要讲述的是：在社区间开展资源竞争，尤其是实行透明化和强制性竞争，为有利于社区发展将社区教育和能力建设纳入项目内。除了社区竞争城市预算内公共资源之外，下述斯维什托夫的案例研究和社会投资基金研究没有什么不同。

保加利亚斯维什托夫市的资本投资计划

斯维什托夫是多瑙河沿岸的一个港口城市，拥有4.9万人口，是渔业和农业中心。在2000年初，该城制定了资本投资计划，取得的卓越成果有：大型基础设施项目（外部融资）、较小的社区特色项目（参与过程中由城市预算提供资金）。该投资计划由两部分组成，现已成为城市预算编制的固定组成部分（Driscoll，2002）。

斯维什托夫市也落实了其他战略性的预算编制机制。斯维什托夫市对资本预算进行了远期规划，并能够随着时间的推移不断作出权衡，促进了分项预算向分类预算的转变。使用公民意见确定预算中备受关注的项目（例如，重建人行道、修葺城市公园和整修育儿中心）。公民在预算范围内为选定项目申请资金，且召开一系列的公共社区听证会。项目选择有一套清晰的准则和明确的程序，社区之间也可以共同融资。市政代表和社会公民代表组成的指导委员会，从参选的项目中选取项目上报理事会。准则中对项目的参与本质、共同融资水平、经济和社会效益、维护成本和维护责任、技术考虑进行了描述。最后由指导委员会制定计划，以获得理事会批准。

为确保参与事宜的真实性，及时为参与公民提供资金，斯维什托夫市采用了良好的预算编制原则（资源约束、远期定位、规划程序化、决策合理化、规则透明化和远期衍生成本的持续性）。参与人数的增加证明，此项计划达到了提高公民参与度的目的。城市预算为资本投资提供了额外资源，公民维护建成基础设施的意识也增强了，这就增加了可持续性，同时也减少了未来几年的城市成本。仅此案例研究可以证明，新方案确实有除提高了参与度以外的影响。

乌克兰卡缅涅茨·波多利斯基市的公共预算听证会

卡缅涅茨·波多利斯基市（Kemyanets - Podilski）拥有人口9.9万，是首个将公共预算听证会作为预算过程必要组成部分的乌克兰城市。该机制是乌克兰地方自治法律框架的组成部分。该机制是强制的，但却少有城市采用该机制。

地方政府和CSO合作主持召开了首届听证会。听证会的发起和管理受一套明确规则控制：公共听证会可以由一组居民（人数为总人口的1%，或者社区人口的5%）、城镇理事会或市长发起。听证会发起申请需书面登记注册，然后向媒体公布。筹备计划应在5天内获取批准。筹备计划包括：成立听证委员会、组建专家组和制定时间表。发起小组的政府官员和成员、市政理事会成员和NGO代表组成听证会委员会。听证会通过当地媒体做宣传。通常，当地学者会为预算听证会提供支持。在进行地方预算分配之前，通常会对公民关心的重点展开调查（包括对弱势群体的调查）。

发起的公共会议在一个月内召开举行。预算听证一般会在 12 月份，当地理事会召开预算会议前召开。听证会由听证委员会主席主持，与会人员通常包括：市政理事会和执行理事会、较低级别自治组织（村或社区）和 NGOs 的代表①。预算听证会开始是报告上一年的决算，和陈述下一年的预算。然后由当地官员对预算的各方面进行阐释，最后是现场提问环节。如果产生了任何歧义，组织者负责协商统一意见。会议时间内会记录所有的意见。3 天内，会议记录的复印件会被提交给市政理事会秘书处和发起小组，并粘贴在市政信息公示栏上。理事会秘书处对结果进行总结并将结果提交给下一理事会集会（该集会对公众开放），以便确定预算规划。支持率的投票和调查结果也会向理事会成员通报。会议的最终结果将会刊登在官方的市政报纸上。

利益相关者发起和控制

随着一些社区能力的建立和来自专业发展人员的技术支持，这些社区实际已经发起了公共项目，并为项目融资和实施管理。

俄罗斯迈科普区的村庄财政责任

迈科普区（Maikop Rayon）的村庄自行承担财政责任。这些村庄的村民自己确认重点事宜，筹集和分配资金，管理村庄银行账户。由于社区的努力，这些地区的村庄现在对当地公共基础设施发展比较积极。项目中 9 个原有村庄中的 7 个，现在已经有了煤气供应，贸易也已经进行了重组，而且还安装了工作电话。

俄罗斯早则里社区的难题解决方案

早则里（Zaozerie）是俄罗斯阿尔汉格尔斯克州梅津地区（Mezen Rayon）的一个贫困村庄。当地集体农场关闭后，这个村庄有 25 个农庄面临着失业，社会服务瘫痪，人口不断迁移。

公共和人道主义机构（IPHI）、梅津地区地方政府和阿尔汉格尔斯克州政府落实了一项参与式项目。公共和人道主义机构就农村自治原则与地区政府举办了一系列的研讨会。而在举办研讨会之后，又为村庄居民召开了会议、举行了演讲，开展了讨论，以教育他们了解自己的权利和义务。村民开始不愿意采取任何行动。但是当机构与村庄领导合作，为小型基础设施项目（维修村庄水井和整修当地诊所）筹集资金时，村民们就逐渐参与了进来。随着公民意识和信心的增加，村民决定建立一个老年中心。这个中心的建成对于村民来说是一个转折点，这个中心雇佣了助产士，维修了当地的学校并修葺了诊所。这个项目改变了村民的心态，让他们意识到，谁应该担负起解决村庄难题的责任。

结论和经验

国际开发机构或者 NGOs 是中欧和东欧参与预算机制的发起者，其中只有个别例外。甚至是在由地方行动发起的情况下，国际组织也会资助主要组织，并在地方行动前与全球 CSOs 网络联系。虽然这会损害参与式预算行动的作用，但它可能有利于保持可持续性。

地方自治政府和资源可用性、公民组织的存在和兴趣，发达的政党制度等是参与式预算取得成功的先决条件。建议将这些机制作为克服中欧和东欧政府治理薄弱环节的切入点。

评估案例研究组中参与式预算机制的作用时，有三组相关问题：

▪ 各个新方案是否提高了公民参与政府决策的能力？它们是否提高了公民的能力？它们是否扩大了公共参与空间？

▪ 各个新方案是否提高了地方政府的效率？它们是否带动了投资，是否提高了公共服务的质量？各新方案是否有助于实现投资更加公平化？是否制定出了更好和更多的资源使用决策？

▪ 参与预算编制功能能否作为促进国家变化和建立良好政府系统的有效切入点？已审核的新方案是否促进参与和提高了参与的质量？

以上所有案例，在采用参与机制后，都提高了参与度。即使是在公民不愿意透露自己偏好信息的情况下，新方案也改变了人们的心态，并为这些人提供了比以前更多的参与机会。然而，有一点还不太清楚，即参与式预算的性质是否能够确保新方案的可持续性。如果参与并不能带来实质性的改变，今后的参与就会受到消极的影响。

此外，还有一点不太清楚的是，现有的参与式预算机制是否能够确保具有包容性。当只有有能力参与的公民参与进来时，总好过没有参与，但这比让那些以往被排除在外的公民参与的机制要略逊一筹。案例研究发现，妇女、弱势群体和生活在边远地区的人们容易被参与排斥在外。有趣的是，针对上流参与人群，却似乎提供了更多高质、深入的参与机会。

已审核的新方案是否提高了地方政府的效率？并没有确切的证据可以证明这点。如 Krylova（2005a、2005b）提到，很难评估出公民参与对资源分配的变动作出的贡献，因为还没出现相反的事实。

如果搜集到了当地公民的偏好，且活动是由地方政府发起的，则其结果就会被纳入将来的计划当中。纳入的程度仍无法确定，似乎要视后续的决策机制（如执行委员会）而定。做最终决策时，哪些公民的偏好会被包容，是否由较狭隘的意识决定，这点也无法确定。

有确切的证据可以证明，咨询小组确实带来了实际效果。罗马尼亚布拉索夫市的教育咨询小组，真正参与了决策过程。例如，决定修缮哪家学校和随后事宜。不清楚是否有限的参与（仅仅少数公民被选入委员会）能够带来更好的资源决策。咨询小组价值的大小取决于参与公民的动机。如果公民咨询小组成员倾向于为他们的公民同胞着想，要确保参与结果的话，那么公民咨询小组就能提供无偏的高质量数据。这种责任感的缺失，很有可能使公民变得冷漠，参与机制的价值也会受到限制。参与机构的成员很容易被现有权力机关收买。这也许就意味着，这些机制在解决更广泛的政府治理缺陷方面的有用程度取决于是否有坚实的公民参与州政府治理环境。

公共听证会和其他会议能在多大程度上提高地方政府的效率（经研究发现，越能反应公民偏好，服务提供越完善），似乎取决于听证会的配套机构安排。保加利亚斯维什托夫市的结果令人欣慰，公民为实际资源展开竞争，进行慎重选择，并共同融资实施选中的项目。乌克兰的听证会的举办较具有普遍性，结果似乎也更直接：参与质量更高，参与了地方政府决策的公民人数也更多，长远来看，这就有利于促进问责和提升服务质量。

如果不是公民发起和控制结果，基础设施和服务的提供也是不可能的。在斯维什托夫（保加利亚）、早则里（俄罗斯）和迈科普区（俄罗斯）这三个案例中，公民可以发起项目，增加了用于地方发展的资源量。

这些新方案能否提高政府治理水平？案例研究发现，能够证明这点的证据少之又少。在俄罗斯斯特拉梯吉亚，主张开展能够带来制度变化的政府治理。此外，由于参与努力，地方政府官员和公民都对各自的权利和责任有了清醒的认识。

这些新方案是否具备可扩展性？在单个新方案中是否存在一种转变，而这种转变又能否获得开发机构和国际伙伴的支持和认可，能否将地区中公民公共活动中的关键项目纳入总体方案中？更为重要的是，如果地方政府能力低下、公民关系未纳入州政府的职责、中央政府疲软，这些新方案是否还能够发挥作用？在案例研究中，找不到这方面的证据。事实上，至少在同种族和中央权力受到制衡、政府治理都很差的国家，也许参与政府活动，需要在地方级别政府治理投资和唤醒公民参政议政意识方面下很大的工夫。

从以上案例研究中，我们可得出以下结论：

- 新方案为人们提供了参与的机会。但还存在着问题：即参与的质量能否确保长期的参与兴趣，参与是否具有足够的广泛性。
- 新方案可以打破公民和政府之间的隔阂，增加互相理解和沟通。
- 新方案可以增强当地 CSOs 力量，从长远来看，这也许可以提高地方政府治理水平。然而，还有一点尚未确定，即获得决策权并和地方政府建立了伙伴关系的 CSOs 会不会成为地方政府的爪牙。
- 新方案可以为更多的相关设施和服务指派资源。

■ 新方案可以为地方发展增加额外收入。

这些好处不会自动产生。特定的条件会促进有效的参与。NGOs、地方政府和开发机构在尝试采用参与性预算之前可能需要预先创造这些条件。

从案例研究中我们可以汲取一些经验：良好信息产生良好的结果。公民需要获得信息而进行参与是参与的一条公理。案例研究为“良好的信息不仅是参与的先决条件并且还会增强参与的效率”这一事实提供了实例。在保加利亚的案例中，关于未来资源流动的信息强化了现实性和参与计划的有效性。在乌克兰的捷尔诺波尔市和伊万诺—弗兰科夫斯克市，在良好信息时代，关于公民对当地政府具体服务的良好信息产生的态度，加大了参与式预算实践对决策过程的影响。

单一参与机制不如联合机制效率有效。比如说，将预算听证会与信息产生活动结合起来，使得市政府更难忽略公民意见，这反过来就会给了公民参与的理由。类似的，建立公民咨询小组作为预算听证会的一种延伸，这种做法可能会将咨询小组成员的职能最小化。当与联合决策结合在一起的时候，协商可能会变得更加有意义。

意识的唤起和对利益相关者的教育是必要的。几乎所有的案例研究都表明了唤起公民和地方政府官员的意识，提高他们作为参与性预算一部分的主动性或二者的必要性。还有人注意到，这样的活动还能提高决策的质量。

激励结构很重要。只有当他们的参与努力会获得结果，公民才会参与预算。一定要设置清晰的资源上限，以便公民作出务实的选择，他们的愿望才不会落空。另外，需要建立一份中期的预算构架，以使多年的资本投资计划可以包括在内，而且计划期间交易可以不断权衡修正。保加利亚的斯维什托夫务实的参与和结果是明显的，上述建议也大都已经实施。

对参与和决策的明确规定是必要的。成功的案例大多与在参与一开始实施的时候建立了明确的规定有关（如，波兰兹沃伦市的市政理事会不仅同意这些规定，并在协商过程开始之前将这些规定公之于众）。这些规定必须涵盖：参与发起人的条件、参与发起的方式、不同参与人的权利和责任、政府如何回应公民决策结果，以及选择优先实施项目的标准等。参与过程的时间表范围也需要制定好并预先公布。

伙伴关系能使参与安排更为有效。地方政府与主要 CSOs 之间的伙伴关系使得参与充分发挥作用。在多数情况下，尤其是预算听证会和公共会议被当作关键机制的情况下，制度安排本身就需要伙伴关系。在其他情况下，地方政府参与度低以及对地方政府官员的不信任限制了新方案的有效性。例如，亚美尼亚的参与式评估。

各个地方需要边干边学。只有在参与带来实际利益的情况下才可能实现“干中学”，新方案才能得以延续。参与活动的资金来自 CSOs，参与能否持续仍值得怀疑。只有当公民将参与机制视为一项权利、而地方政府对新方案的存在少一些谨慎，参与机制才可能制度化。即使以 CSOs 产生信息的方式，参与也可促进进一步的参与式实践。如协商或多种形式的联合决策。

地方领导的领导能力至关重要。成功的参与需要政府（许多新方案是由进步的市长提出的）和公民社会组织者（需要组织能力）的强有力的领导。

领导 CSOs 和地方政府官员需要特殊的技能。他们应当擅长简化流程、解决冲突和预算编制技术。

公关活动和媒体参与非常重要。在所有的案例分析中，无论是地方政府还是 CSOs 都确信将新方案通知公众的必要性、都利用媒体发动公民参与并公布预算过程的结果。为履行这些职能并建立对新方案的信任，需要独立和强有力的媒体机构。

地方 NGOs 的联合有利于强化新方案实施。在斯特纳梯吉亚的新方案中，人民之声项目以及其他的乌克兰新方案中，参与式方案均依赖于与地方 NGO 建立联盟。这些项目通过合作扩大了它们对地方当局的影响，引进了多种专门技术。以乌克兰伊万诺—弗兰科夫斯克市为例，当地的学术团体对公民的优先偏好进行了调查，并提供了合法可信的信息，而这些信息往往是地方政府难以忽视的。

在发起和展开参与式实践的过程中，外部的因素起着至关重要的作用。除了两个新方案以外，研究的所有其他新方案均是由外部开发组织或 CSOs 发起的。

参与式预算方案不仅改变了对自身公民权利和责任以及地方政府的态度，而且提高了当地政府的效率。理想而言，随着时间的推移和公众对政府声音的理解，这种发展有助于更加稳健的政府实践。但这些研究的新方案仍不成熟，它们仅限于有强大 CSOs 引领和具有进步思想地方政府的地区。

附件：案例研究国家的参与式预算进程的成就、挑战和经验

表 4A.1　　中欧以及东欧公民参与的成果以及经验

案例研究	成就及挑战	经验
阿尔巴尼亚	成就： 地方政府对于公民的理解增强。 公民对于权衡的理解增强。 公民的兴趣导致支出增长，问责加强。 挑战： 地方政府缺乏财政自主权。 所有的地方政府预算均由财政部批准，而且财政部的负责官员掌握实权。 有组织的公民社会的发展相对较晚，而且规模较小。 地方层面的信息不容易获得	公民需要良好的信息。 参与式预算需要尊重当地财政现实。 冲突解决必须恰到好处，一开始就必须明确规则。 需要让公众理解。 妇女以及偏远地区居民的参与很难实现 可持续结果的产生需要时间
亚美尼亚	成就： 1 万名公民参与确定优先项目。 挑战： 城市官员拒绝参与。 很难保证持续性	高水平的技术投入是必要的。 扩大地方政府、CSOs 以及社区的规模，对于新方案的可持续发展至关重要

续表

案例研究	成就及挑战	经验
保加利亚的斯维什托夫	成就： 在实践中吸取经验。 公民意识中的政府责任增强。 参与行为得到改进。 出现共同融资。 基本工程项目的持续性得到提高。 挑战： 存在风险，精英有可能抓住机会	规划应务实。 应有鼓励措施以激发公众热情。 地方领导以及兴趣小组必须拥护和发起行动，组织资金，并对过程进行管理。 就政府间系统的权利、职责和作用的公众教育非常重要。 参与行为随容量的扩大而持续发展。 参与行为吸引了共同融资，增加了持续性
波兰的兹沃伦	成就： 参与行为使得政府的公民优先意识得到加强。 采取透明规则下的透明过程优先分配资本资源。 挑战： 地方社区以及私营部门的参与在地方发展缓慢。公民没有意识到参与是他们的责任	通过媒体活动通知公民首创精神是非常重要的
罗马尼亚的布拉索夫	成就： 预算听证过程中形成了规模更小，效率更高以及参与度更高的委员会。 居民委员会热心于探究居民的需求，并开展了小规模基础设施项目。 挑战： 建立公众信任，并使机制参与有意义是很困难的	最初的几年里持续的努力是很重要的，因为参与过程的制度化需要很长时间

续表

案例研究	成就及挑战	经验
俄罗斯联邦阿尔汉格尔斯克州梅津地区早则里	成就： 村庄的社会服务事业得到改进。 拥有了更多可以利用的资源。 村民的策划能力、筹集资金的能力以及解决自身问题的能力增强。 改变了思考解决方案的着手点。 挑战： 没有足够的资源用以农村地方当局从事地方发展。 当地公民不了解当地政府结构的变化，并不知道自己拥有参与的机会。 当地公民最初不信任集体力量	当地教师的领导尤为重要。 培养村民自我认识能力以及让他们意识到自身解决问题的权利很重要
俄罗斯联邦克拉斯诺达尔边疆地区迈科普区的9个村庄	成就： 各个村庄充分应用各自的优先权。为各自的基础设施开展规划，筹集资金和改善活动，7个村庄现在已经拥有煤气管道，并开始组织贸易，许多村庄安装了电话，同时交通基础设施也得到了改进。 挑战： 很难在地方政府和当地居民之间建立起信任	获得授权的参与过程为地方增加了额外收入。 法律体制允许，小村庄的公开听证会制定具有约束力的合法自治决策，促进了创新解决方案的产生
俄罗斯联邦列宁格勒加特契纳区	成就： 受益人掌握了更多的支出控制权。 提高了地方行政机构在预算编制以及税收计算过程中的参与度。 挑战： 地方行政机构最初认为他们的主要职能是控制支出，而不是管理地方发展	地方管理机构的能力建设至关重要

续表

案例研究	成就及挑战	经验
俄罗斯联邦圣彼得堡	成就： 培养了当地非政府组织能力并树立起了他们的信心。 随着时间的推移，参与人数逐渐增加。 相互作用的机构在非政府组织中逐渐成立，专家社群以及地方当局在将来有可能大有前途。 联合项目得到发展；在一些城市，联合预算编制机制已经成为惯例。 一些城市实行了政策共同审核。 民间团体的能力弥补了地方当局能力的缺失。 参与行为增多。 挑战： 获取知识的途径仍然不足；对知识的需求仍然很低。 公众参与决策制定的法律基础仍不明确。 预算以及其他组织资助的非政府组织之间的差距很难逾越。 当地政府认为参与仅仅包含信息共享以及咨询。	学者的加入导致了强烈的概念化并使交流变得老于世故。 独立预算分析有助于听证会的成功。 听证会以及其他透明组织演变成互利双赢的机制。 政府间的关系对参与行为产生了消极的影响。 当地非政府组织能力不足，缺少非政府组织联盟，以及合并程度低阻碍了地方组织和高效参与的发展。 其他存在于地方精英和地方当局之间的有影响力的互相作用的机制反对透明的公共听证会。 没有文化以及公众，非政府组织与选举出来的议会成员的意识淡薄阻碍了参与。 透明度低以及软弱的媒体限制了影响。 非政府组织的分析学者的分析有用的多。 听证会缺乏沟通而影响不大。 历史影响了公民响应参与新方案的方式。 适度，有节制很重要
俄罗斯联邦圣彼得堡	互相不信任削弱了听证会的作用。 当地非政府组织能力不足，缺少非政府组织联盟，以及合并程度低阻碍了地方组织和高效参与的发展 得益于现存非透明机制的影响的演员反对公开听证会。 低水平的专业水准以及当地专家的恐惧导致了很高程度的互相不信任	

续表

案例研究	成就及挑战	经验
乌克兰卡缅涅茨·波多利斯基、赫梅利尼茨基州以及其他31座城市	成就： 参与听证会以确保当地预算优先的人数上升到600，其中很多人代表了整个社区。 听证会向与脆弱的小组合作的小组提供了一条大道，以使他们的心思转到预算审议上来。 公众与政府之间的信任提升。 公正的优先发展的项目与意见融入到预算过程中。 当地政府有能力利用居民的支持来拥护更高级别的政府。 州政府及国家政府为了确保从收入所得税取得预算收入，发布新的方案。 正是由于公共听证会的引进，市政的消费模式发生改变 项目经验通过互联网在其他城市传播。 挑战： 参与的质量并不理想，因为并没有很多女性参与。 机制属于精英。 尽管法律体制使得听证会具有强制性，但是并不是所有的城市都有这样的章程。 在一些城市，地方政府以及民间团体的能力仍然很低	参与过程的发展使经验得以丰富。 城镇（当地大学）的技术能力促进了更加复杂的工具的使用，比如，民意调查。 当地市长的领导力以及具有多元主义和政治能动性价值观的城镇领导的推动很重要。 预算问题的进一步透明化比参与实践重要。 更好的背景信息（比如，预算及网络上的预算执行信息）使得参与得以进行。 民意调查和民意测验支持预算听证会，这使得理事会很难忽视公民的优先权。 公开听证会需要其他机制的支持，如公开计划委员会。 转换到项目预算是有效的，改变了预算过程中提出的问题的性质。 在成功机制可以在其他的地方复制之前，对能力建设的大力支持是必要的

本章注释

①法律框架包括：让公民可以自发组织成为参与地方自治政府单位。

本章参考文献

Abers, Rebecca. 2003. "Reflections on What Makes Empowered Participatory Governance Happen?" In *Deepening Democracy: Institutional Innovations in Empowered Participatory Governance*, ed. Archon Fung and Eric Wright. London: Verso.

Azfar, Omar, Satu Kähkönen, Anthony Lanyi, Patrick Meagher, and Diana Rutherford. 1999. "Decentralization, Governance and Public Services: The Impact of Institutional Arrangements." IRIS Center, University of Maryland, College Park.

Banks, Christopher, and Juliana Pigey. 1998. "Republic of Albania: Opportunities and Issues for Municipal Reform." Report prepared for the U. S. Agency for International Development, Urban Institute, Washington, D. C..

Doane, John, Malcolm Simpson, and Carol Rabenhorst. 2000. "Baseline Study for Armenia Local Government Program." Report prepared for the U. S. Agency for International Development, Urban Institute, Washington, D. C..

Dongier, Phillipe, Jenny Litvack, Keith Mclean, and Anirudh Krishna. 2002. "Forging Partnerships between Elected Local Governments and Community - Based Organizations." Paper presented at a meeting on Strengthening Operational Skills in Community Driven Development, April 15 ~ 19, World Bank, Washington, D. C..

Driscoll, John. 2002. "Introducing Community - Based Capital Investment Planning in Bulgaria." Local Government Initiative, Research Triangle Institute, Washington, D. C..

Falk, Stevan. 2001. *A Taste of Success: International Budget Project.* Center for Public Policy Priorities, Washington, D. C..

Fox, Jonathan. 2000. "Political Accountability and Civil Society: Propositions for Discussion." Paper presented at the conference on Institutions, Accountability, and Democratic Governance in Latin America, sponsored by the Helen Kellogg Institute for International Studies, University of Notre Dame, Paris, May 8 ~ 9.

Goetz, Annemarie, and John Gaventa. 2001. "Bringing Citizen Voice and Client Focus into Service Delivery." IDS Working Paper 128, Institute for Development

Studies, University of Sussex, Brighton, United Kingdom.

Holdar, Gina. 2002. "Report Cards." In *Citizen Participation Handbook*, ed. B. Coe. Kiev: People's Voice Project.

Karatnycky, Adrian, Alexandra Motyl, and Amanda Schnetzer, eds. 2001. *Nations in Transit.* Washington, D. C.: Freedom House.

Krishna, Anirudh. 2003. "Partnerships between Elected Local Governments and Community - Based Organizations: Exploring the Scope for Synergy." Social Development Paper 52, World Bank, Washington, D. C..

Krylova, Elena. 2005a. "Civil Participation in Subnational Budgeting in Russia." Background paper prepared for *Participatory Budgeting*, ed. Anwar Shah. Washington, D. C.: World Bank.

——. 2005b. "Civil Participation in Subnational Budgeting in Ukraine." Background paper prepared for *Participatory Budgeting*, ed. Anwar Shah. Washington, D. C.: World Bank.

Kuts, Svitlana. 2001. "Deepening the Roots of Civil Society in Ukraine." Finding from an Innovative and Participatory Assessment Project on the Health of Ukrainian Civil Society, Civicus, Kiev.

Levitas, Tony. 1999. "The Political Economy of Fiscal Decentralization and Local Government Reform in Poland, 1989 ~ 1999." Research Triangle Institute, Washington, D. C..

Malena, Carmen, Reiner Forster, and Janmejay Singh. 2004. "Social Accountability: An Introduction to the Concept and Emerging Practice." Social Development Paper 76, World Bank, Washington, D. C..

McGee, Rosemary. 2003. "Legal Frameworks for Citizen Participation: Synthesis Report." Logo Link report, Institute for Development Studies, University of Sussex, Brighton, United Kingdom.

Natkaniec, Agnes. 2002. "Citizen Participation and Capital Investment Planning." In *Citizen Participation Handbook*, ed. B. Coe. Kiev: People's Voice Project.

Novkirishka - Stoyanova, Malina. 2001. "Legislative Framework Supporting Citizen Participation in Local Government in Bulgaria." Local Government Initiative,

Research Triangle Institute, Sofia, Bulgaria.

Ovchintseva, Liubov. 2003. "The Current State of the Social Sphere in the Village." In *Local Self - Government and Civic Engagement in Rural Russia: A Collection of Papers.* World Bank, Eastern Europe and Central Asia Region, Washington, D. C..

Preci, Zef. 2002. "Dialogue and Partnership between Government and Civil Society in Albania." Albanian Centre for Economic Research, Tirana.

Savranskaya, Olga. 2003. "Legal Foundations of Rural Self - Governance." In *Local Self - Government and Civic Engagement in Rural Russia: A Collection of Papers.* World Bank, Eastern Europe and Central Asia Region, Washington, D. C..

Serban, Daniel. 2002. "Community Involvement in Public Service Delivery. A Challenge for Both Local Authorities and Citizens: The Romanian Experience." Organization for Economic Co - operation and Development, Paris.

Tiurin, Gleb. 2003. "House of Hope for Zaozerie." In *Local Self - Government and Civic Engagement in Rural Russia: A Collection of Papers.* World Bank, Eastern Europe and Central Asia Region, Washington, D. C..

Urban Institute. 2004. "Participatory Budgeting Initative in Albania." Tirana.

USAID (U. S. Agency for International Development). 2001. "Assessment of Nongovernmental and Civil Society Organizations in Ukraine and Moldova." USAID Regional Mission Report, Kiev.

Viitorul. 2004. *General Report on the Situation with Autonomy of Local Government in the Republic of Moldova.* Viitorul, Chisinau, Moldova.

World Bank. 2003. *Local Self - Government and Civic Engagement in Rural Russia: A Collection of Papers.* Eastern Europe and Central Asia Region, Washington, D. C..

Zakharchenko, Olha. 2002. "The Role of Citizen Involvement, Policy Development and Implementation." In *Citizen Participation Handbook*, ed. B. Coe. Kiev: People's Voice Project.

第五章

亚洲的参与式预算

Alta fölscher

本章分析孟加拉国、印度、印度尼西亚、菲律宾和泰国地方政府实行参与式预算的情况[①]。在这些国家中，有些国家是由政府提出实行参与式预算；有些国家则是由当地的一些 NGOs 或其他第三方机构提出的。有些国家的目的是提高透明度和强化问责，有些国家则是为了使公民直接参与公共事务的决策。有些国家参与的公民是在预算编制的形成阶段实施，有些国家的参与是让公民参与监督，甚至参与审计[②]。

这些案例研究是否提供了公民参与有益的证据？如果有的话，对于推广这种创新的做法来说，能否在必要的和支持性的因素方面得出有用的结论呢？

为了回答这些问题，本章首先说明参与式预算是如何发展起来的。然后回顾亚洲的情况，主要是说明在这 5 个国家中如何进行更广泛的民主化、分散化和参与式预算的实践。第三部分分别介绍这 5 个国家实行参与式预算试点的类型，并分析执行情况。第四部分指出亚洲推行这种预算的教训。最后一部分是在案例研究的基础上，作出一些总结。

公民参与为什么有利于发展?

公民参与地方公共资金的分配和使用可以提高发展的成果，主要有几个理由。

第一，公民最了解他们的需要、他们的选择和当地的条件。公民参与决策，通过更好地使用资金将商品和劳务用于最需要的地方，从而提高政府效率。公民的参与将有助于制定更好的公共政策，并且更好地执行公共政策。

第二，公民参与将强化直接纵向的或社会的责任。一旦公民参与公共产品和服务的规划、融资、分配和监管，对政府工作人员和官员的激励和压力都将发生变化。政府官员将更加负责地代表公民作出选择，因此，腐败会减少，效能和效率会提高。重视公民的意见将使官员把公民看做是政府的客户。发展伙伴的做法更加重视参与项目目标的变革，尤其在法治环境差的国家，如孟加拉国和印度尼西亚。Edstrom（2002，2）指出，这么做的目的是为了“在严重滥用政府权力和自上而下制定计划的国家（印度尼西亚）彻底实行提高透明度和自下而上民主化的做法。（参与式政府治理）号召村民向政府及其社区进行问责，并且要求政府对他们认为重要的投资负责”。参与式政府治理制度“将使这种要求具体化，即通过建立参与和问责制度，使地方政府对公民意见更加敏感，提供的服务更加有效”（McGee，2003，6）。

第三，参与式预算可以提高民主的质量。参与公共决策是一种直接的民主形式，与代议制民主相比，这种民主使公民与政府之间建立更加有意义的关系（Mcgee，2003）。参与式预算可以使边缘化的群体有机会接近政策制定者。在任何政治制度下，有权力和有经济地位的群体比边缘化群体更加容易参与国家事务。纯粹的代议制民主可能解决这种不平衡性，尤其在已经出现高度不平等的情况下。在政府管理体制之中引入参与的做法，重新建立平等的机会就增加了，因为，制度化的参与机制可以降低参与国家事务的进入门槛，并且允许社会弱势群体在政策制定过程中发表意见。这与纯粹的代议制民主是不同的，后者是绝对的官僚主义效率。直接民主与代议制民主相结合可能是最有效的民主形式。爱德华（Edwards）指出："如果没有持久的公民压力（参与式民主中存在这种压力），政府很少能兑现在选举时提出的承诺。但是，如果没有选举制，则很难使公民社会中的不同利益和议程协调一致。"（2002，引自 McGee，2003，9）

有效的参与式民主取决于在决策过程中的审议质量。审议强调"在决策过程中，向公民提供考虑问题、权衡利弊和对政策建议或推荐的候选人进行表决的机会，以引起广泛的公民参与……从参与的广泛性和质量来讲，这与一般的、空洞的公民参与模式是不同的"（Weeks，2000；McGee，2003，10）。

参与式民主不是摆设。这要求决策程序首先不能成为利益集团的政治活动，而是实现决策程序的合理性。如果参与活动是为了实现改进民主管理质量的承诺，那么高质量的审议程序就应当是题中之意。这包括在审议过程中鼓励公民参与、提高参与水平和取得信息的质量。

公共决策中有意义和有效的公民参与还可以增强对政府的信任和权衡利弊方案的承诺。在提高预算透明度的同时，参与的做法可以增强社会凝聚力，这将为增加税收带来非常明显的好处。

亚洲的历史背景

Russell - Einhorn（即将发表）对影响公民反映意见有效性的基本因素与影响制度设计、有效资源和能力等方面的因素进行了区分。第一个约束条件通常包含在社会和政治环境之中，并且包括社会文化、政治和行政管理的传统、法律和改革。在这方面，亚洲的特点是，建立支持性的法律构架，发展活跃的民间组织，并且公民导向的宪法革新历史比较短，政治遗产和精英政治的历史通常比较长。

参与式预算在政治、宪法和法律方面的历史背景

本章所有的案例国家都实行了民主政治。其中两个国家是通过脱离或独立运动而成立的（孟加拉国和印度），三个国家在举行反对当局统治的公民社会起义后，最近修改了宪法。这些国家都制定了直接民主的法律规定，但在政府治理活动中都没有坚持实行（见表 5 – 1）。在这 5 个国家中，传统的社会结构与自由式民主、多数人参与和问责的法律规定同时并存。实际上，这意味着有意义的参与式预算并不是规范的做法，精英式人物仍然掌握政治权力和控制国家机器。

表 5 – 1　　孟加拉国、印度、印度尼西亚、菲律宾和泰国在分权和参与式预算方面的宪法和法律条款

国家	政治和宪法背景	分权与参与式预算方面的宪法和法律条款
孟加拉国	东巴基斯坦 1971 年从西巴基斯坦脱离后，开始实行民主制度。宪法包括权利法案和“共和国权力属于人民”的誓言	政府最新的反思建议，包括村级委员会在内，应当建立 4 个层次的地方政府体制，但是，这个建议并没有得到实施。与地方政府财政能力一样，确定各地方政府职能和责任的法律框架不完善
印度	印度自 1947 年甘地独立运动后，开始实行联邦民主共和制。宪法明确强调了公民的基本权利。第 73 和第 74 修正案引入了村民自治制，以推进最基层的民主	宪法明确规定了地方政府的职能和责任。地方政府主要依靠中央政府的转移支付：地方收入有限，主要是财产税、工薪税和有限的特许收费收入。 由财政委员会确定转移支付的标准，国家计划委员会分配重大资本性投资项目的资金。地方政府在提出新计划和项目方面具有财政自主权
印度尼西亚	1998 年的游行抗议活动导致苏哈托在实行 32 年专制统治后下台。重新执行 1945 年的宪法，自从那时以来，逐步向更加进步的方向变革	1999 年以来，印度尼西亚通过了两部关于分权的法律。由于官僚机构的反对，失去了立法方面取得的许多成果

续表

国家	政治和宪法背景	分权与参与式预算方面的宪法和法律条款
菲律宾	经过群众示威活动后，1987 年马科斯政权倒台。宪法进行了进步性的修改，包含了许多自由和民主权利的内容，并承认民间组织	根据宪法的有关条款，《1991 年地方政府法》体现了综合分权的计划，这个法案使地方层面的民间组织参与式预算制度化，在 NGOs 与地方政府共同制定计划和合作方面，从服务条款上规范了双方之间的合作关系。该法案规定地方成立地方发展委员会，并必须保证有 NGOs 的代表参加
泰国	1992 年的示威活动结束了 60 年的军人统治体制。宪法进步了，包括了大量的自由与民主权利的内容，规定支持建立更加广泛的民间组织	宪法规定实行分权制。《地方政府法》十分强调实行参与式预算

资料来源：Brillantes，2005；McGee，2003；Paul，2005b；Rahman、Kabir 和 Razzaque，2004；Suwanmala，2004。

世界各国的经验表明，为了形成适合实施分权和公民参与式预算制度的环境，必须制定这方面的法律。法律构架规定了行为人实施及实施范围的条件，从而影响其他行为人的行为（McGee，2003）。在地方政府影响中央政府、公民社会影响政府方面，这个理论都是成立的。各国的经验还表明，法律构架不足以确保实行有效的分权和形成参与式机制。尽管在公民参与和责任方面制定了大量的宪法和法律条款，但是，在案例研究的国家中仍然出现了阻碍民主的问题，这些国家传统的非民主社会规范依然支撑着其政治体制（McGee，2003）。只有在法律构架中清晰地确定角色和责任，分权体制才能有效地发挥作用，但只有法律构架是不够的。

在案例研究国家中，出现了法律构架与实际运行之间不一致的各种形式的问题。在孟加拉国，地方政府竞选活动进行得非常激烈，投票率相当高，但是，地方政府的角色和责任规定得不明确，因此，地方政府的执行力非常弱。财政能力也受到了限制，地方政府主要依靠中央政府的转移支付。地方政府的构架不完善，加上国家层面政客、官僚和商人之间的紧密关系，必然导致高度集权的政府体制（Rahman、Kabir 和 Razzaque，2004）。因此，地方政府体制不健全，无法提供基本的服务。在国家层面，弱势群体基本上被排除在预算决策之外。省政府也没有完全参与国家预算，但是，有组织的和掌握资源的利益集团却直接进入政治权力和官僚系统，为他们的利益而游说议员。相反，穷人实际上无法控制政策调整，以改变他们的生活状况（Rahman、Kabir 和 Razzaque，2004）。孟加拉国的案例研究提供了一个例子，即促进合作伙伴与其他利益攸关者共同为公民创造更好的地方政府。

在印度，地方政府的角色和责任确定得非常清楚，但在启动新的计划和项目方面，地方政府的财政自主性是有限的。地方政府只有名义上的财政（更进一步是政策）自主权，实际上却没有（Paul，2005b）。此外，传统的社会规范阻碍了广泛基础上参与式预算的有效实施。因此，令人感兴趣的是，在印度的案例研究中，除了一项以外，所有的行动计划都是由民间组织发起的，至少有两种做法涉及代表社会最底层的利益。

在印度尼西亚，分权方面的立法进度缓慢，并受到官僚的反对，立法的好处无法显现出来（McGee，2003）。在印度尼西亚地方层面参与式决策的案例研究中，政府是关键性的合作伙伴。根据 Edstrom（2002）的理论，宁愿选择与地方政府合作，而不与中央政府合作，这说明在腐败问题严重的环境中，必须进行强烈的干预，以改进国家效率。

在菲律宾，地方政府执行参与式预算的情况是参差不齐的。纳加市的例子说明，国家关于参与式预算的法律条款必须以更加详细的法律规定来补充，以调整公民与政府之间直接参与的结合点。政客往往不愿意承担强烈的问责或受到地方对中央权力的约束（Azfar、Kähkönen 和 Meagher，2001）。该国传统的体制被称为新世袭制，与家族分权与中央集权官僚部落的结合，以协调政策的执行。这些原因使公民无法参与地方政府事务。一些社会变革也有效地推进了民主化和分权化，包括公民参与地方政府事务。

泰国《地方政府法》参与条款的实施情况也是参差不齐的。不过，泰国的情况说明，国家确定政府管理构架可以促进地方层面的变革。

公民社会的状况

在一些亚洲国家，公民社会利用开展抗议和群众活动的冲突机制，成功地进行了大规模的政治变革。在该地区，全国性的大型 NGOs 与国家一起在提供服务方面发挥作用，这可以弥补国家在提供基本服务方面的不足。例如，在孟加拉国，提供服务的 CSOs 发展得很多，已成为国民生活的一个重要特征。

在地方层面公共决策中，与政府进行合作的公民参与是比较新颖的。但是，案例研究中的一些证据表明，接受公众意见的历史可以使公民更好发挥有益的作用。

如果本章的案例研究与中东欧情况正好相反，这也许是最好的解释（见第 4 章）。第一个明显的区别是，亚洲的案例研究表明，参与式预算几乎都是由国内行动者发起和实施（地方政府或地方民间组织）。亚洲与东欧相比，国际组织和机构在发起和推动参与式预算方面发挥的作用比较小。但在东欧，几乎所有参与式预算方案都是由开发合作机构或国际 NGOs 发起的。这种区别可能与亚洲实行问责治理体制性政府和公民参与的历史比较长有关，使公民和（地方）政府对公民与国家的关系产生不同的看法。当公民已经理解他们在地方政府中的作用时，公民才会参与地方的决策过程。相反，中东欧长期的共产党中间派执政排斥民间组织。中东欧实行参与式预算的一个重要贡献是，使公民意识到他们的权利和义务。而在亚洲，这种意识形态的“平台”早已存在。

菲律宾是这方面一个很好的例子，该国以两种相互促进的方式不断地发挥民间组织的作用。在 1986 年之前，政府管理的集中化程度越来越高，渎职严重，由于资源缺乏，在地方服务方面存在不足的问题，而民间组织正好填补了这些不足（Brillantes，2005）。1986 年马科斯当局垮台后，在民间组织可以参与政府管理过程方面，宪法作出了十分明确的框架性规定。宪法规定，政府鼓励 NGOs 在促进国家福利方面发挥作用。这确保了在各级政府的社会、政治、经济决策中人民组织的有效参与权。《地方政府法》的条款转化为参与式的外部机制。在地方发展委员会中，NGOs 至少占有四分之一的席位，在地方招投标委员会、地方医疗与学校理事会、地方和平与秩序委员会，也是如此。

与其他地区国家的政府相比，案例研究的亚洲国家中的政府可能准备更加充分，最大程度地从公民与国家的合作中获得了好处。在印度的拉加桑邦（Rajasthan），邦政府认识到，社区可以在确保公共资金有效使用方面发挥作用，因而目前正在向本邦的其他地区推广 CSO 首创的社会审计法。在泰国和菲律宾纳加市的案例中，地方政府认识到，国家法律框架为参与式预算和发起参与实践提供了可能的条件。

参与式预算行动计划的类型

“参与式预算”包括各种不同类型和层面的公民参与公共资源决策和公共服务提供。根据公民在计划、分配和监督公共资源的使用方面参与政府行动空间的程度，可以将公民参与分为两种基本类型。

在第一种参与式预算行动计划中，公民并不全盘接管或参加政府的预算过程，而是成为政府预算管理的合作伙伴。公民在更广泛的公共领域发挥作用，主要目的是为了提高政府行政的透明度和强化公务员的问责。这种参与式预算在代议制民主的框架内实施：公共决策权仍然由政府机构和选举产生的官员掌握。然而，公民并不认可这种制度下官僚机构的效率，因此，要采取行动，以提高透明度，强化问责。换句话讲，最明显的是，这些行动会在政府之外提供公共政策和服务方面的信息，以影响政府的事务。这种类型的参与式预算，通常是由 NGOs 发起的。

在第二种类型参与式预算行动计划中，公民参与了公共机构的决策过程。这可以看做是一种直接民主的形式，这种类型的参与将贯穿于整个预算过程。此外，如果政府建立或接受的参与机制超出了政府传统控制范围，政府拥有自行处理权，因此，这些机制的实施说明了参与的不同程度。McGee（2003）阐述了参与式预算的4种方式：信息共享，协商，共同决策，利益相关者发起和控制。他认为，随着参与式预算的不断发展，这些方式将成为使参与式预算更有效的工具：利益相关者直接发起和控制的做法比共同决策，也比协商和信息共享更加有力。

提高透明度和强化责任的行动计划

公民社会在第一个层面参与预算的内容包括努力反映公民的意见，并供地方政府参考，或者政府与公民之间进行对话和通过预算分析来影响公共决策。这个层次的参与效果取决于说服决策者改变发展和资金支出重点，提高服务质量所需要的信息质量。然而，正如保罗（Paul，2005a）所述，在参与面广泛的活动中，需要借助于专业人员对预算进行分析和解释，或者借助“人民的力量”来认识预算。保罗强调各种 NGOs 尤其是成员基础广泛的组织必须联合起来。

要使普通公民参与进来，必须使预算分析通俗易懂，并且贴近大多数公民。可以采取各种方式使公民参与进来，例如，让公民参与公开的竞选和事务，或者请公民通过投票表达他们对政策和提供的服务问题的选择。普通公民的参与还可以使 CSOs 以制度性的方式强化对公共项目和服务的监督与审计。

在下面介绍的所有5个案例研究中，NGOs 采取了提高透明度和强化问责的方式来影响政府事务。它们常常向公共部门反映关于公共服务方面重要的新信息。它们动员普通公民加入 NGOs，促进公民与 NGOs 之间的合作，使“人民的力量”对选举产生的代表和公务员进行问责。为了做到这一点，它们还有效地利用媒体来接近公民、立法委员和政府官员。他们知道如何利用揭露出来的名人丑闻。当需要将技术信息转换成通俗易懂的概念或者将遥远的事务转换成与人民日常生活息息相关的问题时，NGOs 往往会进行创造性的工作。

保罗（2005a）认为，只有在坚持民主治理、进行公开讨论并虚心接受政府机构批评、相对自由的媒体和独立的 NGOs 的社会，参与式预算项目才能成功。这个观点可以用于衡量民主管理的质量。Goetz 和 Gaventa（2001）强调指出，对于决定参与的水平和质量来说，政治体制的组织和性质是十分重要的。CSOs 应当拥有专家和资源，通过各种提高透明度和加强问责的机制，发起提高政府效率的计划。但是，如果是讲究身份地位、个人威望和裙带主义的政治体制，CSOs 的努力就不会产生显著的收益。如果选民的偏好对确定公共政策将发挥更大的作用，政治家就没有余地采取使选民不满意的做法。

为了进行变革（或者预防服务变差），行动计划要让政府官员了解“公共责任不适当性”（public accountability discomfort）的内在威胁。一个国家的民主治理越有活力、政治权力之间的竞争越激烈，有效的公民社会参与就有更多的选择。选举结果的不确定性和以政治权力竞争作为政策基础的程度，也是影响民主参与的因素。在不是根据公民对公共产品和服务偏好确定政策的环境下，致力于预算过程政策和分配的行动计划将更难取得成效。在这种环境下，首先注重执行和服务提供的行动计划，很可能引起选民的不满，因而造成不良影响。孟加拉国就是这方面的例子，由于地方政府不能公平和有效地提供公共服务，尽管地方政府选举吸引了大量选民参加并且竞争激烈，但是地方政府仍然威信不高。

在下面介绍的 4 个案例中，参与式审计（participative auditing）和计分卡方法（score card methodologies）产生了最有效的结果：调整和改进了服务和项目的执行。开展行动计划，主要是改变不按优先次序分配资金的做法，要想在这方面取得有效的结果非常困难。当然，在政策制定和资源配置过程中，公民和公民社会的意见与其他许多利益集团进行了论争。即使在确定政策时会听取公民的意见，为了让公民的偏好能够改变支出用途，必须建立预算和支出周期的某种关联。尽管曝光这种支出缺口的分析会对政府官员造成一些压力，但是支出问责制度就更难建立了，尤其在政府间财政体制环境中，这种现象将会长期存在。进一步说，政府（和公民）更倾向于承认公民享有使政府对项目和计划执行问责的权利，而不是允许公民在政策制定和预算管理过程中享有发言权。也就是说，要理解不同政治环境下不同地区效率的差异，“责任不适性”问题的原因的变化不应被忽视。

印度古吉拉特邦的社会和人类发展计划

社会和人类发展计划（Development Initiative for Social and Human Action，DISHA）是一个自发性的地方组织。该组织成立于1985年，既是工会，又是一个部落福利组织，主要是为了改善古吉拉特邦的大量部落居民的生活条件。该组织成立了一个叫派特（Pathey）的下属组织，主要负责预算分析和宣传工作，作为对该组织积极宣传计划的补充。由于DISHA有着广泛的群众基础，使得Pathey在公民参与公共事务和推选代表方面能发挥更大的作用。当然，派特也有来自于组织之外的经济和财政专家。

派特主要分析与部落穷人相关的邦政府预算问题。至少要进行综合分析，而且采用专门的分析方法，包括对最相关部门（健康、教育）的预算支出分配情况进行分析和跟踪分析与当地人民有关的特定支出计划。派特还通过对受益者的实地调查和面谈，跟踪了解与部落人口高度相关的支出计划执行情况。例如，派特跟踪调查应急支出计划的执行情况，以了解选区预算是否按规定使用专项拨款。

派特将他们的研究意见同时送给立法委员和目标群体。派特从一开始就意识到，普通百姓不理解或不会使用专业的技术分析资料。因此，他们建立了一个包括工会在内，由NGOs组成的网络，形成与政府对话的联盟。DISHA和派特还发起了将预算研究意见通知邦教育立法委员和政府官员的群众活动，通过媒体发布对预算的分析意见，以帮助提高DISHA和派特在立法机关和政府中的发言权。通过选区预算分析活动，派特动员当地的公民社团和NGOs与地方政要们见面。

为了衡量自己的工作效果，派特进行了民意调查，结果表明，目标读者十分欢迎该组织的工作。实际上，在收到预算资料的民众中，三分之一的民众对预算执行情况进行了跟踪调查活动。派特的许多非官方合作者利用该组织的分析资料，使有关地方政府关注一些特定的问题。他们也认识到了这些信息的长期价值。邦立法机关的成员、各政党和高级公务员采纳了许多派特的研究结论和建议（Paul，2005a；Wagle 和 Shah，2003）。

印度的工人和农民权利组织

印度的工人和农民权利组织（Mazdoor Kisan Shakti Sangathan，MKSS）是印度拉贾斯坦邦的一个工农协会，其采用另一种方式来鼓励公民参与预算管理过程。MKSS 举行公民听证会，又称“社会审计”。在听证会上，公民们讨论有关他们社区发展方面的政府支出，从而，公民们使得官员们对那些支出负责。

典型的社会审计公众听证会包括 5 个阶段。

在第一阶段，MKSS 收集公共部门的文件，包括现金账本、工资清单和支出凭证、项目工程师的评估报告、发展项目的使用证明。用这些文件和凭证来核对政府财政支出。

在第二阶段，将这类信息用村民们熟悉的语言改写成现有的技术信息（例如，以骆驼和健牛车的装载量为计量单位，而不是以吨为计量单位）。

在第三阶段，项目工作人员挨家挨户地将这些信息告知村民。对于记录的数据是否准确，居民当场进行反馈。有时候，工人们会提出，工资清单上的数字与他们实际得到的收入之间存在差异。如果出现以虚假名字或死人名义冒领工资的问题，村民们会提出来。这个过程短则一个星期，长则几个月。

在第四阶段，举行公众听证会。参加听证会的人将会非常多，因此在村子的空地举行，公务员、地方选举的代表、当地媒体和公民都出席。由德高望重的公民组成的专业小组负责监督这个过程。如果公民提出支出存在铺张浪费、计划不周或腐败等问题，必须出示证据。听证会也给具体负责项目的公务员解释的机会。在有些情况下，如果官员被确认做错了，必须当场退回非法所得资金（Ramkumar 和 Krafchik，2005）。在最后阶段，MKSS 需要准备一份正式的报告，分送邦政府高级官员、媒体和其他公民社会团体。

这种行动计划取得了显著的成效。从最基本的层次上讲，这种做法抑制了腐败现象的产生。但是，实际效果则更加广泛：邦政府现在要求，每个村子每年都要进行社会审计。作为审计的一项内容，全体村民都应有投票表决的机会，以核实在村子中的项目是否成功完成。该邦通过了一个有关公民知情权的法律。尽管这项审计程序存在局限性，但这是在为公民审计公共资金提供制度空间方面的一项激进改革（Ramkumar 和 Krafchik，2005）。

印度班加罗尔市的公共财政运行记录行动

为了改进公民参与城市预算管理过程，班加罗尔市的地方公民社会联合发起了公共财政运行记录行动（Public Record of Operations and Finance，PROOF）。该市有 600 万人口，而且是印度高科技产业的聚集地。PROOF 的宗旨是揭开预算管理过程的神秘面罩，使之与公民更加贴近。其领导政府和公民之间展开阶段性对话、预算分配、优先事项和绩效。

PROOF 是在班加罗尔市财政管理体制现代化的背景下产生的，当时改革了预算编制形式，而且及时地报告收入和支出情况。及时取得预算信息的要求，是促使 PROOF 的推进者发动这项活动的主要原因。PROOF 活动的合作伙伴为预算报表带来了补充技术：预算分析、公民组织、建立邦政府与公民社会之间的对话和交流机制，以及建立社区意识。

PROOF 创建了一个城市预算的公众讨论会，每个季度举行一次，事先和事后可以对预算的专门内容进行更加详细的调查研究。第一次讨论会的举行要做一些准备工作，主要是进行信息宣传活动，对公民进行预算常识方面的教育。这项工作十分必要，可以达到鼓励普通老百姓出席会议的目的。为了增加公民的经济常识，PROOF 为公民举办了培训班，由注册会计师和财务分析师授课。

PROOF 最开始关注预算的所有问题，后来将重点放在特定的支出或收入问题上。对投入和支出趋势的分析也转向了支出取得的效果。现在，PROOF 正在进行预算绩效指标的开发工作。

此外，公共事务中心是 PROOF 的创始成员之一，PROOF 利用这个中心进行的民间报告卡测验，形成自己的意见交换资料。这些报告卡采用了民意测验方法，产生了对政府基本公共服务满意程度的大量信息，例如电力供应。这些报告卡反映了公民对城市公共服务的评价意见，还提供了包括公共服务的质量、效率和充足性，以及公民与服务供应商打交道时面临的问题在内的有用反馈信息。如果有若干家服务供应商，还可以对他们之间的服务水平进行比较。报告卡还可以收集有关信息，主要是由低质服务引起的个人支出情况，以及分析家庭和城市无效公共服务的经济成本。报告卡对公共服务提供的水平、质量和效率都产生了实际的影响。

在上述介绍的背景情况下，从实行这种行动计划以后的 3 年中，参加 PROOF 举行的季度会议的人数不断增加，而且公民对预算问题提高了认识，增进了理解。该市在共享预算信息方面更加公开，市政府与公民社会团体之间的紧张关系得到了缓解，变成了发展合作伙伴关系。市长、市议员和高级官员都参加这种季度会议，并且回应 PROOF 分析报告和公民提出的问题。

尽管努力扩大参与的广泛性，但 PROOF 还是受到了批评，批评意见认为专业人员支配了该项活动。批评意见认为，公共讨论会中关注的问题都是由精英人士提出，而且季度会议没有分析一些如腐败问题之类的关键问题。另一个常见的批评意见是，预算讨论太专业了，以至于普通百姓只能了解一些皮毛。有的批评意见认为，如果审核社区的预算，这种程序就更值得推行了（Paul，2005b；Vijayalakshmi，2004）。

菲律宾阿布拉省的公民关注“良好治理”行动

阿布拉省的公民关注“良好治理”行动（Concerned Citizens of

Abra for Good Governance，CCAGG）成立于 1986 年，当时菲律宾为NGOs 参与发展计划提供了一些新机会。CCAGG 的成员与国家经济发展部（National Economic Development Authority）签订了理解备忘录，并参加该部举行的项目监督培训。

当公共工程和高速公路部在公共广告中错误地宣称，该部在阿布拉省成功地完成了 27 个工程项目，CCAGG 的成员决定采取行动。CCAGG 收集了有关各个项目实际状况的证据，包括照片和工程项目所在地居民的意见，将这些资料报送中央政府。随后，官方审计跟进了这些项目，一些官员被指存在腐败问题。当发现这些问题的处理可能大事化小时，CCAGG 又发挥公众舆论的监督作用，使有关官员受到了停职处分。

自从那时起，CCAGG 的成员研究出了一个独特的方法来监督公路建设项目。具体方法直截了当，主要是调查各种形式的腐败问题。志愿者起初是家庭妇女、学生和其他年轻人组成，志愿者对施工现场的情况进行观察，发现问题时向专家报告，如工程师、会计师，由他们形成有关施工现场详细情况的调查报告。

普遍的不法行为包括建筑材料偷工减料（混凝土）、建筑质量不符合技术标准，以及签订虚假合同（欺诈合同）等。CCAGG 的成员发现，一个项目的承包商挪用项目建设资金。根据 CCAGG 提供的线索，地方政府责令承包商承担一条道路扩建的资金。最能体现 CCAGG 工作成效的标志是，菲律宾最高审计机关与 CCAGG 建立了合作伙伴关系，由其向审计机关提供阿布拉地区建设项目的审计信息（Ramkumar 和 Krafchik，2005）。

公民参与决策协商和共同决策的行动计划

Paul（2005a）认为，要想能对预算分配产生重大影响而不仅仅是形式上的参与，公民必然直接参与资金决策。下面的案例研究介绍民间团体，包括有组织的公民社会和无组织公民，与政府合作进行公共资源决策的情况，这类事务过去一直是州政府的活动空间。

间接参与预算管理过程

在公民间接参与预算管理过程的 3 个案例中，公民的参与仅限于协商。是否需要协商、何时进行协商，以及确定协商的议程，都由地方政府决定，而且，在一定程度上决定谁能参与协商。从这些案例研究中，并不说明与旨在提高透明度和加强可问责性的公民社会相比，公众协商能使公民参与产生更多的预期好处：改进制定政策方法，强化公共问责；高质量的民主；社会意识和对政府的信任。实际上，这种性质的协商存在一些风险，尤其在州政府发起和控制协商的情况下。特别要指出的是，可能只有不敏感或不涉及资源消费的“安全的”公共政策问题才会征求公民的意见。

从这三个案例研究来看，区分公共政策参与空间的界限，由于过于含糊或过于明确因而无效。实际上，协商活动可能产生分裂，因为政府可以利用协商活动作为控制政府与公民社会之间关系的一种方式。Reuben（2003）认为，这种做法是政府的一种离间计，与某些 CSOs 建立和谐的关系，同时打压另一些 CSOs，从而在公民社会之间制造派别争斗。参与者也可能是精英人物，推行出来的参与者可能就是那些具有影响力和掌握资源的人物。参与可能会变得没有实际意义，并且与公民没有关系。泰国的罗勇市（Rayong City）就出现了这样的现象，参与委员会的活动游离于政策制定和预算管理过程之外，不久就销声匿迹了。综合起来看，协商活动会削弱公民社会批评州政府和对州政府施压的力度，而在改进政策的适用性和增进对政府的信任方面也没有太多的好处。

这并不意味着协商永远是一种无效的参与机制。究竟是否有效，取决于地方政府的意图和协商程序的制度性安排，包括规章制度、结构、程序和信息管理。真心诚意征求公民意见的地方政府会高度重视公民社团的作用，并且十分重视公民表达的意见。这种协商就会提高民主的质量，改进政策制定方式，建立对政府的信任。

让公民享有主动协商的权利将降低程序被架空的风险。在一些东欧国家，公民可以就公共政策问题召开会议讨论，或者发起全民投票以作出他们的选择。在制度上规定地方政府必须及时提供完整的和易于获取的信息，也有利于促进公民参与。透明和公平的参与人选举方式有助于确保产生高素质的代表。如果公民团体的参与必须经过政府认可，如纳加市的做法，或者由政府挑选参与代表，串通、任命、裙带主义和精英主义的风险就很高。

纳加市的参与式预算法令。菲律宾纳加市的地方政府官员制定了有关参与的地方性特别法律条款，以作为国家法律补充。该市的《1995 年授权法令》对国家法律中的参与精神作出了具体的解释。该法令规定，纳加市政府应当认识到："人民的意志永远是至高无上的。"并且认识到政府的主要职责是执行人民的意志。因此，人民应当自己组织起来投身于共同关注的或部门关注的活动。该法令提出，必须认识到，政府与人民共享责任是执行人民意志的最佳管理方式，地方政府与公民之间建立合作关系，可以使统治权有效地属于人民。该法令提出，NGOs 与人民组织要在所有政府事务和职能的概念、实施和评估方面建立合作关系。

除了在若干政府机关有公民社会和公民的代表以外（按国家法律规定），纳加市引入了两个特殊的机制，为公民和 NGOs 参与地方决策创造有利的环境。

第一个机制是，该市创设了由商人、公民和 NGOs 代表组成的纳加市人民参议会（Naga City People's Council）。参议会的成员必须经过市政府认可。人民参议会还有其他机构的代表，如地方立法委员会、地方决策委员会。参议会也享有对地方计划进行观察、表决和参与地方计划的权利，享有立法提议权，而且可以作为人民的代表处理政府事务，查阅官方记录和文件。

第二个机制是，该市开展了多层次的协商制度，主要涉及地方发展重点和就地方问题举行全市范围的征求意见活动。这些问题包括高尔夫球场的开发、建立收容所的计划、建立公交车停靠站和三轮车彩色标志等（Brillantes，2005；McGee，2003）。

空甘市（Khon Kan City）实行的重点小组和市政厅会议制度。空甘市是泰国东北部充满活力的中心城市，人口 13 万人，经济处于快速发展之中。该市政府负责城市基础设施建设、初等教育、社区健康和医疗卫生设施、社会福利、法律与秩序，以及防灾减灾事务。

20 世纪 90 年代末，空甘市当地居民积极参与宪法的起草过程，这使当地公民产生了参与的要求。该市先与当地的一所大学签约，由这所大学引导社区的重点社团，这个过程为发现有关问题、提出需求和发展重点等方面提供了有用的信息。这项活动还对发展计划的政策方向和战略性项目提出了一些建议。有关会议之后，38 项新的发展项目被列入了该市的发展计划。现在，该市已经扩大了重点社团会议的讨论范围，举行讨论教育、健康与医疗卫生、增加收入、社会福利和其他重要民生问题的专门会议。2003 年共举行了 50 多次会议。

1998 年，也就是重点小组会议制度实施 1 年之后，空甘市引入市政厅会议制度，每 3 个月召开一次；如果需要，可以随时召开特定议题的会议。这项新的会议制度规定，只要某个政策问题可能对公众产生重大影响，必须召开市政厅会议进行详细的讨论。凡是这类政策，在实施之前必须征得公众的同意。在市政厅会议上，先由当地的专家介绍有关情况，然后市长、政府官员、公众和专家们对政策进行辩论。2003 年，140 多个民间组织和 150 名公民参与者参加了这类会议。

在会议举行之前，会议事项已经广而告之。会议议程由空甘市政府确定。为了让更多的公民参加，市政厅会议都在晚上召开，由经验丰富的人作为会议主持人，如省长。市长的表率作用是会议能否成功的重要因素。调查情况表明，公民对这项民众参与措施是满意的（Suwanmala，2004）。

泰国的罗勇市实行了公民委员会和主要社团会议制度。罗勇市是泰国东部罗勇省（Rayong Province）的一座大城市。由于大量人口迁入该地区，该市人口已超过 6 万人，现在还在增加。

罗勇市将提高税收征管效率作为重点事项。为了消除对税收计划的反感，该市在预算管理过程中引入了公民参与的做法。起初，罗勇市与美国俄勒冈州的波特兰市结成了姐妹城市，请国际专家帮助建立公民委员会，一个是发展计划公民委员会，另一个是财政政策公民委员会。这两个委员会的成员包括民间组织、企业领导人和商业领导人的代表。为了监督项目的实施情况，该市还建立了重点小组。

在这两项措施中，只有项目层面的重点小组是成功的，在城市公园项目中，公民提供了设计意见和对项目实施的反馈意见。公民委员会从来没有充分发挥过作用，只有财政政策委员会提出过政策建议。2003 年这两个委员会都没有开过会。于是，罗勇市集中力量完善重点小组机制，先在城市公园建设方面进行尝试，以推进该市的地方发展计划。当地的一个 NGOs 与政府签约，负责组织协商过程。到本书写作时，项目仍在进行之中，已经完成了第一轮的征求意见工作（Suwanmala，2004）。

直接参与预算管理过程

在孟加拉国和泰国，公民直接参与了预算管理过程，参与式预算行动取得了巨大的成功。在这两个国家，地方发展项目根据公民的选择得到妥善安排；在公民对项目执行进行监督的情况下，责任心得到了加强；由于村民关心维护乡村财产，基础设施建设变得可持续；公民对政府的信任得到加强；地方政府的收入增加；村民可以对当地的发展支出拥有直接发言权。

孟加拉国的斯拉贾—甘贾区（sraj - ganj district）联合村（union parishads）的能力建设。2000 年，孟加拉国政府、联合国开发计划署、联合国资本开发基金（United Nations Capital Development Fund，UNCDF）共同出资实施斯拉贾—甘贾区地方政府的开发项目，目的是在基层政府，即联合村，推进参与式预算的实施。这个项目由两项措施组成：在有项目的地区，对每个联盟给予年度财政定额补贴 6000 美元，同时，要求建立开放式预算，使公民参与当地的预算。

为了得到定额财政补贴，每一个联合村都建立选区和联合村的发展委员会。计划监督委员会负责监督项目的执行。选区发展委员会要组织参与式计划的培训。这两个委员会的一个重要职责之一是确保计划培训的广泛参与。联合村的成员主持培训，联合村促进小组予以协助。

选区的第一个环节是提出问题。选区的居民参与程序可以花费3天时间，并且涉及的人要达到500人。参与者分成若干个小组，妇女小组对性别敏感的计划具有独立的优先决定权。居民参与程序完成之后，选区发展委员会成员对提出的计划项目进行考察，评估可行性，并编制项目的初步费用概算。

最后，由联合村的发展委员会最终确定项目。在筛选项目的最后阶段，该委员会采用筛选矩阵对减少贫困、环境影响和性别影响进行评估。然后，该委员会提出应当实施项目的建议。但是，最终决策由联合村拍板。

在项目执行期间，计划监督委员会监督工程的进度和质量。该委员会有权停止向承包商的付款。社区非常积极地参与项目执行，常常提供如劳动力和资金的额外资源。

这个项目的第二项措施是开展公开式预算的培训，目的是提高选区对预算的理解能力。在培训之前，联合村要将预算建议在公告牌上张榜公布。在培训期间，参与者对照选区参与活动产生的投资计划，审核选区的预算。社区代表要求对收入和支出进行解释，并对最终文件提出影响评估结论的意见。讨论之后，在联合村批准整个预算之前，可以对预算建议进行修改。最终的预算要在公告牌上张榜公布。

根据Rahman、Kabir和Razzaque（2004）的研究，公开式培训为提出真实的需求创造了条件。培训促使居民积极缴纳地方税，为联合村带来了更多收入；培训还促使当地居民更多地支持项目的执行。

但是，参与公民的质量仍然面临着挑战。尽管采取了若干措施（如用彩色的卡片反映妇女问题、规划会议中全部由妇女参加、委员会中有妇女代表席位），但是，妇女的意见基本得不到采纳，男人主宰了绝大多数会议。

公开式预算培训的另一个不足之处是审议的质量问题，这取决于地方政府领导人与执政党的关系。如果地方政府领导人是执政党的政治对手，有关会议就会倾向于对预算建议进行激烈的批评。如果地方政府领导人来自于执政党，有关会议就都是一边倒的支持预算的意见（Rahman、Kabir 和 Razzaque，2004）。

泰国会加皮（Huai - kapi）坦邦行政组织（tambon administrative organization，TAO）的公民讨论会和致力于完善税收制度的努力。会加皮是泰国春武里省（Chonburee）城乡接合部的一个小区，有超过 1.1 万多居民。1999 年该小区成立了 TAO，引入参与式预算，开始对该小区的公共财政管理体制进行全面的改革（包括预算、税收和财政管理）。随之而来的改革是，内政部制定了支持参与式预算的法规。小区讨论会之后，会加皮创建了村级的公民讨论会。

会加皮的公民讨论会受到了年度家庭调查的支持，这项调查的目的是提高反映居民需求和偏好的信息质量。这项调查的内容既包括关于家庭的一般性问题（人数、年龄结构和获得服务的机会），也有关于家庭迫切需要、社区需要重点解决的问题和重点需要方面的问题。调查结果将会向公民讨论会反馈。

为了让公民参与能有助于完善地方税收的征管制度，会加皮还采取了三项措施：成立公民税收委员会；开展公民税收教育活动；完善税收征管程序。公民税收委员会包括 TAO 官员、村长和当地企业界的代表。该委员会的任务是进行实地调查，召开纳税人会议，并提出完善税收征管的建议。税收委员会成员还在发现新纳税人、与新纳税人协商和引导新纳税人执行税制方面发挥着重要作用。

会加皮的项目既提高了财政支出的质量，也完善了税收征管制度。调查结果表明，公民对地方发展计划、资金分配和公共服务的满意程度已经提高了。自从建立税收委员会以来，3 年中地方税收收入增长了 48%（Suwanmala，2004）。

泰国的宋蒙（Suan Mon）TAO 的公民讨论会。泰国宋蒙 TAO 由 14 个村子组成，居民总人口为 7881 人。绝大多数纳税人是贫穷的农民，这就是说，TAO 主要依靠中央政府的转移支付。

TAO 具有长期的公民行动主义历史。在旧体制下，无法解决利益集团之间的冲突、村与村之间的矛盾，预算编制成了争夺地方建设资金的“猪肉桶”（Pork - barreled）：越来越多的项目列入预算，但支出重点却越来越无法体现。1998 年，内政部制定了在地方实行参与式预算的规定，这为 TAO 创建公民讨论会创造了条件（由地方领导人、利益集团和政府官员组成）。公民讨论会的目的是筛选地方的问题，提出改进的建议，并向小区或 TAO 公民讨论会委员会提供重点项目表。

TAO 级的公民讨论会委员会有 100 名成员，包括村级讨论会的代表。其任务是对各村提议的项目做出利弊权衡向宋蒙 TAO 主席提供建议。TAO 向所有的村民讨论会委员会提供标准的计划框架和格式。村民讨论会一般在晚上召开，以方便更多的村民能够参加。这种村民文化有利于提高协商的质量（Suwanmala，2004）。

召开公民讨论会之后，才开始正常的预算准备程序：将公民讨论会的建议纳入地方年度预算计划之中，并由 TAO 委员会毫无更改地采纳。然后，将最后定稿的预算和发展计划送回村民讨论会委员会，以便监督项目的执行。

在第一年，TAO 在 14 个村实施了提高能力的培训计划。该计划花费一些时间使村与村之间学会相互信任，并让村与村之间达成妥协。这方面的努力得到了 TAO 领导的支持。领导可以发挥关键的调解作用，并承诺将发展重点滚动列入计划。

除了解决“猪肉桶”预算带来的长期负面影响和有益的参与以外，预算修订的过程对地方组织收入也产生了积极的影响，因为，现在村长对加强税收征管、查处偷漏税和说服他们缴税等工作积极性很高，以便增加收入，为项目筹集资金。村长和村民对项目的执行也有很高积极性，促使 TAO 更加负责任（Suwanmala，2004）。

赋予地方社区资金管理权的行动计划

印度尼西亚的地方社区建立了乡村委员会和发展讨论会，尝试对乡村定额财政拨款的分配和使用实行全面的管理。印度尼西亚针对最穷的克卡马坦区（kecamatans subdistricts）实行了《克卡马坦发展计划》（Kecamatan Development Program，KDP）。其目的是通过提高小区和乡村的参与能力，促进更加民主和广泛参与的地方行政管理形式，提高社区参与发展项目的能力。该计划覆盖了这个层次上30%的乡村，关系到1000万人民的生活。该计划无论在乡村还是在国家层面都得到了推进者和研究者的支持，他们提供了技术支持和培训。

在许多方面，KDP很像一笔社会基金。但是，与社区通过提出项目建议竞相争取的中央资金不同，该计划对每一个实行参与式预算的小区和乡村每年直接分配财政定额拨款4.3万~12.5万美元。通过村委会和发展论坛，村民决定如何按照轻重缓急来使用这部分资金。“公开式菜单法”（“open menu” approach）是确保决策真正由社区做出和社区对这笔资金拥有完全的支配权最关键的做法。根据这个计划，财政资金从中央计划账户直接拨入参与乡村在当地社区银行开设的账户。尽管由财政部的派出机构处理这种转移支付，但资金划拨时不再经过政府部门的中转。

KDP的显著特点是资金的迅速拨付。在实施该计划的第一年，惠及501个克卡马坦，第二年增加了271个克卡马坦，第三年增加了257个克卡马坦。该计划成功实施的关键是，每个乡村进行了4~6个月的准备过程，以完成项目的选择。完成这个程序之后，转移支付的资金就拨付到了乡村账户中。Edstrom（2002，5）认为，这种迅速执行的“准备—瞄准—开火”方法（“ready - aim - fire”）“避免了因为繁复而使普通人常常搞不清楚的技术援助；不切实际的费用结构；以及不利的执行环境而产生的‘小作坊’式的过细运作方式所固有的缺陷”。对于检验计划能否在某个国家的推广，保持简便易行，增进村民信任和提高积极性以增强信心，迅速拨付的做法是十分重要的。

KDP的实施过程分为几个阶段：发布信息；计划；准备建议和提供依据；决策；执行和跟踪。社区的高度参与和高度透明贯穿于整个过程（Edstrom，2002）。

亚洲的经验

案例研究提供了一系列有关公民和公民团体参与地方公共决策方面的例子，从中可以得出一些经验。

参与式行动计划的成果

本章开始时，指出了参与的4个潜在好处：提高决策的有效性，强化问责，通过直接和广泛参与推行更高质量的民主，以及增强对政府的信任。本节将阐述亚洲参与式预算的行动计划是如何成功地实现这些目标的。

提高决策的有效性

事实表明，参与式预算可以使地方更加重视公民的偏好。这也是“促进参与活动和地方分权是一条提高州政府管理效率的道路”观点的重要假设。案例研究的事实表明，有益的共同决策、公民行动和参与管理将带来极大的收益。在泰国，村民决定地方公共预算执行项目的先后顺序，由小区公民发展讨论会做出最终决定。在孟加拉国和印度尼西亚，公民能够完全控制对每个村的财政发展性转移支付的支出管理。如果审议过程是真正民主的，而且不受精英利益集团的支配，通过这些过程所选择的项目将符合公民的需要和偏好。

但还没有任何一个案例表明，这些参与方式能否进一步扩大到更加广泛的公共政策和公共服务的提供。例如，公民如何才能在儿童教育、公共医疗制度和设施、公共安全和保障方面有效地表达意见呢？公民社会举行的公众协商实践和政策辩论在这方面提供了更大的可能性。但是，协商实践能否有效地促进政策职能实现，案例研究并不能得出清楚的结论。相反，无效率的、无意义的、制造分裂的、指派式的协商和裙带体制继续的风险却是非常大的。

公民发起的公众辩论活动可以有效地优先考虑公民关注的支出需

要，而不是先考虑地方政府工作人员、官员和民选代表们关注的支出需要。印度古吉拉特邦的 DISHA 和 Pathey “大大提高了关于预算的讨论质量，无论是在（邦）议会之内还是之外，都发挥了向邦政府反馈的有效渠道作用”（Wagle 和 Shah 2003，2）。然而，这种行动计划能否发挥作用，取决于地方政治改革政策的力度，以及 CSOs 能否联合“人民力量”在公众辩论中进行立即生效的严格分析。

强化公务人员和民选代表的问责

最能说明公民参与如何增强纵向问责的例子是，印度班加罗尔市的公民报告卡、印度拉贾斯 MKSS 的社会审计，以及菲律宾阿布拉地区 CCAGG 行动计划。这些行动计划都是在预算管理过程的执行和审计方面。这些行动计划主要在决定结果方面取得成效，而不是增强政府在制定政策和确定预算方面的责任，并且是更加迅速地取得成效。在 MKSS 和 CCAGG 的案例中，十分清楚地说明，增加纵向问责有利于改进横向问责的质量：这两个案例实行的监督制度，建立了与公民组织的合作伙伴关系以增强问责。公众组织问责的增强也导致了这样的结果：公民委员会在项目执行期间进行监督，支持了发展计划的共同决策。

从案例研究资料中看不出来的是，开展协商活动能否增强公民问责。实际上，如果协商活动导致公民社会分裂，并且指派牺牲公民社会的能力，这实际将会削弱公民问责公众组织的能力。

更高质量的民主

民主的需求是复杂的。除了投票表决和尊重选举结果以外，民主还要求保护自由、尊重合法权利，保障言论自由，并且不对新的合理的评论的传播进行审查。民主是“一个需求体系，而不仅仅是孤立考虑机械式条件（如多数决定原则）”（Sen，1999，9）。

至今为止，本章介绍的所有行动计划都为公民参与提供了不断增加的机会，公民代表可以直接参与公共事务，这不仅表现在投票箱上，而且，有利于民主政治的实现。然而，Mcgee 提出警告，参与应当有广泛的基础，而且要产生有益的审议结果。如果这个警告成立的话，那么，仅仅是参与范围的扩大还不够。

此外，存在一些不利于参与基础广泛和有益的阻碍。NGOs 设法开展与州政府的公开对话活动，可能产生精英主义的风险，因为，协商和共同决策都是由政府发起组织的。如果缺乏激励，对话的层次很容易下降。这是因为公民不相信协商能够取得结果，或者政治环境忽视政策和服务提供问题的价值而使其沦为空头支票。

这些障碍是可以克服的。NGOs 成功地使地方社区参与预算管理，会更有效地推进基础广泛的民主实践。政府发起的参与实践可以提供广泛和有益的参与机会。审议的质量取决于“游戏规则”。有益的审议是公民学会审议和信任参与过程的一个必然结果。宋蒙 TAO 的案例很好地说明了这一点，小区公民讨论会花费了一些时间进行培训，产生了积极的效果，因为参与者学会了相互信任和信任地方政府。但是，孟加拉国和印度尼西亚的案例清楚地表明，确保边缘化团体有益的参与不是一种立竿见影的活动。尽管从机制上确保能够听取妇女的意见，但是，在村级决策论坛上女人仍然由男人支配。

对政府信任的增强

通过参与式预算可以建立起对政府的信任，但这是一把双刃剑。在泰国，对政府的信任足以达到加强税收征管的程度。在正确的时候以正确的方式实行参与式预算。因此，州政府的效率提高，社会凝聚力增强，民主强化。

但是，仅仅依靠参与式预算并不会产生效果。如果参与式预算不能给公民带来实际的好处，公民对政府的信任程度就会下降。如果参与式预算仅仅停留在空洞的程序之上，就会保护落后的政府管理体制，并且使公民与政府的关系恶化。

成功的因素

参与式预算的内容和性质是如何影响创新的有效性呢？有两类因素在起作用。第一类属于参与式预算计划启动的环境因素，第二类属于参与式预算如何设计和执行的因素。

启动参与式预算行动计划的环境

在参与式预算实施的环境方面，若干因素对结果会产生决定性的影响。对于开展协商和共同决策的行动计划来说，政府官员不愿意倾听意见是一种“毁灭性因素”。如果地方政府的角色和职能划分模糊，而又缺乏政策制定和财政自主权，公民社会的行动计划就不可能对政策制定和预算管理产生有意义的影响。一系列环境因素也许或多或少地不完全具备，但是，成功的参与式行动计划可以随着时间的推进而不断地强化和创造可行条件。

因素1：正规和非正规政治体制的性质。一个国家的政治环境是重要的促进或阻碍因素，决定着公民社会参与政策制定和预算管理的行动计划的活动空间。如果政策问题不对外公布，致力于影响政策和资源配置决策的行动计划就没有多少活动空间，也许只能局限在跟踪财政支出和提供服务质量的行动计划。

如果政治体制是建立在裙带关系和官本位基础之上，政府主导的参与式制度成为原体制统治工具的风险就很大。如果政治与政策问题的联系越紧密，政府对实行真正的参与式管理感兴趣的可能性就越大。

因素2：州政府和地方政府官员听取意见的愿望。如果州政府愿意了解公民的需求和偏好，真心诚意地采纳公民关于服务供应的意见，公民社会在政府管理之外进行有实际意义行动计划的空间就非常大。如果州政府不愿意了解公民的意见和偏好，致力于事前参与政策和预算决定的行动计划可能会没有效果，还不如重点解决服务提供和减少浪费方面的行动计划。

在政府主导的参与实践中，州政府的意愿是关键。如果州政府的确希望公民参与，正如泰国的案例研究所示，就会显示出实实在在的成效。如果州政府的意愿不清楚或者根本没有，在公民参与方面所做的努力都将不仅是徒劳的，而且会起到相反的效果。

因素3：参与式预算的法律、制度和政策框架。如果国家宪法或正式法律和政策框架鼓励公民参与，公民社会的行动就更加能够有效地影响公共管理制度。但是，如果没有法律和政策条件，就无法进行公民参与的行动计划。本章中两个审计方面的例子说明，公民社会成功的行动可以进一步促进政策架构的完善。

国家建立参与式预算法律和政策框架，可以鼓励地方政府进行成功的实践，正如菲律宾和泰国的案例研究所说明的那样，所有成就都是在国家政策导向下产生的。当然，如果国家法律和政策框架不太健全，仍然可以在地方推行参与式预算，如孟加拉国和印度尼西亚的例子。但是，在这两个国家的案例中，只能在不触动现行的地方政府和预算体制的基础上实行参与式预算。因此，预算资金的使用权是一个促进因素。只要地方政府依赖于国家产生或征收的收入，那么，法律和政策框架的缺失就会成为阻碍因素。

因素4：清晰和运作的地方分权架构。如果政府角色和职责定位不清，缺乏政策和财政自主权，就会成为制约因素：如果没有财力提供足够的服务，就无法要求地方政府对提供服务负责。因此，对于政策制定的行动计划来说，职责不清和缺乏自主权可以看作是一个毁灭性因素，但对强化服务责任的行动来说，并不一定是毁灭性因素。

如果地方政府没有政策和财政自主权，参与式预算就不可能发挥作用，除非地方政府可以使用外部的资金来源（如孟加拉国和印度尼西亚的例子），或者利用参与机制产生更多的自有财力，以取得更大的自主权（如泰国的例子）。因此，角色和职责不清和缺乏自主权是一种促进或阻碍的因素，但并不一定是毁灭性因素。

因素5：包括计划与预算之间的联系在内的预算管理的环境。公民参与预算管理过程常常是确定支出重点，而不是对这些支出重点分配资金，预算分配仍然由政府官员掌控。如果计划与预算之间存在紧密的关联机制，参与式预算就会卓有成效。但是，如果计划和预算是分开的，公民参与的效果就会大打折扣。

例如，在菲律宾，地方的计划和预算仍然是分开的。这意味着，在克服裙带主义顽症、防止腐败和滥用权力方面，参与机制的作用受到了限制，因为在预算管理过程中这些因素还在发挥作用（Brillantes，2005）。相反，在泰国，实行了公民审议，加上地方公务员和当选地方领导接受参与式预算结果的承诺，缩小了计划和预算之间的差距。因此，对于通过州政府之外活动进行变革的行动和扩大公民社会参与公共活动空间的行动来说，预算管理环境可能是一个促进因素，也可能是阻碍因素。在班加罗尔市，城市财政管理改进计划为 PROOF 提供了一个有利于信息公开的环境。

因素 6：公民文化传统与公民参与能力。正如宋蒙 TAO 的案例研究说明的那样，当公民文化和参与能力成为快速见效的促进因素时，成功的参与式预算过程反过来会促进这种能力的提高。DISHA 和 MKSS 的案例提供了令人信服的事实，如果存在其他促进因素，政策制定和预算管理的技术性问题就不会成为公民参与的障碍。因此，对于通过州政府之外活动进行变革的行动和扩大公民社会参与公共活动空间的行动来说，公民文化传统和公民参与能力既可能是促进因素，也可能是阻碍因素。

参与式预算的设计和执行

影响参与式预算行动计划的若干因素可以最佳地利用有利环境，或者克服不利环境。这包括在公民论坛中领导的素质，以及所采用动员方法的水平；在包括社区传统领导和确保广泛基础上的参与之间的行动计划之间的平衡；将良好预算管理的普遍规则应用于参与过程；采用多重机制；向公民及时提供通俗易懂的相关信息。

Suwanmala（2005）将市长的领导素质作为确保将参与式过程嵌入地方预算管理实践的一个重要因素。在确保参与机制产生实质效果方面，泰国公民论坛和印度社会审计听证会的领导发挥了关键性作用。

不同利益的协调机制能否发挥作用，也取决于动员工作的水平和质量。在孟加拉国、印度和泰国，外部推动力量使公民发展论坛和发展委员会充分发挥了作用。

泰国的案例研究说明了在包括社区传统领导与确保广泛基础上参与之间的矛盾关系。在会加皮 TAO 和宋蒙的 TAO 中，村级公民发展委员会在开始阶段就发挥了作用，因为方案设计时就将当地的传统领导融入新机制之中。这么做使得行动计划得到当地的大力支持。但是，如果不能妥善处理包含当地传统领导与确保广泛基础上参与之间的平衡关系，这种制度安排就会使当地领导的权力基础始终存在。确保广泛支持的机制包括在晚上召开会议，以便绝大多数人能够参加会议；邀请新的团体参与公民委员会；制定有利于弱势群体的程序性规则。

印度古吉拉特邦公民社会的行动计划说明，仔细解读信息可以促进专家（抑或更加精英的人物）意见和广泛的参与之间的平衡关系，普通公民便能够参与和认识这些活动。但是，广泛的参与可能仍然难以实现，因此，应当设立日常监督，专门监督项目管理者。

印度尼西亚的案例说明，在作出将项目实施控制在拨款方案之内的决定之前，培育公民社会必要的参与能力是十分重要的。在印度，DISHA 和 Pathey 花费很大精力来培养邦立法委员和当地客户群参与 Pathey 分析和理解地方预算制度的能力。MKSS 的项目工作人员花费大量精力来培养当地公民参与讨论和收集信息的能力。相反，也许因为已经存在公民参与的平台，泰国在准备工作和培养能力方面花费的时间不多。

如果根据良好预算管理的基本原则来推行参与式预算，就会更有效地产生期望的成果。例如，泰国宋蒙 TAO 的村民论坛、发展委员会和小区委员会都是在财政约束范围内进行活动；参与过程是可以预料的；在制定的清晰规则下，决策有效执行。这些做法增进了公民与州政府之间、不同利益集团与乡村之间的信任关系。对于解决普遍存在的预算管理问题来说，如支出重点不清、利益集团竞争“猪肉桶”资金、不公平获得信息、发生不利于实现目的冲突等，这种信任是必不可少的。

相反，如果没有明确的程序和决策规则架构，行动计划游离于预算体制之外，就容易陷入举步维艰的境地。泰国罗勇市的公民政策委员会就是这方面的例子。

如果不能确保普通公民能及时获得相关和容易理解的信息，参与式预算改革方案就不会取得广泛和有益的参与效果。MKSS、DISHA 和 Pathey 的例子都说明，必须将信息处理成为公民能够理解的方式。

如果 NGOs 和州政府建立一系列机制来减少参与失败的风险和增强改革措施的质量，公民参与的效果就会增强。DISHA 在进行预算分配分析的同时，还建立了跟踪财政支出和受益人调查制度。会加皮 TAO 采用了家庭调查方式，以提高公民论坛的讨论和决策质量。为了增强参与的效果，纳加市建立了包括公民全体投票表决、成立委员会、协商和信息公开在内的若干机制。

小　结

亚洲的案例研究说明，公民参与机制在改进公民与政府之间关系的同时，可以改进发展成果。行动能否成功，既取决于行动发展的环境因素，也取决于行动计划本身的设计和执行。一个国家或地区政治制度的成熟程度和政治文化的性质，是各种参与行动计划能否取得成功的决定性环境因素。

如果政府官员愿意听取公民意见，公共政策问题主导当地的政治文化，设计完善的机制，使公民社会能够直接参与公共决策，这种政治环境将对提高决策的有效性、强化问责、民主实践和对政府的信任产生极大的影响。泰国宋蒙 TAO 和会加皮 TAO 的案例研究就属于这类情况。与面临不同条件的创始人相比，改革计划创始人在参与类型和水平的选择方面有更大的回旋余地。

在政治文化并不是建立在政策导向基础之上，而且地方政府官员和领导对使政策和财政支出符合公民偏好的做法不感兴趣或不支持的情况下，如果行动计划要使公民进入州政府的管辖空间，参与式改革就会出现极大的风险。这种背景下，参与式改革可能会适得其反。孟加拉国和印度尼西亚就出现了这样的情况。这两个国家通过提供外部资金和避开州政府资金管理体制的办法来控制风险。在这两个国家的案例中，村级参与式办法规定村有权管理项目资金。这种做法尽管可能产生短期效果，但能否持续下去是不确定的。只有使地方政府充分认识到参与的重要性，并且具备了改变整个环境的参与能力，对整个环境进行改革，并通过政治和治理力量迫使州政府官员愿意进行实质性改革，才可能使参与式改革长期有效。

为了提高公共透明度和增强对州政府官员的问责，即使是在公民没有直接影响的环境下，公民自身的行动也可以成功。MKSS、CCAGG、DISHA 和 Pathey 的案例研究表明，公民只有进行充分的准备和联合行动，才能使公民进入公共领域事务管理，并要求听取他们的意见。这种行动计划还可以改变参与的环境，即从州政府官员不愿意公民参与的环境转变为官员没有别的选择，只能允许公民参与。改革能否成功主要取决于能否选择正确的切入点，能否精心设计和执行改革计划，以使公民参与程度最大化。

本章注释

①从广义上讲，参与式预算是指公民参与公共预算，包括公民社会对支出政策分析（参与公众辩论）和公众审计等机制。从狭义上讲，是指公民直接参与公共资源使用的决策，通常在地方政府层面上。

②Reuben（2003）认为，衡量政府治理的尺度是决策的有效性，即政府实现公民预期的能力。

③在 Reuben（2003）的政府管理模型中，衡量环境改进情况的尺度是问责性。

本章参考文献

Azfar, Omar, Satu Kähkönen, and Patrick Meagher. 2001. "Conditions for Effective Decentralized Governance: A Synthesis of Research Findings." IRIS Center, University of Maryland, College Park.

Brillantes, Alex. 2005. "Civic Participation in Local Governance in the Philippines: Focus on Subnational Budgeting and Planning." World Bank Institute, Washington, D. C..

Dongier, Phillipe, Jenny Litvack, Keith Mclean, and Anirudh Krishna. 2002. "Forging Partnerships between Elected Local Governments and Community - Based Organizations." World Bank, Environmentally and Socially Sustainable Development Network, Washington, D. C..

Edstrom, Judith. 2002. "Indonesia's Kecamatan Development Project: Is It Replicable?" World Bank, Washington, D. C..

Goetz, Annemarie, and John Gaventa. 2001. "Bringing Citizen Voice and Client Focus into Service Delivery." IDS Working Paper 128, Institute for Development Studies, University of Sussex, Brighton, United Kingdom.

Malena, Carmen, Reiner Forster, and Janmejay Singh. 2004. "Social Accountability: An Introduction to the Concept and Emerging Practice." Social Development Paper 76, World Bank, Washington, D. C..

McGee, Rosemary. 2003. "Legal Frameworks for Citizen Participation: Synthesis Report." Logo Link report, Institute for Development Studies, University of Sussex, Brighton, United Kingdom.

Paul, Samuel. 2005a. "Auditing for Social Change: Learning from Civil Society Initiatives." Paper presented at the Sixth Global Forum on Reinventing Government, Seoul, May 24 - 27.

——. 2005b. "Citizen Report Cards in 班加罗尔: A Case Study in Accountability." Public Affairs Centre, 班加罗尔.

Rahman, Atiur, Mahfuz Kabir, and Abdur Razzaque. 2004. "Civic Participation in Subnational Budgeting in Bangladesh." Paper prepared for the World Bank

Institute, World Bank, Washington, D. C. .

Ramkumar, Vivek, and Warren Krafchik. 2005. "The Role of Civil Society Organizations in Auditing and Public Finance Management." International Budget Project, Washington, D. C. .

Reuben, William. 2003. "The Role of Civic Engagement and Social Accountability in the Governance Equation." Social Development Note 75, World Bank, Washington, D. C. .

Russell – Einhorn, Malcolm. Forthcoming. "Legal and Institutional Frameworks Supporting Public Sector Accountability to Citizens for Service Delivery Performance: Opportunities and Limitations." In *Performance Accountability and Combating Corruption*, ed. Anwar Shah. Washington, D. C. : World Bank.

Sen, Amartya. 1999. "Democracy as a Universal Value." Keynote address given at the Conference on Building a Worldwide Movement for Democracy, National Endowment for Democracy, Centre for Policy Research, New Delhi.

Suwanmala, Charas. 2005. "Civic Participation in Subnational Governments in Thailand." Paper presented at the International Conference on Engaging Communities, Brisbane, Queensland, Australia, Aug. 14 – 17.

Vijayalakshmi, V. 2004. "Fiscal Performance Audit: Public Record of Operations and Finance (PROOF) and Citizens' Participation." Paper prepared for Logo Link study on Resources, Citizens' Engagements, and Democratic Local Governance (ReCitE), Institute for Development Studies, University of Sussex, Brighton, United Kingdom.

Wagle, Swarnim, and Parmesh Shah. 2003. "Case Study 3: 古吉拉特邦, India: Participatory Approaches in Budgeting and Public Expenditure Management." Social Development Note 72, World Bank, Washington, D. C. .

第六章

撒哈拉以南非洲参与式预算的经验

Adrienne Shall

本章论述肯尼亚、莫桑比克、南非、坦桑尼亚、乌干达、赞比亚和津巴布韦等国地方政府实行参与式预算的经验[①]。世界银行学院曾对这些国家参与式预算的经验进行过一系列的案例研究，本章的论述以这些案例（研究）为依据。

由于地方政府最接近社区，所以我们把地方政府作为研究重点。地方政府是多种多样的，在群体类型、服务需求、筹集收入和承受能力方面，每个地方政府面临的情况都是不一样的。每个地方政府都必须考虑公民的文化背景、能力和需要，以自己的方式吸收社会团体参与预算管理。

要实行参与式预算管理，首先要制定参与式预算管理程序的法律框架。地方政府能否依法确定自己的财政预算安排，在如何组织公民参与预算管理方面也扮演着重要的角色。人们认为，在预算过程中鼓励参与是一种特殊机制，而且，从理论上说，每个国家都认识到公民应当参与预算过程。实际上，公民参与制订计划、编制预算、执行项目和计划的效果并不总是如想像的那么好。

本章的第一节，论述了各国在地方政府层次上关于公民参与政策制定和预算管理的法律和财政框架。还概述了各国采用的参与式预算机制和实际运行情况，分析了公民如何参与预算管理过程，评估公民参与在满足民间需要方面对政策和预算的影响。第二节论述这些国家在实施参与式预算管理时面临的挑战，以及在此过程中应当汲取的教训。在本章的最后部分，对非洲的参与式预算提出了一些建议。

公民参与的法律框架、机制和参与式预算的影响

本章考察每个国家在预算管理过程中所采用的公民参与形式。本节论述各国采用的不同方法，并分析了参与式预算过程对提高稀缺资源配置效果的影响，使稀缺资源配置到最急需的方面。

公民参与政策制定和预算决策的法律框架

本章论述了该地区所有国家关于地方政府管理方面的具体法律。除肯尼亚和津巴布韦外，其他国家的宪法承认地方政府，并在某些情况下，宪法规定公民必须参与地方事务。

肯尼亚

肯尼亚的现行宪法中没有地方政府的内容。新的宪法草案指出了现行宪法存在的缺陷，并考虑扩大民主和增加透明度，规定在各级地方必须赋予人民自治权，必须强化公民参与行使国家权力。

《地方政府法》规定，地方权力机构必须由选举和任命的议员组成。地方权力机构有三个层次：市议会、县议会和镇议会。各级议会行使法律赋予的权力和职责；市长主要扮演仪式主持人的角色，没有执行权。议会决定的大多数事务由根据《地方政府法》设立的委员会

来执行。但是，委员会提出的所有提议都必须经过议会全体成员会议的审批。

1999 年实施的《地方政府转移支付资金法》确立了中央政府向地方政府转移支付资金的机制。该法明确了转移支付资金的水平，强化了政府间财政转移支付的可预见性。

莫桑比克

莫桑比克的宪法界定了分权化的法律框架，确立了城市的设立方式。宪法把公民参与作为衡量地方发展的国民价值观之一。

《地方自治法》规定了地方权力机构的法律和制度框架。根据这个法律，城市议会要建立公民参与制度，加强职责，完善中央和地方政府之间的协调。这种参与发展的方式不是强制的。

南　非

在南非，地方政府主要执行宪法和国家 4 个有关地方政府的法律规定。宪法提倡发展地方政府的思想，要求市政当局优先考虑社区的基本需要和促进当地社会经济发展，鼓励社区和社区组织参与地方政府管理。

1998 年颁布的《地方自治组织法》强调社区参与，规定市政执行委员会必须报告社区参与市政事务的情况，确保公民参与和提出协商意见，并且报告公民参与和协商意见对地方议会决策的影响情况。2000 年颁布的《地方自治制度法》第四章对社区参与问题作出了明确规定，要求市政当局发展地方自治管理文化，用参与管理制度来弥补由正式代表组成的政府。要求社区参与综合发展编制过程、执行管理制度、预算程序和提供服务的战略决策。

坦桑尼亚

坦桑尼亚宪法规定，国家的每个大区、地区、市区和乡村都要建立地方政府。建立地方政府的目的是把执政权力移交给人民，并赋予地方政府让公民参与本地区发展计划的编制和执行的权力。《地方政府法》的第 7 条和第 8 条规定，地方政府必须建立与公民社会的合作关系，促进和保证民主参与和由人民控制决策。地方政府必须把与当地社区的协商作为计划程序的一部分内容。

乌干达

1997 年颁布的《乌干达宪法》和《地方政府法》规定了地方政府体系的原则、结构和职能。乌干达有 5 级地方政府，每一级政府都有特定的立法、财政和行政管理职能。宪法要求政府采取必要的步骤，使公民能够制定和执行对公民有影响的发展计划和规划，从而保证公民可以参与预算过程。《地方政府法》还规定公民参与应当作为一个政策目标。该法要求地区议会在汇总地区以下地方政府发展计划的基础上，准备本地区的综合发展计划，并提交给国家计划委员会。

该法还要求地区以下地方政府在汇总更低一级地方议会计划的基础上，准备本辖区的计划。尽管地方政府可以制定规章制度，但在公民参与方面，地方政府不愿意这样做。

赞比亚

根据 1991 年的《地方政府法》，赞比亚建立了地方政府，并明确了它们的职能和责任。地方政府的市长没有执行权；除了将决策权委托给地方议会设立的委员会以外，所有决策均由地方议会的全体会议做出。《地方政府法》规定，只要拥护中央政府，地方政府可以制定自己的法规。

《地方政府法》包含了一些鼓励公民参与的条款，也包含了拒绝参与的条款。例如，该法规定，议会全体会议应该向公众开放，但是，在讨论秘密事项和公开讨论可能引起不良后果的事项时，通过决议，可以拒绝公民参与。所有法规的副本必须保存在议会办公室，公开查阅。在允许社区参与决策的程度方面，任何人都可以对地方法规提出书面反对意见。实际上，由于公民只能到议会办公室查阅法规，往返费用不少，有些公民负担不起，因此，公民参与是有限的。

津巴布韦

津巴布韦的《农村地区议会法》和《城市议会法》规定了对地方政府的管理体制。这两部法律除了详细规定地方政府的职能和权力以外，还规定地方政府可以通过制定地方法规、规章制度来制定政策，并就地方计划编制和发展问题提出方案。但是，地方议会的法规必须经地方政府部部长的批准才能生效。

《津巴布韦宪法》不承认地方政府。津巴布韦提倡对立法提出咨询意见，并不允许公民参与。公民不得参与决策过程，但是在决策后，允许公众提出反对意见。

在这7个国家中，在服从国家总体框架前提下，地方政府有权管理自己的财政收支。在莫桑比克和南非，有专门的法律详细规定地方财政的管理体制。在其他国家，地方财政只是地方政府法律中的一部分内容。

肯尼亚

肯尼亚在《地方政府法》中专门对地方政府的财政管理体制做出了规定。这包括需要按照批准的预算来准备年度预算，增加收入，安排支出。地方政府部部长指导地方政府编制地方预算。财政收入来源包括占用费、经营收入、租金、特许权收入和财产税。按照地方政府部部长规定的条件，地方政府还可以借款、发行债券或股票。地方政府也可以接受中央政府的拨款。

莫桑比克

莫桑比克的《地方自治财政法》规定了地方财政体制。地方政府应当遵守国家预算制度的总则和原则，准备、批准和控制他们自己的预算。地方财政收入来源包括税收、收费、占用费和中央政府的转移支付。中央政府按照人口规模、区域面积、地方政府从社区征收的收入和发展水平等因素计算对地方的转移支付数额。中央政府的转移支付是不附带任何条件的。《地方财政法》允许地方政府向银行和其他金融机构借款，作为资本性支出的资金来源。实际上，地方政府并没有借款，而是中央政府代表地方政府借款。

南　非

2003 年的《地方自治财政管理法》规定了南非地方城市和自治主体的财政管理体制。该法要求扩大了社区参与，城市的财政长官必须公布预算和全部辅助文件，并且邀请当地社区对预算进行评议。城市的市议会必须考虑当地社区关于预算的意见。

城市可以通过税收和使用费来筹集收入。2004 年的《城市财产税税率法》规定了城市有权确定财产税税率。该法直接影响到社区和允许社区参与。国家和省政府拨付地方政府的资金主要来源有：无条件均等共享收入、专项拨款和实物调拨。按照《地方自治财政管理法》规定的严格指导原则，城市可以发债。

坦桑尼亚

坦桑尼亚的《地方政府财政法》规定了地方政府的财政管理体制。该法允许地方政府为履行必要职能而安排财政支出，并赋予地方政府征收地方税的权力。其他收入来源包括中央政府对教育、卫生、供水、道路建设和农业等方面的专项转移支付。

现行的财政拨款制度效率低下、手续烦琐，也不透明。拨款依据没有客观标准或计算公式，主要取决于地方政府的游说能力。因而，这个制度维持了现存的不平等，不利于公民社会参与确定重点事项、编制计划和预算管理的过程。

乌干达

乌干达地方政府有三个收入来源：上级政府拨款、本地产生的收入和赠款。大多数中央政府的拨款主要是用于提供服务的专项拨款。这些拨款占地方收入的比例高达80%。其他拨款包括一般性或分类财政补贴，主要是行政管理费补贴、对提供服务低于国家平均标准的地方政府的均等化拨款。由国家地方政府财政委员提出分配给每个地方政府的各种拨款建议数，也向地方政府提出合适税收水平的建议。

赞比亚

赞比亚的《地方政府法》规定，地方政府有权确定、征收和管理本地的财政收入，并以最可行的方式安排支出。地方的财政收入主要来自于地方税收，包括财产税、人头税（兵役税）、特许权收入，各种收费，包括肉品检验费、许可证费和建筑规划费，中央政府的一般性和专项拨款。地方政府也可以从中央政府或私人机构借款。

津巴布韦

津巴布韦的地方政府可以决定本级政府运行和资本预算。地方政府还有权通过财产税、特许权收入、兵役税、许可证费、占用费等方式筹集收入。在特定情况下，地方政府也可以借款。长期借款只允许作为资本支出或偿还长期债务的资金来源。通过部长指令，可以要求地方政府证实在年度预算的编制时是否听取了居民的意见。

参与式预算的机制

上述国家除莫桑比克和赞比亚以外，其他所有国家参与式预算都是强制性的，并且在涉及地方管辖权限的国家法律中都详细规定了参与式预算机制。大多数国家利用参与式预算的编制过程，优先考虑社区需要，并把社区需要列入预算过程。尽管各国都有各自的参与式预算机制，但所有国家都将地方政府分为若干个行政区。每个行政区都成立由选举产生的议员和社区代表组成的区委员会。

肯尼亚

按照《地方政府法》，肯尼亚的公民不能参加议会召开的讨论重要问题的会议；只允许参加全体会议，这种会议很大程度上是一种仪式。只有当市长召开要求地区居民参加的公民大会时，公民才能参与地方政府决策，实际上市长很少这么做。

地方政府转移支付基金（LATF）向地方政府提供资金，鼓励地方政府改进服务，加强财政管理。地方政府接受这项资金的条件之一是，地方政府必须提交一份《地方政府提供服务行动计划》（LASDAP），说明地方政府规定公民参与计划的程序，确定一份与预算有关的项目和活动的三年滚动计划。在《地方政府提供服务行动计划》程序建立之前，公民无处反映他们的需要。《地方政府提供服务行动计划》为公民提出本地区发展重点的建议提供了机会，鼓励所有利益相关者——包括正式的和非正式的社区组织、宗教团体、妇女组织、NGOs、公民，以及允许参与的任何其他已注册登记的社团组织，参与他们的重点需要确定的过程，以及项目的执行和监督。《地方政府提供服务行动计划》的程序包括选举选区代表来代表全体利益相关方跟踪项目执行情况。案例研究的事实表明，公民参与的范围比预期的更为广泛，社会各界都积极参加。地方政府部门发通告规定了召开《地方政府提供服务行动计划》咨询会议的详细程序。内罗毕市（Nairobi）有 8 个选区，每个选区先召开咨询会议。在这些会议上，邀请选区代表作情况介绍，全体公民参加会议，共同决定重点项目。然后，召开由每个选区三个代表、选区议员和政府官员参加的市咨询会议，在全市范围内协调各个选区的重点项目。市协商会议并不总是开得那么顺利，有时选区代表和选区议员之间会出现不同意见。

在协商会议召开之前，必须公布资本性预算（占总预算的 10% 至 15%）的筹资方案。地方政府转移支付基金还规定了严格的信息发布标准，包括详细说明资金分配和分配原则的法律通知、报纸广告和政府函件，鼓励公民要求了解议会决定的规范程序和监督资金的使用情况。

肯尼亚的其他参与机制包括巴拉扎斯（Barazas）和哈拉姆毕（Harambee）会议。巴拉扎斯是由传统部落领导召开的对公民进行政府政策教育和动员公民参与发展的大会。选区议员利用这些会议与选民建立联系。哈拉姆毕委员会是一种自治团体，主要是确定重点项目，动员个人和祈祷者捐款为重点项目筹集资金。

莫桑比克

在莫桑比克，参与式预算不是强制性的，而是由地方政府自愿决定。赞赏公民参与价值的市长采用了参与式预算，不赞赏的市长没有采用。莫桑比克首创了社区参与的一种新形式，即成立了由每个选区居民组成的拜罗（选区）发展委员会［Bairro（ward）Development Committees］。该委员会召集会议讨论公共需求，列出需求清单送交市政当局。经拜罗发展委员会会议审议通过的计划和预算，可以纳入当地政府的计划。然后，当地政府为财政短缺的社区编制预算。在东多市（Dondo)，地方政府通过民间团体对社区进行动员。市政官员和民间团体一起工作，确定社区需要的领域和对必需的政府干预达成一致意见。地方政府召集民间团体开会，确定议事日程。政府和民间团体一起确定预算需求和寻找资金来源，如果是资本性项目，一般寻找外部资金。通过研究和协商社区在人口统计和基础设施方面的问题，地方政府启动公民参与计划，地方政府还开展公民社团组织的调查工作。在市政府的帮助下，拜罗发展委员会确定了 3 个重点工程项目。然后，召开了一个为期 2 天由社区代表参加的专题研讨会，会上，与会代表就 3 个最重要的工程达成一致意见，随后，这 3 个重点工程项目被纳入市政府预算。

在曼希加市（Manhica)，公众不理解新成立的市议会的作用，或者说不理解他们在公民参与中的作用。为了提高他们的参与能力，召开了每个选区（bairro）选派 100 人参加的公民意识大会。会议介绍了市政府在地方发展中的作用、公民如何参与社区内的市政建设、民主和洪水灾害（当地的主要问题）等地方事务。该市为参加会议的人提供交通补贴、会议餐和技术帮助。共召开了 20 次会议，涵盖 29 个选区，90% 的被邀请者出席了会议。会议的一个主要成果是在市政当局应当如何与社区进行合作方面取得了一致的意见。

南　非

在南非的大城市中，主要是通过选区委员会制度或区议会（Subcouncils）参与制度来实现公民参与。选区委员会由选区议员和社区选出的10名成员组成。选区委员会成员是自愿参加，不收取报酬。选区委员会主要是协商性质的，对所有影响选区的事情向议员提出建议，由议员提交给区议会。区议会由代表选区的议员和其他议员组成，以确保按照选区的得票比例代表每一个政党。其他强化社区参与的措施是，举行公众会议、公众听证会、协商会议、反馈会议，建立协商委员会关注讨论组或利益集团，在报纸、社区电台和政府网站上发布公告。

在曼光市（Mangaung），政策制定和预算管理过程的主要参与机制是选区委员会制度。选区委员会采用以社区为单位的计划编制方法，使社区能够在计划编制过程中发挥作用。

选区委员会将重点放在"现场"参与上。相反，"综合发展计划代表大会"在讨论市政问题时，允许更广泛的公民参与[2]。参加该大会的代表来自于政府、民间团体、私人部门和学术机构。为了通过吸收利益相关者参与确定发展重点、规划和市政工程，并且调整《综合发展计划》的重点，以此深化民主改革，2004年曼光市第一次召开预算会议。

埃科尔胡勒尼市（Ekurhuleni）采用选区委员会制度和其他参与机制，具体如下：

为了促进公民参与《综合发展计划》的编制过程，专门针对更多的社区开展了《综合发展计划》的宣传活动。举行了一个群众集会，采用戏剧表演的方式解释了编制过程，介绍了有关各方的工作人员及其职责。

开展了"预算贴士"（Budget Tips）的宣传活动，鼓励公众通过电子邮件、图书馆意见箱留言和给市长写信等方式，对预算重点问题进行反馈和提出建议。

市长和市长委员会成员到3个地区进行市长路演，邀请公民参加会议，会上市长回答了社区提出的问题；邀请经过选择的团体参加“市长商业行动计划”（Mayoral Business Initiative），如劳工运动组织、商业社团和矿业协会，请他们提出问题和献计献策。

市政当局创办了每月一期的时事通讯，向社区免费赠送。

坦桑尼亚

为了培育地方政府的执政能力，扩大地方财政自主权和决策权，推广完善的地方政府管理体制，改进市场准入制度和提高服务质量，坦桑尼亚启动了“地方政府改革计划”。改革计划的目标之一是保证民主和公民参与决策、增加透明度和强化职责。用于指导地方政府执行改革计划的改革手册要求，在改革过程的各个阶段，都要征求利益相关者的意见。所有的地方政府都成立了议会改革小组，由议员、管理人员和民间团体代表组成，监督改革进程和针对地方政府的各种问题提出建议。

年度预算和发展计划的编制过程必须进行协商。已经公布的改革指导方针要求地方政府在参与式预算中采用“发展的机遇和挑战”的计划编制方法。该方法的SWOT简化分析模型（分析优势、劣势、机会和威胁），主要在解决社区提供服务、基础设施等方面存在的重大问题，或者在解决经济发展不平衡问题方面，为社区提供具体方案。采用这个方法后，社区可以根据轻重缓急确定地方政府预算拨款的分配重点，并确定用来落实解决方案的资金来源。由于改革的指导方针最近才公布，因此，只有少数地方政府全面实施这些方案。

在辛吉达区议会（Singida District Council），许多机构——包括选区和乡村一级的社区组织、各类专题与行业的CSOs、各个政党，以及私人部门，在参与式预算的推行过程中扮演了重要的角色。这些机构帮助建立公共意识、动员公民、开展参与编制计划和预算的专业技术培训，并在整个过程中进行管理和提供财务支持。

进行地区层面的中期决策时，需要征求两个利益相关者的意见，其参与者是从上述机构中精心挑选出来的。乡村层面的中期决策是经过乡村参与审核程序而形成的，在这个过程中，全体村民直接参与批准乡村计划和预算。

伊拉拉市议会和地区发展计划局合作，专门制订了一个城市参与式计划和预算的培训计划。2002 年，为每个选区的议会工作人员、选区议员、NGOs 和社区组织（Community - Based Organizations，CBOs）的代表等开办了居住区内和在职培训课程。培训的重点是计划编制、预算管理、辩论技巧、所有利益相关者的作用和职责。2003 年，伊拉拉市议会在每个选区组建了 22 个社区级的计划和预算支持小组，向社区传授参与式计划和预算的技能。还努力确保这些小组没有政治倾向、男女性别平衡，而且包括弱势群体的代表。小组成员要经过培训，内容包括参与机制、计划和预算的编制技术，以及怎样向社区居民传授的方法。

乌干达

乌干达有若干个公民参与预算过程的机制。预算会议可以使最重要的利益相关者达成共识。按照地方政府部门关于下级议会参与式计划的指导意见，年度计划和预算会议应在当年 11 月 15 日以前召开，以审核执行情况，对下年的重点达成一致意见。在这些会议上，更大范围的利益相关者就地方政府的支出重点达成一致意见。公民通过所选举的议员提出他们的需要和支出重点。公民和 CSOs 代表也可以参加预算会议。

在索罗提市（Soroti），可以在乡村和选区层次的计划会议上提出社区需要。在恩特比市（Entebbe），议会已经提前对公民进行培训，并告知公民有关预算过程的信息（尽管一些公民抱怨没有及时通知预算会议的日期）。一旦预算草案形成了最终稿，尽管在这个阶段很少考虑公民提出的意见，但公民还是可以从议会拿到草案副本。

在乌干达，参与式预算的另一个措施是“贫困人口参与评价工程”，1997 年设立该项工程，其目的是征求穷人的意见，并将这些意见纳入政策性计划和资源配置之中。该工程所收集的信息已经纳入“消除贫困行动计划”、乌干达预算政策形成框架。2000 年，为使普通民众更容易理解预算，建立了预算参考小组，委托该小组简化预算文件语言，并使预算图表通俗易懂。

在索罗提市强化公民参与计划和预算编制过程中，媒体发挥了重要的作用。市政府利用广播、报纸发布参加预算会议的公告，提高公民意识，开展公民参与市政事务方面的教育培训。地方广播电台开办热线电话节目，就市政管理程序问题，公民可以提出问题，发表评论意见。市议会还建有辖区内所有注册登记的 NGOs 和社区组织的资料库。在预算会议期间，由于这些组织的领导人提出了社区的需要，因此也产生了重要的作用。

相反，在恩特比市的参与式预算过程中，媒体起到的作用却不大，因此，议会和公民之间的交流不是很有成效。为了改善双方的交流，2000 年，市长、市长技术小组和民间组织领导人提前开展了一项计划，向社区成员通报有关预算程序的内容，进行相应的培训，并征求关于重点需要的意见。该计划使议员和议会工作人员有机会了解实际情况，也使公民有机会向议员和工作人员了解议会的职能。尽管这项提前行动计划是成功的，但是其费用非常高，而且不可能再做一次。

赞比亚

赞比亚没有正规的参与机制，没有强化公民意识和培训公民参与地方议会事务的规章制度，也没有信息共享和建立共识的机制。议员不愿意听取选民的意见，公众也不知道自己享有参加议会会议、检查议会账目和立法建议的权利。因此，在政策和预算的决策过程中都没有公民参与。

按照自己的倡议，卡勃韦市议会（Kabwe Municipal Council）实施了一项计划，推动居民参与改善生活条件开发工程的决策、计划和执行。该计划创建了一项小区性制度，即建立了由小区或选区居民组成的小区居民发展委员会。通过该委员会，居民有机会就希望的发展、确定重点目标、评价地方政府工作、重新界定需要、对议会和地方政府部进行游说和协商等方面的问题提出意见。该委员会将在此基础上整理的建议递交选区议员和议会有关部门负责人，由他们集中统一提交给全体议员大会。为了建立市议会、居民发展委员会和其他利益相关者之间的联系，卡勃韦市议会在公共卫生和社会服务部设立了一个“改进结算小组”（Settlement Improvement Unit in the Public Health and Social Service Department），负责推动公民参与预算管理。地方商会支持扩大公民参与，并且开展活动，争取更加正规化的参与程序。“东南非洲城市发展合作伙伴组织”（Municipal Development Partnership for Eastern and Southern Africa）与卡勃韦市议会共同发起一个试验性项目，即根据绝大多数公民的意见制定卡勃韦市战略规划，强化公民参与市政管理。

津巴布韦

津巴布韦的地方政府采取多种方式征求公众意见，包括发布政府公报、在报纸上刊发两次以上的征求意见通告、地方政府办公室发布公告、部门组织考察团、部门开展调研、与地方政府协商、议员提出意见、建立选区发展委员会、赋予社区参加议会会议的权力、赋予公民获取法规、预算、解决方案和投票人名单等副本的权力，以及议会设立专门委员会等。采取这些方式的前提是，公民有高度的文化素养和对公众事务有高度的兴趣，并采取自上而下的方式组织实施。尽管津巴布韦识字率很高，但是，采用这些方式之后，看来公民的参与面不如最初设想的那么广泛。

在《1984 年农村地区法》（1984 Rural District Act）的导言中，提出了一种更贴近基层群众的公民参与方式。现在，参与式预算采取了自下而上的方式，从乡村至选区、地区及省逐级设立发展委员会。由乡村发展委员会或者小区发展委员会的主席和秘书组成选区发展委员会，或者由乡村和小区发展委员会的主席和秘书共同组成选区发展委员会，选区议员担任各个选区发展委员会的主席。选区发展委员会的主要职能是准备和向地区发展委员会提交选区年度发展计划，然后，由地区发展委员会上报到省议会，纳入省议会年度和长期发展计划中。

在格韦鲁市（Gweru），公民通过选区委员参与预算管理。政党的基层组织（政治结构）和乡村委员会提出问题、评定重点需要，列入选区发展委员会的会议议程。议员将选区发展委员会的会议纪要交给市长，市长再将其列入市议会的讨论议程。议员也会利用选区发展委员会会议来向选区反馈意见。通过派代表参加预算编制专题讨论会，在确定需要、参与制定战略计划和编制预算等方面，格韦鲁市的公民社会发挥了自己的作用。通过参加预算编制会议，公民社会还帮助政府确定税率和资本性支出的重点。

姆图科地区议会（Mutoko Rural District Council）采用专题会议、选区会议、农村发展委员会会议、传统部落首领联合会议和社区政治团体会议等形式，鼓励公民参与预算管理。CSOs 每季度召开一次专题会议，评估地方当局的预算执行情况，并且决定是否修改计划和继续执行计划必须采取的措施。季度评估后，在选区和乡村层次召开反馈会议，发布信息，进行辩论。

公民参与和预算管理过程

从理论上说，在预算管理过程中，各国都采用了某种形式的协商或参与，主要是在预算管理过程的开始阶段进行，但是，只有少数国家是在预算汇总之后，才征求公众的意见。

尽管允许参与预算过程，但是，通常不会认真对待公民意见。在多数情况下，预算通常是由官员和小范围内的理事会成员控制或操纵的。

肯尼亚

预算过程的参与始于 2001～2002 年的预算准备。地方政府需要利用参与过程来为地方当局服务提供计划。

该参与过程涵盖当地居民和利益相关者团体（见表 6－1）。

表 6-1 肯尼亚地方政府的预算周期

月份	活动
9 月	发布部长级通知，说明准备 LASDP 的预算流程
12 月	指定理事会代表分析当前预算绩效
1 月	指定理事会代表根据前期绩效加 10% 的数量准备 LASDP 信封 消息将在当地报纸中予以公布，并张贴在各行政区的布告牌上 利益相关者应邀参加区级参与性预算会议，在此种级别的会议上，基本工程项目将视为重中之重 利益相关者提出项目意见，并就优先列表达成一致意见
2 月	在市政厅举行全市协商会议。小区间就涉及跨境的项目进行磋商，并就全市项目达成一致意见 理事会的目的是采用全市会议的意见 将预算提交至地方政府和财政部门
3 月	指定的理事会代表准备部门预算（资本预算和经常性预算）
4 月	将部门预算提交至相关委员会讨论和审议
5 月	财务委员会考虑同意预算（LASDP 和部门预算）
6 月	特殊的全体理事会成员采用由财政委员会提交的预算 理事会将预算提交至地方政府部门，复印件送至财政部批准

资料来源：改编自 Wamwangi（2004c）。

注释：LASDP 指的是当地政府服务提供计划。

尽管公民可参与到该参与式过程，但是预算仍然由市级官员操纵。公民仅可参与到重点基本工程项目中。统一预算一旦产生，公民则失去提出建议的机会。另外，提交给理事会的统一预算为技术文本，该文本难于被理事会成员理解。因此，理事会成员的干预是有限的。通常只有这些理事会成员获得个人利益或政治前途时，才会对预算过程予以干涉。

莫桑比克

莫桑比克的参与预算过程发生在社区，在那里公民被赋予在社区范围内考虑优先需求的机会。采用参与性规划方法对社区需求进行初步探索。然后，理事会成员和拜罗发展委员会一道设定优先值。举行利益相关者大会以设定整体优先值。社区优先值应当纳入到理事会预算和计划中，并将预算送至国家行政部批准，然后执行并监督预算。从案例研究看，尚不清楚公民是否有机会就资本预算和经常性预算提供建议。

南 非

南非地区的各位市长应当负责协调预算准备和市级综合发展规划和预算相关政策的审议等过程。至少为财政年度开始时的前 10 个月，市长必须将一份时间表提交理事会。该时间表应当对重要的截止日期进行描述，包括协商进程或参与进程。一旦将年度预算提交给市级立法理事会（至少为财政年度开始时的前 90 天），市政当局必须将年度预算连同其他的证明文件一并予以公布，并从社区征集预算提议以提交理事会。然后，理事会必须考虑社区代表或其他任何国家机构提出的意见。如果有必要，修改预算并提交修正案，以供理事会考虑。在该框架内，每一个市政当局均可准备各自的预算过程。布隆方丹市政当局的预算准备过程尤为典型（见表 6－2）。

表 6－2　　南非布隆方丹的预算过程

阶　段	活　动
1. 内外环境协商	设立的预算参数旨在进行收入预测 市政当局被分为诸多行政区。会议之前，联席会议日期将通知给各行政区 召开联席会议，并对每一群集的优先项目和发展计划进行讨论和重点强调 将完善的社区提议提交给广大的利益相关者以便征集更多的意见
2. 项目和方案的筛选	来自各群集和利益相关者论坛的所有提议均提交给市长、市长委员会以及行政管理小组，它们会讨论其中的内容，并制定预算方案 公布预算方案，为利益相关者和公众的预算会议做准备，这是提供预算意见的另一种机会 预算会议之后，应将拟定预算提交给国库征求意见和建议 预算委员会完成预算
3. 批准和报告	提交最终预算方案，并由理事会作出批准 将最终预算方案提交给审计长、国家和省级政府 将下一预算年的预算周期通知给利益相关者

资料来源：于 2004 年改编自布隆方丹的市政当局。

2004~2005 年布隆方丹的预算周期要求各社区给予意见，要求各社区仅可提出资本预算方面的建议。市执政长已承认加强参与的必要性，并表达了征求经常预算和资本预算等方面意见的意愿。市执政长也同意提供更多有关未交付项目、不同地区的服务水平、开支趋势与模式以及增长预测等方面的信息或资料。

坦桑尼亚

坦桑尼亚年度计划和预算编制过程包括公民直接参与分行政区和村管理委员会的基层会议（见表 6-3）。各社区对它们各自的问题进行排名，并将项目提议提交给行政区发展委员会讨论并批准。

表 6-3　坦桑尼亚地方政府的预算过程

阶　段	活　动
1. 准备预算纲要	总统府、地区行政部门以及地方政府发布预算方案、预算纲要以及预算限额 地区秘书处将预算方案、预算纲要和预算说明通知市政理事会 市政理事会为各行政区准备地方预算纲要
2. 征询民意、确定优先项目	培训行政区推广人员；行政区发展委员会将预算纲要发给社区级规划和预算编制支持团队 社区级规划和预算编制支持团队开展参与性贫困评估预算编制 召开公众会议、排列优先项目 行政区发展委员会批准优先项目
3. 编制拟定预算	理事会管理小组编制、整合预算提案 理事会管理小组与 CSOs 进行协商 理事会管理小组编制最终拟定预算，并由理事委员会讨论该拟定预算
4. 批准和采用预算	全体理事会批准并采用该预算 在优先项目讨论初期以及作出拟定预算后，公民有机会提出意见或建议

资料来源：改编自 Lubuva（2004b）。

乌干达

乌干达地方当局的预算过程分为7步（见表6-4）。

表6-4　　乌干达次国家政府的预算过程

阶　段	活　动
1. 召开预算会议（1～2月）	在村级和行政区级计划会议上提出公民需求和优先项目。经选举出的理事会成员，将需求和优先项目提交给预算会议。会议期间，CSOs的代表可以与会。理事会就重点清单和部门分配纲要达成一致意见
2. 确定部门的优先项目（3～4月）	行政长官以及常务委员会成员（包括部长）制定部门政策纲要，并就评估的部门优先项目达成一致意见。该阶段公民不可直接参与，但是在预算会议上由公民提出的需求应当予以考虑
3. 审议已评估的部门优先项目（4～5月）	财政常务委员会成员和部长审议提案，并试图制定部门政策纲要。在该阶段产生理事会拟定预算提案
4. 考虑最终拟定预算（5月）	财政常务委员会、技术规划委员会和常务委员会主席旨在考虑拟定预算。审议财政分配和财政优先方向。将该拟定预算送交市政执行理事会
5. 完成拟定预算（6月）	执行理事会旨在考虑拟定预算以及前一阶段的意见。并作出最终变动、批准最终拟定预算。公民可从理事会处获得最终拟定预算的复印件，但是在该阶段，很少考虑公民所提的意见
6. 召开理事会听证会（到6月15日）	通过财政大臣、行政长官制定预算并征得理事会许可
7. 实施并监管预算	行政长官、内阁、常务委员会和部长制定具体的实施计划和绩效报告。理事会官员、理事会成员和公民社会代表负责监管

资料来源：改编自Kundishora（2004b）。

公民参与限于确认向预算会议所提交的需求和优先项目。拟定预算完成后，公民可获得拟定预算的复印件，但是在该阶段考虑针对公民所提意见或建议进行变动为时已晚。

赞比亚

在赞比亚，公民参与是非强制性的，但是在某些城市，如卡布韦市，已有适应预算周期中的公民参与（见表6－5）。卡布韦市通过区级居民发展委员会参与。

表6－5　　　　　　**赞比亚卡布韦的预算过程**

阶　段	活　动
1. 与居民进行协商	通过居民发展委员会与居民进行协商。实地行动小组由4个部长代表组成。他们与居民会面征求意见、建议、观点，并了解问题和需求。在实地行动小组的帮助下，居民发展委员会列出居民需求，并将居民的需求放在最先位置。另外，居民发展委员会还根据一致同意的优先项目起草年度工作计划。之后，实地行动小组准备年度部门预算概算，并将其提交至理事会
2. 准备部门预算	准备并合并部门预算。每一部门预算概算应当能够资助来年的优先活动
3. 合并预算	将部门预算概算提交给常务委员会以做讨论和必要的修改。之后，财政部将部门预算合并到理事会的年度预算中
4. 提交预算到理事会通过	财务长将拟议的年度概算提交给理事会通过。会议期间，理事会成员和其他利益方（包括部长）可引进更多的项目提议和居民需求。如果这些项目提议很重要、且有可利用资源，则这些项目提议可以纳入到该预算中
5. 最后批准	一旦全理事会会议批准合并的年度预算，则将该年度预算提交给地方政府部门批准
6. 实施预算	实施预算，监管和评估优先项目

资料来源：改编自 Mumvuma（2004）。

委员会的建议传达至区级理事会成员以及理事会部长。只可在预算过程的第一阶段参与预算过程，且参与仅限于确定需求和优先项目。

津巴布韦

基于广泛参与活动所积累的经验，津巴布韦正式的预算周期是根据由地方当局采用的法律和非正式的过程制定的。其中的一个例子是圭鲁市预算周期，包括正式和非正式方法（见表6－6）。

表 6 - 6　　　　津巴布韦圭鲁的预算过程

阶　段	正式活动	非正式参与
1. 确定需求和优先项目	包括年度优先项目在内的 5 年战略发展规划用以确定和调整年度优先项目。接收国家纲要，并将其纳入到地方预算中。执行委员会发布预算概要，并提交理事会通过	利益相关者审议次国家政府纲要、并同意将影响纳入到次国家政府预算中
2. 评估和确定全球资金需求	人力统筹委员会会就薪资水平与工会进行协商。召开财务委员会会议，以确定全球资金需求、设定收费水平、资本计划以及融资	广大的利益相关者委员会会将详细的预算编制委托给它所选出的利益相关者——预算委员会。委员会与财政委员会密切协作
3. 最终预算	理事会会议采纳财务委员会的建议，在两张报纸上对预算予以公示，以解除公众的异议。完成预算前，理事会应考虑公众异议。预算送至地方政府部门批准（高密度计费区——贫困区）	
4. 实施预算	实施、监管并评估预算	理事会成员应定期召开行政区会议，就预算问题与利益相关者预算委员会进行协商

资料来源：改编自 Mika（2004）。

该过程的三个阶段中利益相关者的参与是非正式地。第一，公民参与需求和优先项目的确定，其中涵盖了战略发展计划；第二，与利益相关者举行磋商以探讨他们所提预算建议的含义，并在最优先的情况下进行投票；第三，公民参与预算实施的监管和评估。

参与的影响

在所评估的大多数国家参与预算过程尚属新鲜事物。然而，直接惠及社区的符合参与过程所确定的优先项目数量已经上升。公民与地方当局之间的关系已得到改善，另外，公民对地方当局所持的正面态度越来越多、对地方当局的了解也越来越深。

肯尼亚

从2003年开始，内罗毕公民就开始参与预算过程。其结果是提议的和实施的项目数量实现了大幅上升。根据知性需求，项目理念源于居民。居民参与使得他们的拥有感增强。通过改善对话方式，理事会与居民之间的密切关系已经形成，而这种格局在以前从未出现。当地政府服务提供行动计划为服务提供活动的有意对话和确定提供了很好的机会。而这些服务提供活动对当地居民需求作出直接响应。在2002~2003年确定的154个项目中，有106个项目列入候选名单（给予资金支持并付诸实施）。更便于理事会人员与利益相关者之间的沟通。

莫桑比克

莫桑比克尚处于公民参与的初期。然而，在曼希萨和瓦东多市，地方当局与公民团体间的互动次数已经增加，同时它们之间的关系也得到了改善。地方当局更加了解社会的组成。社区各成员联合参与地方当局的地方项目计划、规划、实施、监管和评估。曼希萨于2000年设立了多利益相关者管理委员会，该理事会筹集了资金，并解决了当地的洪水问题；在29个拜罗地区召开了公民意识大会；发起清洁和重建活动，建造两艘船，克服了洪水问题。瓦东多的村民委员会积极参与地方经济发展，当地妇女参与维护社区设施（如水泵和垃圾清除）。

南　非

布隆方丹市政当局在行政区委员会通过的社区规划财政预算的焦点正从基础设施建设转向地方经济发展，成为公民（所认为的）优先项目。

社区也感受到市政当局变得越来越透明。市政当局所发生的事情需要通知更多的人，同时，越来越多的人也可通过在定期询问会议上提出议题来要求市政当局负责。通过行政区委员会，公民不断地参与，给市政当局提供了定期反馈和意见。从预算会议收到诸多的关于预算问题的提议需要认真考虑，并且在预算完成时兼顾。

对于艾古莱尼市政当局，参与过程的重要影响并非支出的增加，而是支出优先次序的改变。通过参与过程，市政当局更好地关注了领退休金者的生活，并增加给予他们的优惠。另外，对救助政策以及免费基本服务的拨款也产生了一定影响。政策变得有利于穷人。免费基本服务的预分配也得到增加。

坦桑尼亚

在坦桑尼亚，公民参与对预算和发展规划的结构与效力均产生了积极的影响。在准备和批准 2004～2005 年村庄预算的过程中，辛吉达区理事会成员请求社区参与。为了复原水方案、复原与修建浅水井、修建家畜坝[③]，在四个村的中期计划与预算中使用了逻辑框架法。现在，公民可直接参与伊拉拉市政理事会会议讨论，优先解决社区问题，并提交需要预算资源分配的项目。在两个理事会中，由理事会和社区联合实施的项目的数量增加了。公民间的参与培养了更加积极的态度，使得分摊费用、使用者付费和其他成本补偿机制的接受程度更大。解决社区问题过程中的预算和发展规划的有效性得到了改善。社区之间的资源分配的公平性和透明度得到了提高，尤其是分配给以前忽略的市中心和外缘的资源。由于具备了分析解决优先发展问题的能力，因此，理事会和公民之间的关系已经得到改善。社区在项目设计、项目执行、项目监管和项目评估等方面参与度得到了提高。从中心项目到社区项目，官方均承认私人和公共捐款，并已纳入到计划和预算中。另外，非公共捐款也得到了鼓励，给改善提供给公民的服务带来了希望。

乌干达

通过参与过程，恩德培市的公民如今可参与到城市三年战略规划的起草过程中，这为城市发展活动指明了方向。并试图建立理事会成员、官员和公民之间的良好工作关系。委员会具有一份涵盖全部注册的市民组织的清单，并至少邀请其中某些领导参加会议。

索罗蒂市的市民组织和非政府组织对参加理事会会议持有积极的态度。在会议上，他们会提出社区的优先项目和利益。参与过程可形成非政府组织与市民团体网络，以确保公民利益得以完全阐述。在预算准备过程中，市民组织学习并内化了理事会流程。由于以前拒绝上缴税款的人现在开始缴纳税款，因此，市政当局的资源基础得到了改善。而这些人之所以现在缴纳税款是因为他们更加了解理事会资源的使用方向。

赞比亚

如今，在卡布韦市已经建立了36个居民发展委员会、建立了3个卫生中心，并为其中的两个卫生中心装配了管道供水系统，发展了新的市场并改善了现有市场。

为确保社区项目中的焦点问题成为主流，培训了居民发展委员会成员以解决艾滋病、性别主流化问题、环境和基础设施维护等问题。为解决这些问题，地方官员、居民发展委员会和居民委员会组成了一个特殊工作小组。其结果是：资金分配到了卓思的以家庭为基础的爱心工程，该爱心工程的关心对象是艾滋病末期的病人；扩建恩古恩古卫生中心，该中心关心的对象是慢性病患者；扩建学校、清理雨水道，并在学校周边植树。

津巴布韦

辛巴威村庄区域理事会的市民参与使那里的居民重新获得了归属感和拥有感。地方当局和利益相关者之间的联系得到了加强，同时，政府部门、传统领导者以及市民社会组织间的合作得到了加强。旨在指引未来社区发展和年度预算的共同且共有的愿景也得以规划。

其结果是冲突变少，而通过对话的方式解决分歧的愿望更加强烈。边界地区尚未发生抵抗地方预算（如以前的所作所为）的事件，这说明公民已经认可了这些预算，并有了资金的拥有感。这使得预算的批准速度更快、预算的实施更为及时。公民更加理解理事会所做的事情，更加理解服务评估的方法。基于此，公民更乐于为服务买单。

圭鲁的参与过程使得预算格式更加简化，这利于公民理解。公民已参与到制定战略规划的过程中。该战略规划可塑造城市的未来、可指引预算过程。在减少资金滥用疑虑和透明度缺失方面的拥有感也同样得到了加强。随着公民参与度的提高，预算编制的速度更快、实施更为及时。

挑战和经验

虽然参与性预算编制已在非洲取得成功，但是仍然面临诸多挑战。次国家政府解决这些挑战的过程中吸取了许多重要的教训。

挑　战

接受评估的许多国家面临着相似的挑战，包括缺乏能力、行动者角色和职责的理解有限、参与范围有限、立法限制、监管和评估系统不利、缺乏透明与信任、沟通不畅、资源不足以及政治和社会分歧。并非所有接受评估的国家都经历了所有这些经历，但是许多国家面临的挑战是一样的。

每一个接受评估的国家均认为理事会成员、市政官员以及公民是公民参与规划和预算过程的最大障碍。通常，公民不知道他们的参与权，同时，他们对政策制定和预算进程的理解和意识以及低读写能力阻碍了参与。教育水平低的公民更少参与该过程，这是因为他们缺乏信息了解、不理解市政流程。基于此，预算制定过程主要由精英参与。政策和预算讨论所使用的语言通常均为技术性的，而且通常引入的是不熟悉的概念。因此，讨论超过了理事会成员及其所代表人民的理解。这就意味着通常居民和理事会成员不能有效地参与政策和预算决策过程。在某些国家，特定区域的居民可说不同的语言，使得他们难于完全参与讨论。

一些理事会成员，尤其是来自偏远地区的理事会成员，他们并没有经过适当的培训，所以，在理事会上他们不能给选民传递或通知相关信息。这也使得他们在理事会讨论上清晰地表达选民的问题和需求变得困难。市政官员自身可能也缺乏必要的技术能力。

在大部分接受评估的国家中，不同参与者的作用和责任没有得到很好的理解。这就导致了某些参与者认为责任是不适当的。尤其是官员的作用和理事会成员的作用之间的区别是不明确。在某些时候，官员做了本该由政治组织做的决定。这样一来，他们就掌控了预算和计划的过程，把理事会成员们当作不假思索盖章批准的人来利用。一些国家在预算过程中也经历了逾越国务院作用的误解。

在一些国家，公民只参与资金预算部分的决策，而这只是整个预算的一小部分，并不包括在收入来源或比率和关税的设定之中。

项目评估监控工作环节是薄弱的，而且这个过程并不允许公民参与。提高监控和评估过程水平可以增强理事会成员的职能和对社区的治理程度。

在莫桑比克、乌干达、赞比亚和津巴布韦这些国家中，法律限制了公民的参与。在市级法律制定中，没有公众直接参与修订相关法律条文。相反，有人认为该参与会间接的发生。

公款利用缺乏透明度也束缚着公民参与的发生。比如说在乌干达，法律条文明确规定地方级的财政资源利用要公开透明，但是，由于政府能力的缺乏，许多条文并没有真正的实施。次国家政府缺乏准备必要账目和实施严格财政纪律的能力；中央政府部门缺乏及时、全面地跟进审计建议的能力。

在赞比亚，来自中央政府的财政调动是不可预知的。有些信息，如，各项资金政策，各种资源的现有分配金额，支出补助金的标准和额度或者延缓发放资金的原因等等，理事会并不清楚。这些不确定，如果通过计划或有效利用资源的方式都不可能做到，那么这将使得财政调动变得很困难。

资源的匮乏，不管是财政资源还是物质资源都会对公民的参与产生消极的影响。在一些情况下，参与过程的运行依赖于捐赠资金会导致整个参与过程不堪一击。一些乡镇和城市的大量人口的参与给活动的可利用资源施加了很大的压力，因为，有更多的会议需要举行，更多的人口要求接送。在偏远地区，更需要支付长途距离费用，为了保证公民能够参加会议并参与决策，理事会不得不承担起交通和其他巨额的费用。

理事会成员们经常缺乏制度和资源基础来真正的代表人民去协商。他们缺少基础设施建设，比如，信息管理系统，还有各自选区内必要的鼓励参与的人力资源。

在一些国家的一些地区对参与这项活动还是持猜疑的态度。一些理事会成员已经忽略了参与过程中被提出的问题，取而代之的做法是提出与参与者相适应的问题。由个人或组织提出的问题有时候会在从村庄到社区到市理事会的交流过程中被丢弃。

在乌干达，理事会与公民的关系已经得到了大大缓解，但是两者之间的猜疑还是存在的。据报道，会后，邀请函将会被送往一些市民组织手中。但是一些理事会还是蓄意将市民组织排除出理事会会议。在赞比亚，即时公民意识到自己有权利去参加理事会会议或者被通知去参加，大部分人还是选择不出席，主要是因为他们已经对当地政权失去信心。在津巴布韦，被选举出的官员也是带着猜疑的心态看待市民组织。

在所有接受评估的国家，次国家政府和公民之间无效率的交流对公民的参与会产生消极的影响。在南非，理事会成员、社区理事会和部门，这些政府内部之间的交流也没有想像中的好。参加主要利益相关者会议的组织代表和各自选区的代表之间也存在缺乏交流的问题。社区成员经常抱怨他们的代表从来不向他们反馈所参加会议的信息。在乌干达，物流后勤和财政限制束缚了理事会通知公民参与程序和政策的努力。而大部分的穷人也存在着买不起报纸和收音机这类可以提供理事会会议程序信息的工具的现象。

许多国家的预算参与过程开始得不够早，这局限了协商的大部分可利用时间。在一些情况下，人们认为会议仅仅是报告性的而非参与性的。人们常常是在正在工作或在不同的地点时被通知要开会，然后从很远的地方赶回来开会。

政治和社会的差异也会影响参与。坦桑尼亚的政治差异削弱了当地社区的团结凝聚力，降低了计划和预算或延缓了受影响地区的参与进程。在赞比亚卡布韦市议会上，副部长级政务人员和议会治理结构的常务秘书长的出席降低了公民参与的程度。由于省级政治领袖与议会主要官员的意见相左，当地的利益相关者常常劲不往一处使。

在南非，纯粹是白人的地区和纯粹是黑人的地区之间的文化差异还是存在的。参与过程必须可以迎合不同社区市民的需要。在津巴布韦，城市人口越来越向多样化发展。调解不同文化之间的差异是很大的挑战，因为，差异需要优先考虑表面现象。

吸取的教训

从参与性机制的实施当中我们已经汲取了重要的经验。以下是从接受评估的国家的经验中汲取的主要经验。

加纳的政治意愿和一种适当的法律架构的建立

成功的公民参与需要政治意愿与公民进行接洽：在一些国家参与过程已经成功，对公民参与的政治支持也是始终如一。这样的支持营造了一种信任的气氛，并且让公民感受到了他们在地方政府机构是如何使用各种资源，和这种使用在如何影响他们的生活，并在决策中发挥了作用。

与地方政府有关的宪法和所有法律一样，应该承认自治地方政府并铭记其参与的价值。在一些参与性预算已成功实施的国家也已经开始建立一种制度和监督环境，在该环境中赋予公民地方自治和直接参与对地方社区有重大影响的决策权力。

建立地方参与者的能力

议员、官员和公民的广泛而持续的能力建设是成功的预算参与的关键。从评估的各个国家来看，有预算过程和技术技能知识的赋权社区会产生更多的直接参与。能力建设提高了人们对城市规划、预算周期和资源配置是如何进行的了解，这就使得各个社区大量的向预算过程投入更多。经验告诉我们，那些接受过训练的议员和地方官员更容易和公民交流并鼓励他们参与计划和预算过程。

公民教育和能力建设的持续进行是我们解决参与预算的挑战问题的首要考虑因素。提供在职培训讲习班的社区居民已经看到其投入在质和量上的显著提高。比如，坦桑尼亚的伊拉拉市，在那里，所有利益相关者都可以参与培训，参与预算更加现实，优先权更加明确。在坦桑尼亚辛吉达区，广泛而持续的意识建设和公共教育提升了参与的效率，这就使得特定问题要在预算过程中解决。

针对官员和议员的培训同样也增进了所有参与者之间的互动和了解。培训讲习班应该制定大量的练习内容，并且包含以下议题：

- 为什么需要用有限的资源来解决无限的需求才能产生交易？
- 地方政权是如何执行权力的？
- 战略规划和预算之间存在着什么关系？
- 资本和营业预算有什么不同？资本的比率和现行消费相适应吗？在现行消费范围之内，薪金的比率和生活费用相适应吗？

地方政权和公民之间的沟通如存在问题，在任何能力建设项目中加入沟通策略的发展同样也很重要。学习网的形成也是很有帮助的，以便小组成员可以从中学习其他人的经验。这些学习网可以包含一个国家之内不同的地方政权或者可以包含不同国家的不同的地方政权。

地方政权的担保承诺

地方政权选举和指定的官员双方的承诺对于参与实践的成功很重要。在一些国家中，其议员和官员双方承诺在地方政权（莫桑比克、坦桑尼亚和乌干达）决策过程包括所有的利益相关者，市政府问题的公民参与度已大大提高并且参与过程也变得更加持续和有意义。传统的领导者，像社区价值观的管理人，同样也需要被纳入考虑范围并作为参与过程的考虑因素。

中央政府对于参与式方法的支持也是很有必要的，因为政府的参与可以使整个过程法制化。政府的支持体现在对公民参与、政府政策和推进体系的法律规定之上。

包含所有的利益相关者和适应多样化

为了保证来自不同地区的广泛社会代表，包括不利和弱势群体，要对所有主要利益相关者进行仔细判别，这是促进参与过程的必要因素。一些国家通过采取包括社会各个方面的系统研究法，增强了过程中的社区所有权。而这个社区一定要是持续推动过程前进的部分因素。为了适应多样化，为不同的族群采取不同的策略是必须的，以便每个族群找到最合适的参与方式。

给公民更多的准备时间

在会议之前，与公民社会进行的协商活动必须顺利完成，以便公民有机会讨论他们的需求和优先考虑的事情。公民为预算提供大量的投入是需要时间的。

要提前通知公民会议的时间，以便他们有足够的时间来完成行程计划。有时候为了方便那些白天上班的人们，可以相应地调整会议时间。

结　论

以上所有接受评估的国家的地方政府都是政府自己的权力范围，拥有管理自己财政收入和支出的权利。每个国家都拥有立法来管制自己的地方范围。有一些国家就制订了公民参与强制计划，要求地方政权与公民进行合作并提供参与决策的机会。

甚至在一些没有针对参与过程进行立法的国家，参与都被认为是一种提高社区服务的重要工具。所以，国家就采取到位机制措施为计划和预算过程提供更广泛的包容性。这些机制包括小区委员会机构、参与计划过程、公开会议、预算会议、协商会议、预算运动、每月通讯、参与性贫穷评估项目和各类形式媒体的介入。

在任何一个国家，预算参与过程都包括一个阶段，在这个阶段中要考虑到判别需求和优先考虑事情的公民参与。在某些情况下，参与只发生在过程开始的阶段；在其他情况下，一旦拟定预算定案，根据资源的配置，公民将被赋予另一个机会来提供投入。

公民有机会提供投入，但是在许多情况下他们的投入是有限的，并且资源配置的大部分决定权仍然是掌握在地方官员和议员们的手中。大多数情况下，公民并没有被赋予足够的时间去分析和讨论他们的投入。此外，公民的投入仅仅只是就资本预算而言的，这也就表明仅仅是总预算的一小部分。

除了这些问题，公民参与已经大大提升了地方政权实施项目的数量和范围，而这些项目对参与过程中的社区有很直接的影响。参与也增进了公民和当地政权的关系，因为公民发觉当地政权部门越来越透明和可靠了。

本章注释

①次国家政府、地方政府、地方政权和市政厅这几个词在本章中是替换使用的。以上涉及的所有治理都属地方层级。

②一体化发展规划是判别优先次序和计划的规划方法。

③逻辑框架分析法是一种主要用于发展项目的设计、监督和评价的工具。

本章参考文献

Kundishora, P. 2004a. “Capacity Building Needs to Support Civic Participation in

Subnational Budgeting in Uganda." World Bank Institute, Washington, D. C.

——. 2004b. "Civic Participation in Subnational Budgeting: The Case of Entebbe Municipality, Uganda." World Bank Institute, Washington, D. C.

——. 2004c. "Civic Participation in Subnational Budgeting: The Case of Soroti Municipality, Uganda." World Bank Institute, Washington, D. C.

——. 2004d. "Civic Participation in Subnational Budgeting: Ugandan National Framework Condition." World Bank Institute, Washington, D. C.

Lubuva, J. 2004a. "Capacity Building Needs to Support Civic Participation in Subnational Budgeting in Tanzania." World Bank Institute, Washington, D. C.

——. 2004b. "Civic Participation in Subnational Budgeting: The Case of Ilala Municipal Council in Dar Es Salaam, Tanzania." World Bank Institute, Washington, D. C.

——. 2004c. "Civic Participation in Subnational Budgeting: The Case of Singida District Council, Tanzania." World Bank Institute, Washington, D. C.

——. 2004d. "Civic Participation in Subnational Budgeting: Tanzanian National Framework Condition." World Bank Institute, Washington, D. C.

Mangaung Local Municipality. 2004. "Mangaung Budget Cycle 2004/05." Mangaung, South Africa.

Mika, J. 2004. "Civic Participation in Subnational Budgeting: The Case of the City of Gweru, Zimbabwe." World Bank Institute, Washington, D. C.

Mumvuma, T. 2004. "Civic Participation in Subnational Budgeting: The Case of Kabwe Municipality, Zambia." World Bank Institute, Washington, D. C.

Shall, A. 2004. "Civic Participation in Subnational Budgeting in South Africa." World Bank Institute, Washington, D. C.

Wamwangi, K. 2004a. "Capacity Building Needs to Support Civic Participation in Subnational Budgeting in Kenya." World Bank Institute, Washington, D. C.

——. 2004b. "Civic Participation in Subnational Budgeting: Kenyan National Framework Conditions." World Bank Institute, Washington, D. C.

——. 2004c. "Civic Participation in Subnational Budgeting: The Nairobi Case Study, Kenya." World Bank Institute, Washington, D. C.

第七章

中东和北非的参与式预算

Alta Fölscher

参与式预算不会凭空产生：环境和设计因素会促进公民参与公共事务。本章讨论了有助于参与式机制付诸实现的必要性和促进因素，评估了中东和北非是否存在参与式预算，并且分析了参与式机制是否能够催化或有助于这一地区在政府管理、经济发展和民主政治方面的社会变革。同时还探讨了参与式预算程序是否与伊斯兰教的教规和价值观相一致的问题。

参与式预算的潜在作用

大量的文献把参与式预算与良好的政府治理结果联系在一起（McGee，2003；Reuben，2003；Wampler，2000）。公民参与公共事务有助于提高政府的效率。通过增强上下级政府间的职责或社会责任，参与式预算还有利于更好的公共决策。如果公民能够参与公共产品和服务的规划、融资、供给和监督过程，对政府工作人员和官员们的激励作用就会发生变革。

除了改进政府效率之外，在中东和北非地区，参与式预算管理方法还有另外两个好处。第一，支持公民更广泛参与的制度有助于促进人的发展——使人的能力、机会和自由得到不断扩大。第二，参与式预算提供了意义重大的参与机会，参与本身就是目标（或人权）。

联合国西亚经济社会委员会（United Nations Economic and Social Commission for Western Asia，ESCWA）（Fawaz，2002）、World Bank（2003）和 UNDP（2005）的最新研究报告认为，糟糕的政府管理体制是造成中东和北非贫困增长和不发达的重要原因。参与式预算过程能够有助于改进该地区的政府治理吗？

该地区的政治、政府治理和社会条件看来限制着参与式预算行动计划的影响。联合国计划开发署《2004 年阿拉伯人类发展报告》（The 2004 Arab Human Development Report，UNDP 2005，9）指出，近年来，尽管一些地区和国家开展了具体的行动改革，但是，这些改革“刚刚起步，而且是零敲碎打的”。虽然改革的成果“无疑是实实在在的，而且很有希望……但这些改革并未全力来改变压制民主的主流环境”。该报告认为，专制独裁政权加上陈规陋习和部落制度，已经成为信息权、参与权、经济发展权和人类发展权等政治与公民自由的主要障碍。其他研究者的报告也提出了类似的研究结论，包括 Abootalebi（1999）、Al－Masmoudi（2004）、Fawaz（2002）、Gilbraith（1996）和 World Bank（2003）。

公民参与预算行动计划

该地区的国家权力很强大，说明很难成功地实施公民参与预算方面的行动计划。实行独裁统治，必然限制言论、媒体和结社自由，而且，不根据竞争、平等和责任原则开展的政治活动会抵制这种行动计划的健康发展。世界银行对该地区政府治理和发展状况评论时指出：“裙带关系、部落姻亲关系、庇护或金钱决定了哪些人能得到公共服务，哪些人得不到。”（World Bank Report，2003，4）

竞争和代表制度在这个地区基本上是不存在的。即使政府的官方体制中包括了程序性民主，但在非官方体制中仍然缺乏这些特性。反之，如果得不到大多数人民的支持，大多数政府当局都借助于其他合法资源进行统治，包括宗教、部落联盟，以及强调强权人物的权威——常常以家族为基础（Abootalebi，1999，2004；UNDP，2005；World Bank，2003）。这些执政当局"已经变得更加依赖于控制和宣传；更加依赖于'胡萝卜加大棒'的手段边缘化精英人士；更加依赖于用统治性的全球或地区性霸权破坏协商，以及更加依赖于互相支持的地区性集团"，以维持政权的继续存在（UNDP，2005，16）。

公民参与预算行动计划的一个环境问题是，政治文化中缺乏竞争性，这表现在官方体制的很多层面上。在这个地区，只有阿尔及利亚、埃及、巴勒斯坦、苏丹和也门在一个以上的候选人中直接选举总统。但总统任职期限没有硬性规定（UNDP，2005）。该地区除了沙特阿拉伯和阿拉伯联合酋长国以外，所有国家的议会现在都进行了全部或部分的选举，但是，议会代表的政治参与情况常常和例行仪式没有什么差别：议会其实没有多大的权力，选举也并没有使议会剥夺统治精英手中的权力（UNDP，2005）。事实上，选举常常是被设计好的，或操纵以达到限制议会权力的目的。以伊朗为例，一个具有改革思想的总统会为进一步的民主改革带来希望，但具有改革思想的候选人无法参加2004年2月议会选举，权力仍然留在当权精英手中（Abootalebi，2004）。据世界银行一份关于这个地区政府治理的报告称："议会的独立性通常受到了限制，因为他们法定的或实际的权力受到了限制，无法向典型的强势官员问责。"（2003，46）在这个地区的大多数国家，议会缺乏对国家首脑的监督，也无法提出立法和预算方面的建议，或者控制立法和预算。

几位作者预计了民主化的长期趋势（Abootalebi，2004；Ibrahim，2004），认为既存在来自这个地区国家内部的压力，又存在来自外部的社会、经济和政治自由化的压力。最近的改革还出现了一些显著的特征。2004年5月召开的阿拉伯首脑会议签署了《改革和现代化进程宣言》，号召继续推进和强化政治、经济、社会和教育方面的行动变革，以反映阿拉伯人的意向和愿望。该宣言提倡法治、公民平等和言论自由的同时，也主张要深化民主磋商的基本制度，扩大公民对政治生活和决策的参与范围（UNDP，2005）。伊拉克和巴勒斯坦实行的选举、黎巴嫩进行的国内政治动员、沙特阿拉伯的市政选举，以及埃及的总统选举改革，都说明了这些国家在争取自由和扩大民主的国内压力下进行改革的最新情况。

Abootalebi（1999）没有把这些变化看作是国家或社会向民主政治的基本制度性转变。为政党的增加提供更大的空间可能只是受到改革者团体压力而进行的微调，并不是真正意义上的基本政治制度改革。他认为，这个地区的政党很大程度上扮演了证明国家及其政策合法性的一个仪式性角色。“虽然具备了民主国家的一些形式（例如选举和辩论），但是，人民依然没有掌握多少政治和经济职权。”在中东国家，国家权力的真正基础在很大程度上是非正式的，并不是制度化的，实际上是依靠个人、家族和集团的关系，维持统治者的统治权力。

在这个地区，也并非所有国家都是这样，毕竟统治者的专制程度有所不同。科威特和波斯湾酋长统治的国家，包括阿曼和沙特阿拉伯，都是高度专制的国家。其他国家，如埃及、黎巴嫩和摩洛哥，都存在比较坚实的认识基础，即在国家与社会关系的平衡中，应当优先考虑社会的需要。

一些国家20世纪在民主改革方面取得的缓慢进展成果，在2001年“9·11事件”之后便化为乌有了。2003年初，阿拉伯内政部长们形成了一项反恐策略，这导致了对个人自由的更严厉的限制。根据UNDP（2005）的有关报告，这些国家进行了规模空前的大逮捕，而且违反了在监狱、关押营和拘留中心防止虐待行为的法律。在一些阿拉伯国家，公民生活在政府低级官员根据行政决定即可剥夺公民权利的威胁之下。新闻记者、政治家和人权卫士经常面临起诉或公开的攻击（UNDP，2005）。思想和言论自由受到官方检查制度的限制。

基本的公民自由和政治自由，例如，思想、和平结社、信仰和言论自由应当得到国家宪法的保护。然而，在国家安全的名义下，无论是宪法本身，还是低阶法律都会限制这些自由，特别是结社自由（UNDP，2005）。除了利比亚和海湾国家禁止外，14 个阿拉伯国家允许政党存在。然而，在许多宪法允许成立政党的国家中，有关法律严格限制了这种权力（例如，政党组织必须经过由政府代表为主组成的委员会的事先批准、限制政党的活动，以及赋予国家解散政党的权力）。限制结社权的规定包括禁止或限制罢工、游行示威、举行群众集会和和平集会。

这个地区的大多数国家限制成立 CSOs，这个组织的活动受到了严格的约束（黎巴嫩和摩洛哥例外）。在一些国家，如果 CSO 过多地批评政府就会被解散。大多数限制性规定都是针对草根人权组织的（UNDP，2005），特别是那些号召根据人权框架推进更高层次的参与和透明度的组织。

尽管有这些限制性的规定，但该地区仍然存在有 CSOs。有很多志愿者组织、工会、人权组织、妇女联合会、少数民族权利组织和其他各种社会运动（Gilbraith，1996）。尽管对媒体进行了管制，但仍然可以听到来自于不断增加的独立研究组织和智库的独立观点。然而，就整个地区来言，公民社会仍然受到国家的管制；在有些国家，公民社会完全受到政府打压或控制。例如，埃及的公民社会是比较自由和活跃的，但 1964 年的一项法律，规定 CSOs 禁止进行“政治”活动，如果进行政治活动，政府有权替换 CSOs 的理事会。

Ibrahim（2004）提供了有关埃及和其他地方的智库如何避开这些约束，成功地在阿拉伯世界扩展了政治、社会和经济改革议程的证明[①]。他强调，这些智库能够及时地提供信息，并改变领导者和知识分子思考政治问题和制定政策的方式。这些团体特别成功地引进了一种新的“理论”，即不仅提出意识形态、法律和哲学方面的抽象概念，更重要的是收集事实和进行研究。这种新的理论与世界其他地方 NGOs 成功的预算（或公共政策和财政）所提供的政策和财务分析的观点基本上是一致的（Ibrahim，2004，5）。

埃及的阿尔—阿拉姆政治和战略研究中心（Al – Ahram Centre for

Political and Strategic Studies）是阿拉伯国家建立的第一个智库。该中心“为个人和团体在促进民主、消除文盲和减少贫困、促进公民社会发展和争取妇女权利方面创造了新的基础条件”。在经济、政治和社会逐步自由化的大环境下，该中心的建立推动了智库的大发展（见专栏7－1）。

专栏7－1　阿拉伯世界的智库

阿拉伯国家的第一个智库是1967年在开罗成立的阿尔—阿拉姆中心（Al－Ahram Center）。其是与政府相关联的，成立的目的是为埃及和阿拉伯世界的其他国家提供有关以色列的信息。如今该中心是埃及最大和最有影响力的研究机构，主要研究国际政治以及阿拉伯和埃及社会的政治、经济和社会方面的问题。该中心发行一批出版物来传播研究报告，其中包括一份战略报告、论文周刊和研讨论文。该中心的发展起到了榜样的作用，一直被埃及国内许多其他机构效仿。

埃及的伊布恩·卡尔杜姆中心（Ibn Khaldun Centre）可以看作是第一个真正独立的智库。该中心成立于1988年，研究方向更加直接地定位于公共政策方面：运用当代的社会科学研究方法为埃及和阿拉伯世界的发展目标服务。该中心是利用私人资源创办的。2000年6月埃及政府关闭了该中心，逮捕了创办人及其27名同事。此后，该中心又重新恢复，创办人也被释放了。该中心出版并举办了有关的政治和社会经济问题的研讨会，内容包括宗教、政治、历史、公民社会、民主改革与发展。

埃及第一个非赢利的经济研究机构是埃及经济研究中心（Egyptian Centre for Economic Studies，ECES），成立于1992年，主要进行开放的市场体制和更大发挥私营部门作用的经济研究。该中心最初由埃及的私营部门与美国国际开发署（U.S. Agency for International Development，USAID）等其他发展合作机构资助。该中心还开展贸易自由化、政府的角色，以及放松管制等方面的课题研究。

自从第一个中心成立以来，其他几个智库也相继建立。Ibrahim（2004）认为出现了两种趋势：第一，智库越来越多地运用信息和通讯技术来传播他们自己的信息。有些只是没有房屋建筑等基础设施，但实际上也是一个研究中心。第二，很多智库与大学有密切的联系。许多以大学为依托的中心，聘用的工作人员和学者都有国外学习经历。开罗大学（Cairo University）和位于开罗的美洲大学（American University）吸收了有才能的年轻学者，利用他们的专门知识来发展西方式的研究中心。该地区的其他地方也出现了这种趋势。

智库的发展面临着三方面的限制。

第一，政府管制这些智库。政府常常设定智库的研究课题，或者从研究机构建立时就限定他们的研究范围。在埃及、约旦、黎巴嫩和摩洛哥建立半独立的或完全独立的研究中心条件比较宽松，但研究课题仍然受到他们与政府之间关系的影响。在其他国家，如利比亚、叙利亚和许多海湾国家，几乎不可能成立独立的智库。

第二个挑战是缺少财务和人力资源。“由于阿拉伯世界社会科学总体较弱，阻碍了本地区优秀的研究人员在智库工作。”（Ibrahim 2004，11）据Ibrahim统计，中东地区只有5000名阿拉伯研究人员在从事社会和政治趋势问题的研究工作。人力短缺问题因严重缺少资助而更加恶化；该地区对CSOs的资助主要都转向激进组织。最大的财政资助来自于西方（或北方）的开发合作机构。

第三个挑战是缺少可信度。自由型智库在使更广大的公众了解他们的研究成果方面面临着巨大的困难，因为更广大的公众常常没有受过教育，智库常常因为他们的“外国方式、难于沟通和缺少真实性”而不为人们所信任（Ibrahim 2004，12）。

尽管存在这些限制和挑战，Ibrahim还是指出了智库将新思想引入公众讨论和政治问题的研究中来，并在引进新的、更合理的形式方面取得了成功。不过，尹伯拉希姆告诫，要防止过分强调阿拉伯公民社会作为一股变革力量的作用，因为传统势力很强大，可以将独立的智库视作西方的傀儡而予以取缔，加上权力结构的其他制度性因素，这些都限制了智库进一步发挥作用。

资料来源：Ibrahim（2004）。

在该地区推进广泛参与的主要障碍是文盲的比例太高。CSOs能否在对资源配置和使用决策的直接参与的可能性和研究方面获得“人民权力”，可能会受到公民参与能力在技术问题方面的限制。大约三分之一的阿拉伯男人和一半的妇女都是文盲。虽然整个地区在消除文盲的教育方面已经取得了重大的进展，但是总体受教育水平仍然很低（UNDP，2005）。

文化水平低本身不一定能够妨碍公民参与。印度的 DISHA 和 MKSS 都是以农民和工人为基础的组织，他们的行动计划说明，当公共预算和公共服务的提供与普通百姓的生活息息相关时，目不识丁的老百姓会如何对公共资源管理做出重大的贡献（参阅本书第 5 章）。然而，在这两个案例中，几乎与东欧所有的行动计划一样（参阅本书第 4 章），都是把对公民进行有关他们权利的教育作为公民普遍参与的基础。但是，这些行动计划出现在与中东和北非不一样的环境之中时，根本不存在对申张权力的活动和激进分子的威胁，或者威胁程度很低。

对公民与政府之间的关系缺乏认识，同样阻碍公民积极的参与。像东欧的公民一样，这个地区的公民把自己看作是政府服务的被动接受者，是国家资源的幸运受惠者。在石油收入是主要的公共财源和比较低的税率情况下，就容易形成这种观念。公民不可能认识到，自己是政府的服务对象，或者在政府与公民之间的关系中，自己是最重要的权利主体。

公民缺乏对自己权利的认识，并且持有政府是全能的观念，在这种情况下，要在中短期内使参与式预算在中东和北非地区扎根是不可能的。在这个地区现有的政治、社会和文化规范条件下，受到更多限制的公民参与形式也许更有可能推广，例如，智库。当然，这种参与形式一直受到批评，认为仍旧只是精英人物的参与，而不是广泛的公民团体的参与。这种批评在这个地区显得特别贴切，尽管该地区的人均收入水平很高，但是一些国家仍存在大量的贫困人口，并且妇女和少数民族被排除在政治生活之外。

即使是对知识分子和政策制定者有影响的行动计划，也仍然依赖于媒体能否自由地传播他们的研究结论。世界银行政府治理研究报告（2003）称，该地区各国“既受限又勉强”的透明度，没有一个国家保障了公民的知情权。在埃及，尽管有一个活跃的公民社会，但议会从不对外公布预算，这就限制了公众对预算的讨论。相反，伊朗却公布了国家预算，并且电视台还播放议会关于预算的辩论情况。在阿尔及利亚、伊朗和黎巴嫩，媒体会对政府工作的辩论情况进行公开报道。

Kadhim（2004）认为，传统的或非传统的社会势力阻碍了透明度的提高。存在着“故意造成缺少知识和设法控制知识细节”的问题，最明显的例子是缺乏获取信息和通讯的技术。这个问题的原因是“惧怕知识的传播和意识的提高”（Kadhim，2004，1）。该地区 11 个国家的法律规定，要建立事先或事后（印刷后）的新闻审查制度，这严重地侵犯了新闻自由。法律还规定，出版商必须持有许可证，使媒体处于长期的威胁之下，并导致媒体建立了自我审查制度。只有 5 个国家保护新闻工作者获得信息的合法权利，即阿尔及利亚、埃及、约旦、苏丹和也门（UNDP，2005）。

尽管存在很多限制，但是通过卫星电视和国际互联网，媒体依然自由地出现在阿拉伯世界。政府依然对书面媒体（书籍、课本、报纸和杂志）实行严厉的管制（Al－Masmoudi，2004）。在有些国家，特别是阿尔及利亚、埃及、黎巴嫩和摩洛哥，新闻工作者在名义上是自由的。可是，“即使在这些国家，媒体知道，存在着一道他们不能越过的‘红线’”。媒体尤其不能探究腐败、透明度、裙带关系或徇私枉法等问题。

在该地区，公民社会预算行动能够实现的环境是各不相同的，但从总体上讲，是不被鼓励的。从积极的方面来看，有迹象表明，该地区的社会正在进行制度性改革，虽然各国改革的进度参差不齐，有些国家还犹豫不决，但改革的方向是建立更有助于参与的政治文化基础。这种变革常常会引发关闭参与的政治空间的激烈反应。因而，改革进程的结果是根本无法确定的。

资源决策的参与

该地区许多国家已经承诺，要下放中央权力，授权给地方政府。作为授权给地方管理的一种方式，与 CSOs 和地方私营部门建立合作关系的一些内容已经列入改革的议事日程。在伊朗、约旦、黎巴嫩和叙利亚，已经进行了地方选举，地方当局制定了法律，或者采用了新的规章制度。在某些情况下，中央政府还进行投资，用于增强地方政府在人力资源和技术系统方面的能力。可是，这些措施并没有与实际决策权的下放或资源分权管理结合在一起。根据 Fawaz（2002，3）的研究，阿拉伯国家正在经历一个“各不相同的权力分散/授权过程，在这个过程中，大多数行政、财政和政治的决策仍然由国家最高层领导拍板”。从总体上讲，尽管职责已经下放，但是，这种下放还没有与必要的权力改革相结合。在市政当局不具备管理能力和必要资源的情况下，地方政府无法承担下放给他们的日常管理职责（Fawaz，2002）。

Fawaz（2002）认为，地方政府无力改变很多国家通行的基本权力结构。她指出，选举产生的地方政府自治管理委员会主要在宗派、部族、地域或宗教的基础上拥有支持者，并且依赖政治和社会关系网来维持政权。因此，地方当局能否更好地推行代表、参与和授权管理是有争议的。《世界银行政府管理体制研究报告》（2003）指出，地方选举改善了地方管理体制，并且为将来产生国家政治领导人进行了尝试，但是该报告认为，这个地区的权力仍然高度集中，不仅仅集中于中央政府，而且也集中在最高行政官手中。这就削弱了政府机关彼此之间的相互制衡，减少了参与的机会。

Sarrouh（2003）认为，地方层面“行政职能军事化”（将前军队人员任命到决策和领导岗位）是地方政府有效管理面临的一个挑战。这种做法阻碍了公民参与，不利于政府对地方执政者的授权和反映地方的需求。反对变革或反对分权是一个严重的挑战。如果没有最高领导层的支持和当选议员的参与，就不会进行改革。

在中东和北非，个体和群体之间的不平等很严重。假若信任看上去是推进有意义的和基础广泛的直接参与决策的关键因素，那么，信任就很可能成为一个无声的障碍因素。其他地方存在严重等级划分的经验说明，权力分配的不平等问题是很难克服的。例如，在孟加拉国，尽管政府制定了专门的规定，但妇女问题仍然被排斥在一个社区主导的发展计划之外。

Alvi（2005）提出，要重视解决妇女面临障碍问题的迫切性，特别要注意那些“倒退的社会改革”倾向。她指出，现在出现了两个有助于倒退的因素。第一个因素是，一些国家在否认妇女基本权利和自由方面的态度和社会政策越来越强硬。第二个因素是，教育水平和社会地位等社会指标越来越弱化，这使妇女更难去挑战强硬的态度。如果地方政府不根据包容与平等原则行使职能，允许公民直接参与的机制就不可能解决政府管理体制中歧视妇女的问题。

尽管存在这些挑战，一些社团仍然成功地参与了决策过程，对他们的生活产生了真正的影响。Fawaz（2002）列举了联合国宜居地数据库中的几个例子，指出地方政府的创新常常在那些陷入或最近已经出现冲突的国家中取得成功。根据她的观点，在地方政府可以取得选民授权的条件下，势必弱化中央政权。在那些权力中心已经从极权主义政权向社会转移的国家，也出现了公民参与的情况。就像外部资助者在东欧起到的作用一样，在该地区的一些国家中，他们也发挥了重要的作用（参阅第4章）。

开罗曼希尔特·纳塞尔（Manshiet Nasser）
非正式定居点的重建和升级改造

1997年，埃及开罗一个非正式定居点的50多万居民被迁到邻近的一个配备有各种公共设施的规划定居点（UN－Habitat，2001）。新定居点配备了自来水和污水处理设施、道路网、空旷地、体育锻炼和医疗保健中心、图书馆、学校、电信和手工艺作坊。简而言之，这不仅仅是一个住房建设工程，而且具备了人类定居点的所有基本设施。原来的贫民窟场地也改建了，旧貌换新颜。

对于将住房建造工程转变成人类定居点来说，配备基础设施是必要条件，但不是充要条件。对于这类影响居民生活的工程，公民也必须参与。因此，这个工程建立在一项参与式社会经济调查的基础之上，并通过透明对话机制得到了公民的支持。这个项目提供了穷人负担得起的建房方案，并以软贷款方式为居民建新房融资。为了减少冲突，有助于调动公民自身的资源有效实施这项工程，该项目从开始时就让公民参与决策。这个项目的成功实施表明，尽管具有挑战性，但是，对于高效和可持续的城市发展来说，政府机构、CSOs 和开发合作伙伴之间的协调配合是必不可少的。

突尼斯夸弟尔协会（Quartier associations）的有效变革

突尼斯地方分权中一个比较新的特色是成立了夸弟尔（小区）协会和委员会，这是一个地方性的非政府社团，可以动员居民支持一些特别的问题，如防止环境退化（Ben Salem 和 Vengroff，1992）。这些协会在最低一级政府即市政委员会进行活动。这些非选举产生的市政委员会主要是在公共事业服务领域，特别是在市级服务方面，承担某些重要职责，他们也征收种种地方税。市长（市政委员会主席）是由市政委员会的成员从他们自己当中选举出来的。市政委员会的决策是比较公开的。委员会的听证会和市政会议都向公众开放。NGOs 和协会团体基本上都参加这些会议。在这方面，夸弟尔协会显得尤其重要。

夸弟尔协会的典型构架是，成立一个大约由 10 名成员组成的办公署，这些成员的职业具有多样性，并且积极性极高，影响潜力极大。领导者都是比较年长的，来自上流的经济社会。他们像地方利益集团那样发挥作用，发展和创建与其他团体之间的联盟关系，例如当地的清真寺、政党的基层组织、地方官员和环境团体等。成员们也利用他们在中央级政府的关系获得某些优势条件。有时候，夸弟尔协会调动适量的资源支持当地的项目，并参加小区的卫生扫除和自助活动。

夸弟尔协会主要关注环境和社区问题。关键是，该协会以当地社区组织的身份来吸引大众的支持和参与。如果实践证明这些团体是成功的，其影响很可能将扩展到市级、地区级甚至中央一级。尽管有局限性，夸第尔协会仍然增加了公民在市级和区级政策制定过程中提供投入的机会。

巴格达的居民小区重建

巴格达居民小区重建项目（Neighborhood Rehabilitation Project）始于 1999 年，那时一些地区的公共服务设施已经彻底瘫痪，居民家庭的生活条件达到了令人震惊的程度，污水四处横流，没有医疗卫生服务，垃圾不能及时收集，饮用水缺乏（UN - Habitat，2006a）。受益的低收入家庭参与了该项目的实施。对伊拉克来说，第一次采用了以社区为基础的公共管理方法，以确保这些公共服务事业的可持续性。这个项目先在两个居民小区进行试点，然后在 2000 年扩展到另外两个地区。该项目由联合国居住环境处（UN - Habitat）与巴格达市政当局、NGOs、其他联合国机构共同合作实施。2002 年，该项目被迪拜最佳改善环境国际奖（Dubai International Awards for Best Practices in Improving the Environmen）评选为最佳典范。《联合国人居署战后住房和城市发展项目》（the postwar UN - Habitat Urban Development and Housing Programme）将采纳该项目的经验，在承诺推广参与式管理的前提下，在开展大规模小区重建的城市地区实施这个规划。

黎巴嫩的城市减贫

1998 年，黎巴嫩 20 万人口的古贝里市（Ghobeiri）举行了 35 年来第一次地方选举（UN - Habitat，2006b）。在当选的议员中，大多数人来自于私营部门或非盈利部门。选举之后，由各方人士共同合作进行市政管理，包括公民社会、NGOs、私营部门、中央政府和国际机构。古贝里市议会直接与 16 个 NGOs 和社区组织进行协调，与另外 10 个组织进行间接的协调。该市已经为 1.8 万户家庭修建了排污系统，在所有的城市街道上架起了电灯和路牌，并且种植了 4000 多棵树木。该市扩展了一个社会公益服务网络，通过当地的 NGOs 为 100 多个儿童提供职业培训，为 3 万多名鳏寡孤独残疾人和其他弱势群体提供社会救助。还为弱势妇女提供文化和技能培训。市政当局得到了联合国开发计划署的《改进城市环境地方行动计划》（Local Initiative Facility for Urban

Environment，LIFE）和联合国儿童基金会（UNICEF）的支持。

参与式预算是改进政府治理的切入点

公民参与政府事务的能力和意愿取决于许多因素，包括知识水平和参政能力、消除对起诉的担忧、公共决策公开辩论的政治空间，以及媒体自由报道的范围。在中东地区，大部分因素基本上是不存在的。然而，参与式预算行动计划的希望之一是，通过精心设计和取得定向支持，行动计划就可能启动在政治和政府治理环境方面积极变革的进程，尤其要调动公民批评政府和主动参与政府事务的积极性。

即使是成功的行动计划，也面临着要克服体制性障碍和如何支持某个地区向改善政府治理转变的挑战。只有在该地区社会、文化和宗教的基本标准与代表制、协商和民主政治观念不矛盾的情况下，才能推行参与式预算管理。这种观念应该被接受，即政治和公民权利，也包括参与权，这些不是由社会和文化准则决定的，在某种意义上，取决于个人能否认识到这是他或她自己的权利。如果这两种状况都存在，从原则上讲，适合当地特点的参与式预算行动计划应该是能够产生和推广的。

民主政治与伊斯兰教义及价值观

民主政治的观念与穆斯林的准则可以兼言吗[②]？根据华盛顿特区的伊斯兰教与民主政治研究中心（Center of the Study of Islam and Democracy）主任 Al－Masmoudi 的观点，伊斯兰教教义是为保护个人和社会的利益而制定的（Al－Masmoudi，2004）。为了使穆斯林社会与时俱进地进行变革，可以采用一种行之有效程序，这个程序称为创制（ijtihad）[③]。例如，2000 年，欧洲和美国的穆斯林教会（Council of Muslim Clerics）发布了一个创制，允许居住在西方国家的穆斯林采用抵押贷款方式支付利息购买住宅。这一举措明显地违背了《可兰经》中对于利息的禁令。创制教法“允许穆斯林教徒和穆斯林社会根据环境的变化和新发现对其进行改写和发展”（Al－Masmoudi，2004，8）。

Al - Masmoudi（2004）、Abootalebi（2004）等人认为：当前的政治制度和原教旨主义运动促使了伊斯兰与现代化之间或伊斯兰与民主之间作出选择但事实上根本就没得选择；穆斯林的很多信念，包括自由、平等和正义已经同促进民主发展的价值观相兼容了。

其中的一种价值就是 al - shura，或者称为协商。根据 Al Ansari（2004）的观点，在许多现代穆斯林国家这种信念已经变为一种狭隘、传统的观念：如果统治者愿意采取协商措施，这对于统治者是有好处的，要不然统治者是可以胡作非为的。这一观念有助于许多穆斯林国家在没有能对国家元首全面立法和监督的情况下建立协商委员会。Al Ansari 认为：卡塔尔的宪法和阿曼的经历指向了海湾各个国家的政治发展状况，而这一指向对狭义的解释提出了质疑。协商这一伊斯兰信念在许多方面与民主同义，其中包括人民自治的权利和个人的选举权利。唯一的不同点是“社会的权力范围决定于立法”（Al Ansari，2004，3）。民主赋予社会广泛的权利。相反地，伊斯兰社会对于协商的理解是“社会的权利只限于古兰经和逊奈（Sunna）固定教法之内的立法。”（Al Ansari，2004，3）。④

伊斯兰国家范围内的公民有可能响应“公民拥有选举的权利，并会要求候选人对公共资源的使用负责任”这一观点吗？《阿拉伯人类发展报告》（UNDP，2005）宣称：一些国家民主实施的失败并不是源于文化，“而是由于政治、社会和经济结构的集中化抑制和消灭了那些有能力将独裁主义和极权主义政权危机充分利用的有组织的社会和政治人物”（UNDP，2005，11）。Abootalebi（2004）针对伊朗政府通过指控改革者是威胁伊斯兰宗教价值存在的因素而故意混淆人民主权论和政治民主论世俗化一事也提出了相似的观点。

在这个地区进行的两次不同态度的调查显示，市民对管理、民主以及一定的自由很重视。2003 年底，第一项调查在 5 个国家进行，进行的《阿拉伯国家人类发展报告》调查发现，免于别国侵占，思想言论自由，媒体独立及迁移自由对调查对象来说尤为重要。大约 89% 的调查对象相信，通过他们自由和公平的选举选出的中央以及地方政府的领导人，对于良好的治理至关重要。

第二项调查是世界价值观调查（2000～2002 年间进行）。发现阿拉伯国家的调查对象一致认为民主是最好的治理形式。很大一部分调查对象也反对忽视议会和选举的独裁统治（Pettersson，2003）。

在发生变化的地区，一些市民团体在当地鼓吹人权以及政治自由。摩洛哥的人权和政治组织使得政府承认侵犯人权，并通过了一项新的家庭法，以此满足女性运动的需求，保障女性的权利。叙利亚的公民社会团体要求提高紧急状态的级别并要求更多自由。在沙特阿拉伯，关于少数民族权力、宗教自由、公民权利平等、政务公开的文件以及请愿书已经提交给了王储。其中一个请愿书涉及了要求宪法改革，内容包括保障基本政治自由，还要求进行民主改革，内容包括选举以及通过公共基金的代表组织进行民意控制（UNDP，2005）。

从长远来看，地区的宗教纷争以及政治对话有利于改善政府治理以及促进发展。Abootalebi（2004）认为，在没有解决好潜在问题，比如社会经济和政治资源的不均匀分配，地区的民主选举就不会成功。资源的重新分配的有益尝试，对于解决公共资源分配很有价值。然而，正如 Fawaz（2002）所说，该地区中的国家不会轻易，也不应该鹦鹉学舌般照搬其他国家的政府治理制度和机制。

在这一章中，中东和北非没有被认为对参与过程很重要的因素——有利的政治制度，包括成熟的政党、基本的自由、CSOs 能力、公民学识及能力、有利的法律框架、地方政府能力、信息的可用性。考虑到地区的政治和社会文化环境，公民参与编制预算的方案不大可能成功，除非是参与式预算方案的实行取得地区领导层的认可，或者得到了外部发展合作伙伴的资金支持。

本章注释

①以色列拥有该地区最多的智囊团以及智囊活动，土耳其紧随其后，位居第二（Ibrahim，2004）。

②本章节中所呈现的证据有可能由于受到文献出版限于英语的事实，而有失偏颇。包含阿拉伯语内容的评论有可能得出不同的结论。

③《创制》是对伊斯兰法律的独立而权威的阐释。这一过程曾经被法学家用以演绎第二神法，以从源头控制人类生活，并且在法学专门知识的基础上解释以及表达上帝的意志。在几个世纪前的逊尼派实践中被废除（Al Masmoudi 2004）。

④《逊奈》是穆罕默德的言语和行动，后来成为除古兰经确立的法律之外有法律约束力的先例（Al Ansari，2004）。

本章参考文献

Abootalebi, Ali. 1999. "Islam, Islamists and Democracy." *Meria* 3（1）. http：//meria. idc. ac. il.

——. 2004. "Iran's Struggle for Democracy Continues." *Meria* 8（2）. http：//meria. idc. ac. il.

Al Ansari, Abid – al – Hamid. 2004. "The Possibility of Islamic Groups' Participation in Democratic Systems：Positions and Fears." Paper presented at the Islamic Reform Conference, Brookings Institution, Washington, D. C. , October.

Al – Masmoudi, Radwan. 2004. "Democracy and Ijtihad：The Twin Pillars of Reform in the Islamic World." Paper presented at the Islamic Reform Conference, Brookings Institution, Washington, D. C. , October.

Alvi, Hayat. 2005. "The Human Rights of Women and Social Transformation in the Arab Middle East." *Meria* 9（2）. http：//meria. idc. ac. il.

Ben Salem, Hatem, and Richard Vengroff. 1992. "Assessing the Impact of Decentralization on Governance：A Comparative Methodological Approach and Application to Tunisia." *Public Administration and Development* 12：473 ~ 92.

Fawaz, Mona. 2002. "Reflections on Best Practices in Governance in ESCWA Countries." Paper prepared for the Empowering Local Government Institutions in the Middle East and North Africa Region Workshop, Fourth Mediterranean Development Forum, Amman, October 6 – 9.

Gilbraith, M. 1996. "Civil Society in the Arab World." IBN Khaldun Centre,

Cairo.

Ibrahim, Ezzat. 2004. "Arab and American Think Tanks: New Possibilities for Cooperation? New Engines for Reform?" Brookings Institution, Washington, D. C..

Kadhim, Nadjah. 2004. "The Role of Moderate Islamic Groups in Easing the Severity of the Decline." Paper presented at the Islamic Reform Conference, Brookings Institution, Washington, D. C., October.

McGee, Rosemary. 2003. *Legal Frameworks for Citizen Participation: A Synthesis Report.* Logo Link report, Institute for Development Studies, University of Sussex, Brighton, United Kingdom.

Pettersson, Thorleif. 2003. "Islam and Global Governance Orientations towards the United Nations and Human Rights among Four Islamic and Four Western Societies." Paper presented at the conference Explaining the Worldviews of the Islamic Publics Theoretical and Methodological Issues, Cairo, February 24 - 26.

Reuben, William. 2003. "The Role of Civic Engagement and Social Accountability in the Governance Equation." Social Development Note 75, World Bank, Washington, D. C..

Sarrouh, Elissar. 2003. "Decentralized Governance for Development in the Arab States." Paper prepared for the Local Governance Forum in the Arab Region, United Nations Development Programme, Beirut.

Spahn, Bernd. 1998. "Issues of Governance in a Broad Context." Paper presented at the Mediterranean Development Forum, Marrakech, September.

UN - Habitat. 2001. *Implementing the Habitat Agenda.* Report on the Istanbul + 5 Thematic Committee, presented at the 25th Special Session of the United Nations General Assembly, New York.

——. 2006a. *BaghdadNeighbourhood Rehabilitation Programme.* http://www.unhabitat.org/content.asp?cid=689&catid=203&typeid=13&subMenuId=0.

——. 2006b. *Municipal Practices for Urban Poverty Reduction.* http://www.bestpractices.org/bpbriefs/urban_governance.html.

UNDP (United Nations Development Programme). 2005. *Arab Human Development Report.* New York: United Nations Development Programme.

Wampler, Brian. 2000. *A Guide to Participatory Budgeting.* International Budget

Project, Washington, D. C..

World Bank. 2003. *Better Governance for Development in the Middle East and North Africa: MENA Development Report.* Washington, D. C.: World Bank.

附录

有效公民参与入门

Alta Fölscher

公民参与公共事务能提高国家效率。有人认为，当公民有机会传达他们的需要和对公共机关问责时，公共资源可以使用得更有效，并且公共产品和服务提供与公民需要一致。地方社区对当地公民的需求偏好和地方情况最了解。由于在封闭的预算过程中国家以外的公共政策和宣传组织经常表达中公民需要和偏好不被听到。公民参与政策制定能减少公民和国家之间的信息差异，并且将资金用于提供最需要的公共产品和服务，提高政府效率。

公民参与与政府效率

Reuben（2003）的研究涉及了决断力这一治理维度——政府满足公民期望的能力。参与式预算制度能够整合各级地方政府决策的认识：公民期望决定、公共政策目标选择和实现这些目标的方式。公民参与因此能够带来更好的公共政策和公共政策执行。公民参与的参与式预算制度不仅间接提供了将公民的需要、兴趣和意见的信息引入公共领域的措施，而且提供了公民直接参与地方公共资源的决定的措施。

公民参与同样通过提高纵向或社会问责，间接导致了更好的公共决策。当公民参与到公共产品和服务规划、资金投入、提供和监督过程时，政府官员和政府职员的激励受到改变。他们变得对他们做出的决定更加负责，减少了腐败，促进了有效性并提高了效率。当获得民主政治和社会变化的广泛支持，公民明白他们不仅仅是政府的客户（不单是政府提供公共产品和服务的接受人），而且同样也是委托人，政府只是他们的代理人。这种认识改变了公共权力分配的专制制度，强化了公民对可问责政府的需求。Reuben（2003）的研究还涉及了提高政府治理条件，尤其是国家公共权力的可问责性。

争论在于资源决策过程中有效的公众参与建立了社会资本。公众参与增加了个人和地方社区集体行动的能力，强化了个人、家庭和团体的联系。这带来了更多的经济和社会机会，以及更大提高公共教育、医疗和社会发展服务等发展投入的质量和覆盖面的潜力。成功的参与机制通过提供激励，让公民要求更多和更好的信息以及对国家结构提供信息施压，强化公民获取信息的能力。有意义和有效的公民参与公共选择也能提高对政府的信任程度和承诺的折中。与改善预算透明度一样，公民参与可以建立社会凝聚力。

只要民主和参与是在他们自己的末端，公民参与公共政策制定是比代议制民主更直接的民主形式，允许公民和政府之间建立一个更加有意义的民主关系（McGee，2003）。这也能为边缘化群体提供与政策制定者接触的机会。

这与纯粹的代议制民主相反，在代议制民主中通常假设官僚机构是完全有效率的。但是，有效的参与式民主依赖于预算过程审议的质量。审议强调“引发广泛的公众参与的过程，这个过程为公民提供机会考虑问题、权衡替代选择和表达更偏好何种政策或候选人评判……它在参与的广度和质量上，区别于普通和弱的公众参与模式”（Weeks，2000；McGee，2003，10）。因此，这并非表面文章。公民参与过程同样假设，决策过程不是由利益集团而是由理性控制的。如果参与实践是为了提高民主治理的质量，高质量的审议的允许条件应当是必要的。这包括参与过程中公民面临的激励、技能水平和可用信息的质量。

世界银行2003年《中东和北非的政府治理发展报告》提出了中东和北非良好公共治理的框架，主要包括以上强调的几个方面（World Bank，2003），以及基于包容性和可问责性两个核心的“普遍”准则。如果政府治理制度提供机制体现和保护这些准则，这两条准则就能支持国家的效率和人类的发展。

该框架链接了包容性政府治理和平等：包容性政府治理意味着所有利益相关的人都能参与到政府治理过程，所有愿意参与的人拥有同等的机会参与。它包含定义和保护所有人的基本权利的机制，还为被排斥的人提供了补救办法和追索权，并用法律确保。问责制的必要性是由合法化表现的概念，在政府治理方面意味着，这些以公众名义活动的人要对他们的成功和失败负责。问责性依次在于知识和信息的掌握、预算透明度和使公务员有动机诚实守信和有效执行公众的意志。该框架强调了公务员选拔的竞争性和公共服务意识的培养，这是支持可问责性的关键要素。

针对这一框架看，参与式预算机制说明了重大的概念一致性：成功的参与式预算需要允许公民在平等平台上参与公共资源分配和确保良好信息的可得性的制度安排。公务员的选拔应该是竞争性的；如果不是这样，权力部门将有动机反对有益的公众参与。参与式预算（包括促进横向问责的机制）建立了一个向公务员问责和竞争性公共政策的制度。简而言之，参与式预算制度是良好政府治理制度的核心，有人认为，体现和加强了这个制度能够帮助世界上的包括中东和北非在内的某些地区，显著缩小经济增长和人类发展差距的价值。

公民参与的种类

许多类型和层次非常不同的公民参与公共资源决策和服务提供，

都被称为参与式预算。可以划分两种广泛类型的公民参与，通过公民进入国家规划公共资源的分配、使用和监督行动空间来作出区分。在第一类参与式预算措施中，公民在预算过程中不试图接管或与政府合作，反而开展更广泛的公共领域活动，旨在提高政府行动的透明度和国家公务员的问责性。这种类型的公民参与处在代议制民主和更专制的政府形式（假设这些活动是可以容忍的）的边界范围之内。公共决策仍然是政府机构和当选官员的权利范围。但是，公民不再认为这些官僚机构的效率是理所当然的，因此开展活动加强政府透明度和问责。这些活动通常提供国家之外的公共政策和服务信息以影响国家机构中发生的事情。这些宽泛的活动通常由 CSOs 发起。这一类型的公民参与依赖于信息的质量以说服决策者改变发展和资金投入的优先次序，或是提高公共服务的质量。

正如 Paul（2005）指出，由熟练的专业技术人员进行的预算分析和传播的背后有“人民力量”，往往获得了广泛运动的支持。他强调，各种类型的 CSOs 的联盟是必要的。这些联盟需要利用媒体影响到公民，强化官员和监督机构成员的联系，并能将干涩的技术材料转化为普通公民能够理解和有用的信息，如果有真正的代议制民主，公民能对基本的公共政策和服务提供进行表决，那么这些活动的作用就会得到加强。但是，这些举措的成功并不完全取决于民主的环境。

在第二类的措施中，公民正在参与或曾经参与公共机构的决策过程。这种类型的公民参与案例在整个预算过程中都能发现，这可以看作是直接民主的一种形式。部署的机制体现了不同程度的公民参与，因为政府有权力决定公民行动空间的程度。这个行动空间在传统上是由国家控制的，让政府可以提供设立或接管公民参与机制。McGee（2003）区分了以下四种公民参与类型：

- 信息共享型（国家将预算和公共政策信息放入公共领域）；
- 协商型（国家设置诸如论坛、议会和全民公决或调查机制，以收集公民偏好信息）；
- 共同决策型（公民不仅提供他们的需求和偏好的信息，而且积极参与现实的决策)；

■ 利益相关者发起和控制型（公民直接控制社会基金和社区驱动的开发项目的全过程，包括从发展、资金筹集到项目或政策实施)。

有种观点认为，随着公民参与预算实践水平的不断提升，他们成为更加有效参与的工具：直接由利益相关者发起和控制比公共决策的力度更强，比协商和信息共享也要更有效。

公民参与公共决策的前提条件和有利因素

公民参与国家分配和使用公共资源的能力取决于以下几个因素，他们实际上可能也是这样做的。这些因素包括：政治和治理制度的公开性和民主深度；允许保障基本自由的法律框架的存在；政府内外的参与能力；能起作用的自由媒体机构的存在；以及使预算信息可用的国家意愿和能力。

正式和非正式的政治制度

Paul（2005）认为鼓励公民参与公共决策的措施在奉行民主治理，向公众开放的辩论，批评当权者，有着相对自由的媒体机构和允许独立的 CSOs 扎根的社会更加成功。Goetz 和 Gaventa（2001）强调了政治制度的性质和组织在决定公民参与的水平和质量方面的重要性。这个论点是，即使是一个公民社会团体具有专门知识和充足资源发起公民参与，它的努力也不会产生显著的好处，除非权力选举是竞争性的。竞争性不仅包括候选人在选举中存在的真实竞争，而且需要候选人优于其他人的吸引力不是由政治身份、个性和赞助而是由公共政策问题决定。当公共政策和服务提供问题获得选民偏好更多的关注时，政客在忽视事件或行为方式招致选民不满时就没有多少退路了。

Spahn（1998，2）强调，当良好的政府治理需要根植于当地的规范和价值时，政府的法制仍是一个重要因素。政府的法制“对形成社会共识，从而促进政治稳定和加强社会凝聚力是必不可少”。当政府有代表性，而且政治和官僚权力受到限制时，政府就是法制的。自由的媒体机构和有效的反对党是法制政府体制的重要组成部分。

在参与式预算背景下，法制概念的引入对良好政府治理的重要性体现在以下两个方面：第一，公民参与政府进程的有意义的空间，有助于法制和对政府的信任。第二，在公民参与，尤其是直接参与政府治理之前，一定程度的法制是必要的。Goetz 和 Gaventa（2001）强调了成熟政党制度在法制政府和促进公民参与中的作用。

Fawaz（2002，11）认为这些方面是“政治多元化环境和包容性”的体现，他同时指出了对地方政府的授权的概念、良好的政府治理、合作、问责性和透明的管理隐含的媒体自由的假设、高度的权力下放、参与者之间平等的权力关系，以及拥有足够能力参与的 CSOs。当这些特征不满足时，它们就会成为需要改变的“沉默障碍”。

尽管参与式预算措施能够建立信任和社会资本，但是还是依赖于一些已经存在的信任（公民与国家之间，以及公民之间）。在亚洲最成功的参与式预算案例都发生在泰国：在国家制定的政策和法律框架内，一些地方当局已开始了高水平的参与式预算进程，各层级的公民委员会在社区内和社区间的利益之间进行折中。长时间建立的信任的存在，使各集团同意提供资金，并相信公共资源将在利益集团之间公平分配。潜在的社会凝聚力可以在一定程度支持高度的信任，因为泰国社会相对是同质的。Fawaz（2002）认为，良好政府治理的提升基于代表性、透明度和问责制的概念，而公民参与对一些国家的种族和宗教分歧现实却往往缺乏考虑。

社会和政治制度的类型、政府的法制程度以及政府治理的态度也将决定何种类型的公民参与措施能够成功引入。各种措施的有效性取决于国家公务员经历“公众问责不适”的可能性，这种不适往往发生在这些措施和产生的结果被忽略的时候。一个国家的民主治理越是充满活力，政治权力的竞争越是真实，有效公民社会参与越是能有更多选择。如果媒体不自由、获取信息被压制、社会不容许对公众利益问题的公开辩论、结社自由受到限制，那么公民社会将不能进行公共政策和宣传工作。

国家公务员对公民意见的态度与问责制度的原则密切相关，而这些原则又与代表性和竞争性相关，正如在以上讨论的世界银行政府治理框架内的安排。对这些问题之间关系的重要性与本书讨论的案例研究显示的证据紧密相关，参与式措施能否使公民能进入公共领域对资源使用进行决策，严重依赖于地方政府代表注重公民表达偏好的意愿。而这又取决于政治制度的性质。当地方公民社会团体或第三方，如发展合作伙伴，发起直接公民参与措施而公务员真正的承诺却不首先获得保障，那么这样做的影响仍然是不确定的。

图 A-1 提供了这些关系的示意图。阴影部分表示的是不可能产生结果的参与机制的实例，使公民进入作出决策公共领域内的机制。在这种环境下，当地政府官员对公民参与兴趣不大，并且政策问题的政治影响也小。在这些案例里，公民参与的风险往往起到了相反的作用，因为公民很快就了解到自己的参与没有或很少能得到真正的实惠，即使在以后更好的条件下也对参与式措施不感兴趣了。

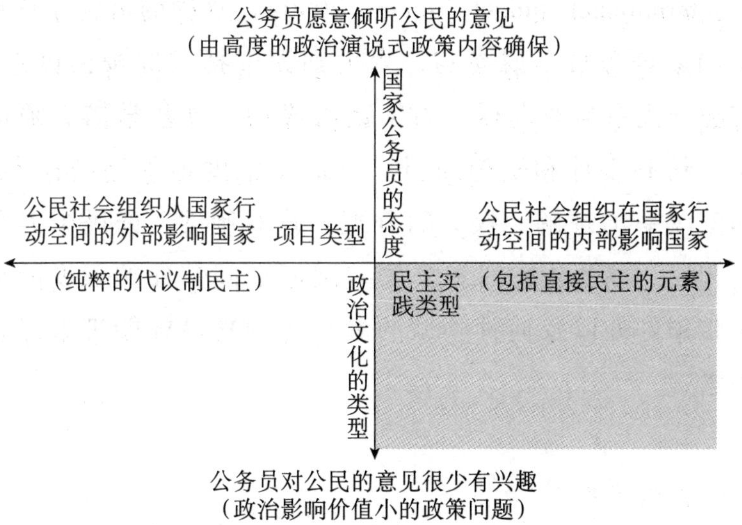

图 A-1　国家对公民意见的态度与参与的有效性

绕过这些限制的一个办法是设定项目，在这些项目里社区级公民参与结构而不是国家，拥有支配发展资金的实际权力。虽然这可以产生短期效益，但是这些措施的可持续性得不到保证：这种类型的机制，只有随着参与制度和公民需求建立足够的地方口味和能力，才能实现长期的有效参与。在这种情况下，环境转化为政治和政府治理背景迫使国家公务员实质参与的状态。

在右上方角落的措施有最大的影响。在此，公务员愿意倾听公民意见（并且受到由公共政策问题驱动的地方政治文化的支持），设计良好的机制允许 CSOs 直接参与公共决策。项目发起人在这种环境下操作，最有机会选择公民参与的类型和程度。

在图 A.1 的左侧，即使是在公民的意见也许收不到立竿见影的效果时，公民自己提高公共透明度和国家公务员问责性的措施可以产生成功的结果：在非洲、亚洲、东欧和拉丁美洲，公民争取和要求获得了开放空间和他们的意见被听取的权利。这样做需要时间、能力和精心制定战略，包括建立同盟。印度的 DISHA、俄罗斯圣彼得堡的 Strategiya 中心、南非的 IDASA，以及墨西哥的 CIDE（Centro de Investigaciony Docencia Economicas）都成功建立了公共资源问题的可信的意见（International Budget Project，2000）。这样的措施能够将公民参与环境由国家公务员不愿参与，变为别无选择只好按公民意见参与，开辟了有效公民参与的选择。为了获得成功，这些举措必须选择正确的切入点，精心设计和实施项目，以最大限度地提高公民参与程度。公民和国家关系的理解、权力的分配、政府制度、公民个人和媒体机构的自由程度、以及公民间和公民与国家之间信任的程度的理解，是决定能否带来好处以及何种类型的参与式预算措施能带来好处的重要的环境因素。

支持性法律和政策框架

支持性法律框架对公民参与和为公共领域进程做贡献是有利的，甚至是必要的条件。法律框架规定了参与人的参与条件以及影响其他在平台参与人的行为范围（McGee，2003）。虽然包括了中央与地方政府之间或政府与 CSOs 参与人的平台，但是这种框架却还远远不够：政府实践、大体的激励框架、公民或国家的行为必须发起和维持公民的参与。

对于公民参与的各种类型，法律框架最重要的特征就是保证某些自由和人权。如果没有条款保障公民自由结社、自由言论和参与国家政治生活的权力（抑或是法律条款限制这些权力），公民参与措施的空间就会受到严重限制。尝试结社检查公共服务和影响公共资源决策的CSOs或公民个人没有主张他们有权利这样做的法律依据。如果CSOs能够将信息公布在公共领域内，并影响国家的行为，那么法律框架必须允许公民组织、言论自由和获取信息，至少不会禁止或限制。

如果公民直接参与参与式预算，法律框架则需要更加完善。以社区为主导的发展措施的回顾表明，地方政府政治、管理和财政能力的高水平分权对地方社区有效参与地方资源分配决定是十分必要的(ESCWA，2004)。只有当公民相信地方政府真正有机会决定公共产品和服务在地方的提供才会参与到地方预算过程，这是有道理的。这意味着分权的法律框架需要落在实处。仅有法律框架还不够，分权的尝试，包括政治机构的建立，往往发生在行政层面，地方政府并没有获得足够的财政自主权，限制了地方政府控制和约束公民参与的资源水平。

虽然有争论说没有必要，一个有利公民参与的框架在地方级政府也是可取的。一个有利的国家框架催化了泰国地方级政府参与预算实践的发展。在泰国，国家对地方政府公民参与实践的要求促进了一些地方政府制定制度来实现国家政府的要求。经验，尤其是东欧和苏联的经验证明，国家级立法可能还不够，特别是当缺乏制度部署的细节。在东欧和苏联，参与式地方治理是宪法和国家法律框架的标准特征。比较成功的社区驱动发展的例子之一是罗马尼亚。在罗马尼亚，立法框架包括详细的条款。其他地方的例子，如菲律宾的纳加市表明，地方级政府对国家宪法和法律框架的发展实现了公民参与的制度化。

地方能力和知识

西亚经济和社会委员会（ESCWA，2004）对社区驱动的发展进行评估发现，要使措施成功有效，就有必要持续支持公民参与实践的发展能力。这一发现呼应了其他研究的结果，指出了地方能力对公民参与成功的重要性，地方能力包括地方政府和地方 CSOs 的能力，还包括第三方促进组织的能力。

无论是在人力资源还是在制度方面，地方政府规划、预算、管理公共产品和服务提供及公民参与过程的能力都是至关重要的。透明度和有利于公民参与的制度环境同样也是重要的。当涉及公民直接参与决策时，则尤其重要。案例研究表明，清晰、可预测和强化的决策规程让公民相信，他们的参与可以导致直接的结果。更微妙的激励机制涉及良好预算的编制原则，如有明确的资源上限以作出真实的选择；避免愿望清单式的规划。当计划的项目得不到实施，对公民参与信任不可避免的流失。因此，这些原则也很重要。强大的地方能力也能支持 CSOs 提倡的发展方式，即不直接参与决策的提倡类型。例如在印度，只有在财政管理实践提高信息公开的质量和水平之后，CSOs 提倡的网络才能得到发展。

有能力 CSOs 的存在也是至关重要的。因为公共预算和公共服务提供的技术性质，参与这些问题的组织需要有显著的深度和某些高超的能力。公布优质的信息需要专业知识或联盟的建立（CSOs 间和 CSOs 与学术机构间），抑或是两者都需要。案例研究结论表明，非政府框架联盟的构建是重要的，既要带上委员会所需的技能，又要建立广泛的支持，使得国家公务员很难忽视他们的斗争。成功的公民参与地方资源分配决定同样需要 CSOs 的能力。在东欧，公民社会摆脱了长期的公民参与限制，地方政府和核心 CSOs 的合作关系为公民参与的有效做出了巨大的贡献。

在绝大多数允许公民在本地资源的决策上有直接发言权的机制中，组织、促进和冲突解决的技巧也同样是必需的。凡是参与发起和维持参与式预算措施的发展伙伴，冲突解决的技巧常常是由签约的第三方提供的。在一些城市，如阿雷格里港，促进的质量是扩大公民参与的重要因素。

最后，公民自身的能力也是很重要的。在决定参与程度的因素中，受教育程度的影响不如公民掌握自己参与个人和集体行动和要求国家公务员负责的权利的影响。

自由的媒体机构

强大的地方媒体机构可以向公民传播信息，通知他们预算的日程，讨论与资源分配有关的问题，就预算过程的结果进行交流。这种信息传播对公民直接介入的参与式程序是极为关键的。东欧的案例研究尤其清楚的表明，在允许公民直接参与地方资源决定的预算过程中，地方媒体机构是联结当地政府和公民的重要参与者。

由于参与预算措施包括将预算信息放入公共领域，所以自由的媒体是先决条件。影响尽可能多的市民是确保CSOs对公共预算和服务提供有效性的必要组成部分。没有自由和正常运转的媒体机构，CSOs的影响将仅限于CSOs直接联系的利益相关者。一项对世界各地成功的预算措施的应用的回顾，充分说明了与自由媒体建立良好关系的重要性。肯尼亚的经济事务研究所（IEA）、华盛顿特区的预算和政策优先研究中心、南非的IDASA如果不是能够通过自由和负责任的媒体将他们的研究发现广泛传播，他们也就不会那么有效。

公民需要获取参与的信息，是一个公民参与的公理，这种关系是公认的国际人权框架（OHCHR，2004）。公民参与的公共资金的分配和使用需要最低水平透明度，所有类型的参与式预算措施都一样。如果CSOs不知道公共资源决定是什么，那么CSOs就不能参与这些决定。同样的，公民以有意义的方式直接参与公共决策过程的能力，取决于他们能够获得什么样的信息、何时获得这些信息以及他们是否能够及时知道参与过程的结果。

对公共资金信息的可用性是政府意志和能力的函数。财政透明度不仅仅针对的是信息的可用性，特定类型的信息必须定期公布。信息提供必须以易于获取的形式及时提供。制定财政和预算透明条款的法律框架沿着这些维度支持参与式预算，通过立法保障公民获取信息的权利。但是，即使存在这种法律法规，信息的全面提供还是需要高超的财政管理能力。无论是从内部还是从外部来看，这种能力通常由先决的问责需求结果决定。

参 考 文 献

ESCWA (Economic and Social Commission for Western Asia). 2004. "Community – Driven Development as an Integrated Social Policy at the Local Level. " United Nations, ESCWA, New York.

Fawaz, Mona. 2002. "Reflections on Best Practices in Governance in ESCWA Countries. " Paper prepared for Empowering Local Government Institutions in the Middle East and North Africa Region Workshop, Fourth Mediterranean Development Forum, Amman, October 6 ~ 9.

Goetz, Annemarie, and John Gaventa. 2001. "Bringing Citizen Voice and Client Focus into Service Delivery. " IDS Working Paper 128, Institute for Development Studies, University of Sussex, Brighton, United Kingdom.

International Budget Project. 2000. "A Taste of Success, Examples of the Budget Work of NGOs. " Centre for Budget and Policy Priorities, Washington, D. C. .

McGee, R. 2003. *Legal Frameworks for Citizen Participation: A Synthesis Report.* Logo Link report, Institute for Development Studies, University of Sussex, Brighton, United Kingdom.

OHCHR (Office of the High Commissioner for Human Rights) . 2004. *Human Rights and Poverty Reduction: A Conceptual Framework.* Geneva: United Nations.

Paul, Samuel. 2005. "Auditing for Social Change: Learning from Civil Society Initiatives. " Paper presented at the Sixth Global Forum on Reinventing Government, Seoul, May 24 ~ 27.

Reuben, W. 2003. "The Role of Civic Engagement and Social Accountability in the Governance Equation. " Social Development Note 75, World Bank, Washington,

D. C. .

Spahn, B. 1998. "Issues of Governance in a Broad Context." Paper presented at the Mediterrancan Development Forum, Marrakech, September.

Weeks, E. 2000. "The Practice of Deliberative Democracy: Results from Four Large-Scale Trials." *Public Administration Review* 60 (4): 360 ~ 72.

World Bank. 2003. *Better Governance for Development in the Middle East and North Africa: Enhancing Inclusiveness and Accountability.* (MENA Development Report). Washington, D. C.: World Bank.